DE TUDO SE FAZ CANÇÃO

50 ANOS DO CLUBE DA ESQUINA

FROM EVERYTHING THERE'S A SONG

50 YEARS OF CLUBE DA ESQUINA

Organizado por / Organized by

MÁRCIO BORGES e/and
CHRIS FUSCALDO

Edição | Edition Garota FM Books

www.garotafm.com.br | contato@garotafm.com.br

Direção editorial | Editorial direction: Chris Fuscaldo
Organização | Organization: Márcio Borges e/and Chris Fuscaldo
Produção de conteúdo | Content Production: Cláudia Brandão e/and Chris Fuscaldo
Coordenação do "Faixa a faixa" | "Track-by-track" coordination: Carlos Eduardo Lima
Revisão ortográfica | Portuguese text proofreading: Maíra Contrucci Jamel
Tradução | Translation: Bárbara Alves
Revisão da tradução | English text proofreading: Érica Alves
Capa e projeto gráfico | Cover and graphic design: Adriana Cataldo
Diagramação e Ilustrações | Diagramming and illustration: Lionel Mota
Assessoria financeira | Financial advisory: Marco Konopacki

Dados Internacionais de Catalogação na Publicação (CIP)
(Câmara Brasileira do Livro, SP, Brasil)

De tudo se faz canção : 50 anos do Clube da Esquina = From everything there's a song 50 years of Clube da Esquina / organizado por/organized by Márcio Borges e/and Chris Fuscaldo ; [tradução/translation Bárbara Alves, Érica Alves]. -- 1. ed. -- Rio de Janeiro : Garota FM books, 2022.

Edição Bilíngue: português/inglês
Bibliografia.
ISBN 978-65-994524-7-5

1. Música popular - Brasil - História e crítica 2. Música popular - Aspectos políticos - Brasil I. Borges, Márcio. II. Fuscaldo, Chris. III. Título. IV. Título: From everything there's a song 50 years of Clube da Esquina.

22-136074 CDD-782.421640981

Agradecimentos | Acknowledgements: Augusto Kesrouani Nascimento, Danilo "Japa" Nuha, Barral Lima, Marcelo Pianetti, Ana Paula Romeiro Assessoria de Imprensa, Dobbscarpa Assessoria de Comunicação, Rose Araújo, Museu Clube da Esquina e todos os autores dos textos e das fotos que ilustram esse livro.

Índices para catálogo sistemático:

1. Clube da Esquina : Música popular brasileira : História 782.421640981

Inajara Pires de Souza - Bibliotecária - CRB PR-001652/O

DE TUDO SE FAZ CANÇÃO

50 ANOS DO CLUBE DA ESQUINA

FROM EVERYTHING THERE'S A SONG

50 YEARS OF CLUBE DA ESQUINA

1ª Edição / 1st Edition

Garota FM Books

Rio de Janeiro (RJ)
Garota FM Books
2022

Milton Nascimento e/and Lô Borges
em/in Marazul / Ronaldo Gorini

DE TUDO SE FAZ CANÇÃO

NA REDE / ON THE WEB

Acesse a página do livro para ter mais informações e notícias referentes ao conteúdo. Use o código acima ou vá direto em www.garotafm.com.br

Go to the book page for more information and news regarding the contents. Use the code above or go straight to www.garotafm.com.br

---

Todos os esforços foram feitos para entregarmos o conteúdo mais correto possível. Correções poderão ser publicadas na página do livro, no site da editora. Sugestões, favor entrar em contato através do e-mail contato@garotafm.com.br

Every effort has been made to deliver the most accurate content possible. Corrections may be published on the book page, on the publisher's website. For suggestions, please contact us via email contato@garotafm.com.br

APOIO CULTURAL

SPONSORSHIP

Espaço dedicado à memória dos Beatles / Space dedicated to the memory of the Beatles

Rua Presidente Wenceslau Braz 133
Visconde de Mauá (RJ)
casabeatles@gmail.com
Instagram.com/casabeatles

Arte, cultura e educação desde 2004 / Art, culture and education since 2004

Rua Presidente Wenceslau Bráz 699
Visconde de Mauá (RJ)
maua.centrocultural@gmail.com
Facebook.com/mauacultural

Cervejas artesanais com tradição e paixão / Craft beers with tradition and passion

Resende (RJ)
+ 55 24 99956-5504
Instagram.com/cervejaviscondedemaua

Kombucheria, cerâmica, cultura e arte da terra / Kombucheria, ceramics, culture and art from the land

Ponte dos Cachorros
Visconde de Mauá RJ/MG
+ 55 24 99249-9194

Arte, educação e curadoria / Art, education and curation

São Paulo (SP)
+ 55 11 94112-9480
www.coletivomagenta.art
Instagram.com/magentaart.co

Marazul, Piratininga/*Ronaldo Gorini*

SUMÁRIO
CONTENTS

O Clube na esquina / Acervo Pessoal
Club in the corner / Personal Collection

PREFÁCIO

PREFACE

OS 50 ANOS DO CLUBE DA ESQUINA

Por Chris Fuscaldo

Quando Lô Borges dizia que o clube que frequentava era o "da esquina", ele não fazia ideia de que, um dia, aquele apelido carinhoso que deu à esquina onde tocava seu violão madrugada adentro seria nome de música (duas!), nome de disco (dois!) e nome do movimento musical que colocou Minas Gerais no mapa da música brasileira. Visionário e já com um caminho trilhado, Milton Nascimento (Bituca) talvez tivesse uma intuição de que estava fazendo história ao exigir da gravadora a permissão para produzir um LP duplo (coisa rara naqueles tempos) e, ainda, dividindo o foco com um jovem desconhecido de Belo Horizonte.

Com 21 faixas e muitos nomes de músicos e compositores na ficha técnica, *Clube da Esquina* saiu em 1972 sem muita repercussão nem grande estouro de venda. Nem todo mundo entendeu a proposta, o som que juntava MPB clássica com bossa nova, nuances tropicalistas, jazz fusion, rock (a fase psicodélica) dos Beatles e toada mineira. No entanto, seu repertório foi ganhando, pouco a pouco, fãs, seguidores, regravações, prêmios e muitas celebrações. Ao longo dos anos,

50 YEARS OF CLUBE DA ESQUINA

By Chris Fuscaldo

When Lô Borges said that the club he frequented was "the one on the corner", he had no idea that one day, that affectionate nickname he gave to the corner where he sat into the dawn playing his guitar would be the name of a song (two!), the name of a record (two!) and the name of the musical movement that put Minas Gerais on the Brazilian music map. Visionary and already well on his way, Milton Nascimento (Bituca) perhaps had an intuition that he was making history by demanding permission from the record company to produce a double LP (rare in those days) and also sharing the spotlight with a young unknown artist from Belo Horizonte.

With 21 tracks and many names of musicians and composers in the technical file, Clube da Esquina came out in 1972 without much repercussion or big sales. Not everyone understood the proposal, the sound that combined classical MPB with

nunca deixou de ser reeditado pela sua gravadora, a EMI-Odeon (hoje, Universal Music), tendo ganhado em 2017, inclusive, nova edição em vinil pela Polysom.

O *Clube da Esquina* foi crescendo, crescendo, crescendo e amadurecendo a ponto de, cinquenta anos depois, tornar-se um disco não só compreendido como também definitivo para a história da música brasileira. Em 2022, o disco completa 50 anos e o Jubileu de Ouro foi celebrado com muito mais pompa do que Lô e Bituca poderiam imaginar em suas conversas em Beagá ou em Niterói – para onde se mudaram naquele início dos anos 1970 e onde o álbum foi pré-produzido. Musical, festival e despedida de Milton vinham sendo planejados desde os anos de luta contra a pandemia do coronavírus. No ano do aniversário, a memória do Clube ganhou outros presentes.

O ano da celebração começou com a exposição multimídia *Viagem de Ventania*, produzida por Cláudia Brandão e Danusa Carvalho e com a curadoria de Márcio Borges, exibida na galeria do Minas Tênis Clube, em Belo Horizonte durante os meses de fevereiro e março. Também em fevereiro, Marazul – aquele pequeno pedaço do bairro de Piratininga onde Milton, Lô e Beto Guedes moraram – foi celebrado em uma propaganda do site de locação de imóveis Quinto Andar. A série "Histórias para morar", em um ví-

bossa nova, tropicalist nuances, jazz fusion, rock (the psychedelic phase) of the Beatles, and Minas Gerais folk music. However, his repertoire gradually gained fans, followers, re-recordings, awards, and many celebrations. Over the years, it has never stopped being reissued by its label, EMI-Odeon (today, Universal Music), having won, in 2017, a new vinyl edition by Polysom.

Clube da Esquina grew, grew, grew, and matured to the point that, fifty years later, it has become a record not only understood as but also definitive for the history of Brazilian music. In 2022, the album turned 50 and the Golden Jubilee was celebrated with much more pomp than Lô and Bituca could have imagined in their conversations in Beagá or Niterói – where they moved in the early 1970's and where the album was pre-released, pre-produced. The musical, the festival and Milton's farewell had been planned since the years of fighting the coronavirus pandemic. In the year of the anniversary, the memory of the Club received other gifts.

The year of the celebration began with the multimedia exhibition *Viagem de Ventania*, produced by Cláudia Brandão and Danusa Carvalho and curated by Márcio Borges, exhibited at the Minas Tênis Clube gallery in Belo Horizonte during the months of February and March. Also in February, Marazul – that small piece of the Piratininga neighborhood where Milton, Lô, and Beto Guedes

deo de dois minutos, colocou Milton, Lô e Beto remexendo suas memórias.

"Há 50 anos, uma casa em Piratininga mudou a história da música brasileira", diz o *lettering* que abre a propaganda. Milton Nascimento é o primeiro a falar: "Essa casa em Piratininga foi um marco em minha vida. Morávamos eu, o Lô e o Beto. Era música todo dia. Foi nessa casa que a gente criou o *Clube da Esquina*. Por isso eu digo sempre que essa casa foi mais do que uma casa. A casa tinha uma varanda sensacional e era o nosso lugar favorito para ensaiar". Inicia-se uma conversa:

Beto: "Tinha uma luz naquele lugar, no final de tarde, que era uma coisa maravilhosa".

Milton: "Melhor coisa que podia acontecer, a gente fazer música olhando pro mar, aquele marzão lindo".

Lô: "Bituca normalmente ali, compondo bastante. Ele fez muita música. Eu também estava compondo bastante. Beto, multi-instrumentista, tocando muita coisa, ajudando a gente a arranjar as músicas... Era uma interação... A gente vivia música o tempo todo".

Milton: "O que a casa mais influenciou foi o fato de estar em um lugar onde não tinha quase ninguém. A gente estava totalmente à vontade. Não tenho palavras para falar".

Lô: "A amizade era tudo o que acontecia naquela casa... Era amizade!"

lived – was celebrated in an advertisement on the property rental website Quinto Andar. The series "Stories to live", in a two-minute video, put Milton, Lô, and Beto rummaging through their memories.

"50 years ago, a house in Piratininga changed the history of Brazilian music", says the lettering that opens the advertisement.

Milton Nascimento is the first to speak: "This house in Piratininga was a milestone in my life. I lived with Lô and Beto. It was music every day. It was in this house that we created *Clube da Esquina*. That's why I always say that this house was more than a house. The house had a sensational porch and was our favorite place to rehearse." A conversation starts:

Beto: "There was a light in that place, in the late afternoon, which was a wonderful thing".

Milton: "The best thing that could happen was us making music and looking out at the sea, that beautiful sea".

Lô: "Bituca was usually there, composing a lot. He made a lot of music. I was also writing a lot. Beto, a multi-instrumentalist, playing so much, helping us arrange the songs... It was an interaction... We lived music all the time".

Milton: "What influenced the house the most was the fact that it was in a place where there was almost no one. We were completely at ease. I have no words to say."

Milton: "Amizade é uma das coisas mais importantes de nossas vidas. É isso".

Já estava previsto desde o ano anterior um musical dirigido por Dennis Carvalho – *Os Sonhos Não Envelhecem*, baseado no livro homônimo de Márcio Borges, o terceiro autor da canção "Clube da Esquina" e "Clube da Esquina nº 2" – que estreou em agosto de 2022. Milton Nascimento já vinha arquitetando a sua despedida dos palcos nesse mesmo ano, usando os seus 80 anos como gancho, mas sem deixar de incluir os clássicos do Clube no repertório da turnê *A Última Sessão de Música,* que durou o ano todo, passando por diversos estados (e até Estados Unidos). Também já estava nos planos da Prefeitura de Niterói um grande festival produzido pelo músico Marcos Sabino, intitulado Marazul – Niterói e o Clube da Esquina, que aconteceu em setembro, com debates e shows.

A grande surpresa – que não estava em nenhum roteiro – deu-se em maio, quando foi divulgada a eleição de *Clube da Esquina* como o número 1 no ranking dos 500 maiores álbuns brasileiros de todos os tempos, preparado pela equipe do podcast Discoteca Básica. Comandado pelo jornalista Ricardo Alexandre, o projeto, que viraria um livro, se baseou em listas enviadas por 162 especialistas do mercado da música com suas escolhas pessoais (jornalistas, músicos, produtores, youtubers, podcasters etc.). A esco-

Lô: "Friendship was everything that happened in that house... It was friendship!"

Milton: "Friendship is one of the most important things in our lives. That's it".

A musical directed by Dennis Carvalho – *Os Sonhos Não Envelhecem* (*Dreams Don't Get Old*) – was planned since the previous year, based on the book of the same name by Márcio Borges, the third author of the songs "Clube da Esquina" and "Clube da Esquina nº 2" – which premiered in August. 2022. Milton Nascimento was already planning his farewell to the stage that same year, using his 80th birthday as a hook, but without forgetting to include Clube's classics in the repertoire of the *A Última Sessão de Música* tour, which lasted all year, passing through several states (and even the United States). A big festival produced by musician Marcos Sabino was also already in the plans of the Niterói City Hall, entitled Marazul – Niterói e o Clube da Esquina, which took place in September, with debates and concerts.

The big surprise – which was not in any script – took place in May, when it was announced that Clube da Esquina was elected as number 1 in the ranking of the 500 greatest Brazilian albums of all time, prepared by the team of the Discoteca Básica podcast. Commanded by journalist Ricardo Alexandre, the project, which would become a book, was based on lists sent by 162 music industry ex-

lha se alastrou pela mídia, repercutiu em grupos de discussão – afinal, foi a primeira vez em 50 anos que o disco não só foi um dos primeiros escolhidos, como liderou a lista – e deu aos eventos programados mais repercussão ainda.

Quatro dias antes da divulgação da notícia, tomávamos um café em Visconde de Mauá eu, Márcio Borges e Cláudia Brandão e falávamos de livros. Era nosso primeiro encontro, movido pelas conversas que começavam a me rondar sobre o evento de Niterói: desde 2021, Marcos Sabino anunciou que gostaria que eu fosse a mediadora de um debate entre músicos que fizeram parte da história do LP que abriria a programação – o que se deu no dia 21 de setembro do ano seguinte (com Márcio, Wagner Tiso, Toninho Horta, além de Telo Borges, Mayrton Bahia e o próprio Sabino). Fiz contato com Cláudia, marcamos o encontro, sentamos para nos conhecer e, rapidamente, estávamos falando do livro do Marcinho, do musical, da minha editora (a Garota FM Books) e seus livros bilíngues, e... de um projeto de livro em Português e em Inglês para agradar também aos estrangeiros que já se demonstraram interessados na história do *Clube da Esquina*.

Eu não conheço o Lô, estive com Milton algumas poucas vezes como jornalista, mas fui uma das que incluiu o *Clube da Esquina* na lista de 50 maiores álbuns brasileiros solicitada a mim

perts with their personal choices (journalists, musicians, producers, YouTubers, podcasters, etc.). The choice spread through the media and had an impact on discussion groups – after all, it was the first time in 50 years that the album was not only one of the first chosen but also topped the list – and gave the scheduled events even more impact.

Four days before the news was released, Márcio Borges, Cláudia Brandão and I were having coffee in Visconde de Mauá and talking about books. It was our first meeting, moved by the conversations that were starting to surround me about the Niterói event: since 2021, Marcos Sabino announced that he would like me to mediate a debate between musicians who were part of the history of the LP that would open the program – the which took place on September 21 of the following year (with Márcio, Wagner Tiso, Toninho Horta, in addition to Telo Borges, Mayrton Bahia and Sabino himself). I made contact with Cláudia, we arranged a meeting, we sat down to get to know each other and, quickly, we were talking about Marcinho's book, the musical, my publisher (Garota FM Books) and her bilingual books, and... in Portuguese and English to please foreigners who have already shown interest in the history of Clube da Esquina.

I don't know Lô, I met Milton a few times as a journalist, but I was one of those who included *Clube da Esquina* in the list of 50 greatest Brazilian

pela equipe do Discoteca Básica – sim, sou uma dos 162 especialistas e, depois, fui convidada por Ricardo Alexandre a resenhar 98 dos discos escolhidos (infelizmente, o *Clube* não caiu para mim). Sou de Niterói, mas não tenho idade para ter conhecido o Marazul da década de 1970. Estive lá em outubro de 2022 para conhecer a nova versão da casa – toda reformada pelo empresário que comprou do casal que abrigou os mineiros – já sem a vista devassada de antes, que permitia uma visão plena da vegetação e do mar.

Conheci o Clube da Esquina – aliás, conheci esses mineiros todos – através dos discos do meu pai. E, de alguma forma, ser neta de um mineiro e uma frequentadora assídua do Sul de Minas Gerais também pode ter me feito sempre ter um carinho especial por esse movimento. Ao topar editar uma ideia de Márcio Borges e, em seguida, ser convidada por ele a dividir a organização, senti que, para além de aplaudir ou resenhar a história, eu entrei para dentro dela. Que honra contribuir com o livro que chega aos leitores como um documento histórico que fala do "maior"! E mais ainda depois de ler *Os Sonhos Não Envelhecem* (que livro!) e assistir a tantas boas entrevistas que estão pela rede... Que honra poder assistir, pertinho do protagonista da vida real, ao musical baseado na vida dele! Com tantas honras que este 2022 me deu (gracias a

albums requested of me by the Discoteca Básica team – yes, I am one of the 162 specialists and, later, I was invited by Ricardo Alexandre to review 98 of the chosen albums (unfortunately, the *Clube* was not assigned to me). I'm from Niterói, but I'm not old enough to have known the Marazul from the 1970s. I was there in October 2022 to see the new version of the house – all renovated by the businessman who bought it from the couple who housed the *mineiros* – without the ravaged view from before, which allowed a full view of the vegetation and the sea.

I got to know *Clube da Esquina* – by the way, I got to know all these *mineiros* – through my father's records. And, somehow, being the granddaughter of a *mineiro* and an assiduous visitor to the south of Minas Gerais may also have made me always have a special affection for this movement. Upon agreeing to edit an idea by Márcio Borges and then being invited by him to share the organization, I felt that, in addition to applauding or reviewing the story, I entered into it. What an honor to contribute to the book that reaches readers as a historical document that speaks of the "greatest"! And even more after reading *Os Sonhos Não Envelhecem* (*Dreams Don't Get Old*) (What a book!) and watching so many good interviews that are on the net... What an honor to be able to watch, close to the real-life protagonist, the musical based on

la vida!), não podia deixar a parte que me coube nesse livro ser qualquer coisa.

Marcinho trouxe os depoimentos de gente importante nessa história. Eu escrevi uma breve biografia do Clube da Esquina (música, disco e movimento) e organizei um faixa a faixa com convidados ilustres – de Ana Maria Bahiana a Charles Gavin, passando por grandes nomes do jornalismo musical – com o auxílio do jornalista Carlos Eduardo Lima, que coordenou as escolhas das músicas por cada um dos convidados. No fim de tudo, optamos por um posfácio com depoimentos de personagens que estão fazendo parte do Jubileu de Ouro do Clube da Esquina, ou seja, diretor e atores do musical, o responsável pelo grande ranking e o produtor do festival de Niterói.

De tudo se faz canção. E, enquanto estavam juntos, Milton e Lô fizeram muitas. Com os parceiros Márcio, Fernando Brant e Ronaldo Bastos, foram compostos diversos clássicos. Os mineiros fizeram algo que ninguém havia feito antes: misturar jazz, MPB, progressivo, rock, bossa nova. Fez-se muita canção e cada texto aqui publicado é como se fosse uma. Elas servem para mostrar que o *Clube da Esquina* segue em movimento e, cinquenta anos depois, passa a ser o maior de todos os discos da música brasileira!

his life! With so many honors that this 2022 has given me (gracias a la vida!), I couldn't let my part in this book be just anything.

Marcinho brought the testimonies of important people in this story. I wrote a brief biography of Clube da Esquina (music, disco, and movement) and organized a track by track with distinguished guests – from Ana Maria Bahiana to Charles Gavin, passing through great names in music journalism – with the help of journalist Carlos Eduardo Lima, who coordinated the choices of songs by each of the guests. Ultimately, we opted for an afterword with testimonials from characters who are part of *Clube da Esquina*'s Golden Jubilee, that is, the director and actors of the musical, responsible for the great ranking and producer of the Niterói festival.

From everything, there's a song. And while they were together, Milton and Lô did a lot. With partners Márcio, Fernando Brant, and Ronaldo Bastos, several classics were written. The *mineiros* did something that no one had done before: mixing jazz, MPB, progressive, rock, bossa nova. Many songs were made and each text published here is as if it were one. They serve to show that *Clube da Esquina* is still moving and, fifty years later, it becomes the greatest of all Brazilian music albums!

31C | 164 422901/2 |

MOAB 6005/6

ESTÉREO

MILTON NASCIMENTO
LÔ BORGES
CLUBE DA ESQUINA

EMI

ODEON

DISCO É CULTURA

TAMBÉM EM CASSETTE

EMI-ODEON, Fonográfica, Industrial e Eletrônica S.A.
C.G.C. 33.249.640/0004-31 — Indústria Brasileira

O ÁLBUM CLUBE DA ESQUINA

THE CLUBE DA ESQUINA ALBUM

Bituca e/and Lô em/in Marazul / Ronaldo Gorini

POR / BY

MÁRCIO BORGES

O lançamento, em 1972, do disco *Clube da Esquina*, assinado por Milton Nascimento e Lô Borges, firma um estilo original e muito próprio de compor canções a partir de um repertório sonoro que incluía trilhas sonoras de filmes americanos, boleros de Ângela Maria, árias de Yma Sumac, pop rock americano e inglês, jazz, bossa nova, tropicália, cânticos de igreja, tudo sem esquecer o *Samba Esquema Novo* de Jorge Ben, é claro.

Essas influências serviam ao mesmo tempo de inspiração e baliza para a busca incessante de originalidade daquele grupo. Ou seja, ao mesmo tempo em que mostravam um caminho sonoro a ser atingido, delimitavam um terreno minado sobre o qual não poderiam passar, sob o risco de plágio. Como resultado, alcançaram a tão bem planejada originalidade.

"Eu topo compor", dizia Milton logo no início de sua longeva carreira de compositor, "mas só se for pra fazer uma coisa original, que ninguém ainda fez. Não vale a pena repetir o que já está feito."

Certa vez, Caetano Veloso escreveu que Milton havia criado o primeiro estilo *fusion,* que depois viria a ser consagrado por Miles Davis, bem antes do próprio termo ter sido cunhado.

O álbum duplo *Clube da Esquina* traz a participação de uma turma de amigos músicos que

In 1972, the release of the album *Clube da Esquina*, by Milton Nascimento and Lô Borges, establishes an original and very specific style of composing songs from a repertoire that included soundtracks from American films, boleros by Angela Maria, arias by Yma Sumac, American and English pop-rock, jazz, bossa nova, tropicália, church chants, without leaving out the (album) *Samba Esquema Novo* (*New Scheme Samba*) by Jorge Ben, of course.

These influences served as inspiration and a beacon for the group's ongoing search for originality. That is, at the same time that they showed a sound path to be reached, they delimited a minefield over which they could not pass without risking plagiarism. As a result, they managed to achieve such well-planned originality.

"I'm willing to write", said Milton at the beginning of his long career as a songwriter, "but only if it's something original, which nobody has done yet. It's not worth repeating what's already been done."

Caetano Veloso once wrote that Milton had created the first *fusion* style, which would later be consecrated by Miles Davis, well before the term itself was coined.

The double album *Clube da Esquina* features the participation of a group of musician friends who had been walking the music road together

já vinham trilhando juntos a estrada da música desde muito antes, desde os tempos do Ponto dos Músicos, nos idos de 1964, instrumentistas e poetas reunidos em torno da figura magnética de Milton Nascimento, o Bituca, que apesar de tímido e introspectivo, tornava-se o centro das atenções sempre que abria a boca, fosse para emitir seus poderosos falsetes, fosse para expressar alguma observação tão aguda e exata quanto aqueles.

O termo Clube da Esquina surge pela primeira vez na música brasileira em 1969, na canção do mesmo nome, composta por Milton Nascimento e Lô Borges, com letra e título criados por Márcio Borges, irmão de Lô e parceiro de ambos.

Em 1970, a canção "Clube da Esquina" é gravada por Milton Nascimento e, finalmente, em 1972, dá título ao famoso álbum duplo.

Somente a partir daí o termo passaria a designar genericamente aquela turma de talentosos amigos e parceiros musicais.

Justamente neste ano em que se comemora 50 anos de lançamento, o álbum duplo *Clube da Esquina* foi eleito o melhor disco brasileiro de todos os tempos, por um grupo de 162 especialistas de diferentes áreas ligadas à produção musical, jornalistas, produtores, influenciadores digitais, músicos e maestros, pleito em que cada um

since long before, since the times of Ponto dos Músicos, around 1964, instrumentalists and poets gathered around the magnetic figure of Milton Nascimento, Bituca, who despite his shy and introspective demeanor, became the center of attention whenever he opened his mouth, either to emit his powerful falsettos or to express something just as sharp and exact.

The term Clube da Esquina (Corner Club) appears for the first time in Brazilian music in 1969, in the song of the same name, composed by Milton Nascimento and Lô Borges, with lyrics and title created by Márcio Borges, Lô's brother and partner of both.

In 1970, the song "Clube da Esquina" was recorded by Milton Nascimento, and, finally, in 1972, it became the title of the famous double album.

escolheu 50 discos, a partir de uma lista prévia que apontava cerca de 500 títulos dos mais expressivos da fonografia nacional de todos os tempos. Foi assim que o *Clube da Esquina* venceu essa importante eleição.

O compositor e teórico Ivan Vilela afirma que a sonoridade, a elaboração e a originalidade das composições e arranjos fizeram deste um dos discos mais antológicos da MPB. Segundo ele, a música do Clube da Esquina trouxe diversos elementos novos à MPB, que, com o passar do tempo, se tornaram matéria de uso comum.

Este livro, que comemora os 50 anos de gravação do antológico álbum duplo, dará voz aos principais artífices daquele evento visceral (músicos, letristas e compositores) para que narrem com suas próprias palavras e memórias o que significou para cada um deles participar daquele momento histórico.

O livro reproduzirá também, postumamente, os comoventes depoimentos do poeta e jornalista Fernando Brant, principal parceiro de Milton Nascimento, e do músico e compositor Tavito, ambos tomados por ocasião do aniversário de 40 anos deste álbum duplo e agora festejado em seu quinquagésimo aniversário.

Only from then on would it become the general name for that group of friends and musical partners.

Precisely in this year, in which it celebrates 50 years of its release, the double album *Clube da Esquina* was elected the best Brazilian album of all time, by a group of 162 specialists from different areas related to music production, journalists, producers, digital influencers, musicians and conductors, in a survey in which each person brought several new elements to MPB, which, over time, became commonly used in the genre.

This book, which celebrates the 50th anniversary of the recording of the anthological double album, will give voice to the main craftsmen of that visceral event, musicians, lyricists, and composers so that they can narrate in their own words and memories what it meant for each of them to participate in that historic moment.

The book will also reproduce, posthumously, the moving testimonies of the poet and journalist Fernando Brant, Milton Nascimento's main partner, and of the musician and composer Tavito, both taken on the occasion of the 40th anniversary of this same double album now celebrated here on its fiftieth anniversary.

Dsus4 C/E D7sus4 Dsus4 C/E D7sus4
noi - te che - gou
Bm7/F# Am7/E D7sus4 D7
ou - tra vez de no - vo naes - qui - na os ho - mens es - tão
Cmaj7 Bm7/F# Am7/E
to - dos se a - cham mor - tais di - vi - dem a
D7sus4 D7 Ddim D7(#11)
noi - te a lu - a ea - té so - li - dão nes - te clu - be a
Cmaj7 Cm7/9
gen - te so - zi - nha se vê pe - la úl - ti - ma vez
Cm7/9 D7sus4
à es - pe - ra do di - a na - que - la cal - ça - da fu - gin - do pra
D7sus4 Cmaj7
ou - tro lu - gar per - to da
Bm7/F# Am7/E D7sus4 D7
- tees - tou o ru - mo en - con - tro nas pe - dras
Cmaj7 Bm7/F# Am7/E
con - tro de ve - ez um gran - de pa - ís eu es - pe - ro
66
F#7sus4
Emaj7
por - que
C#m7
tra - da vi - a - gem de
Bmaj7(9)/D#
ao pri - mei - ro pas
Bmaj7(9)/D# D#7(5+)
C#m7
so - nhos e so - nhos não e
Bmaj7(9)/D#
- ses la - cri - mo - gê - nio
Bmaj7(9)/D# D#7(5+)
- mos
C#m7
ah ah ah ah ah ah ah ah

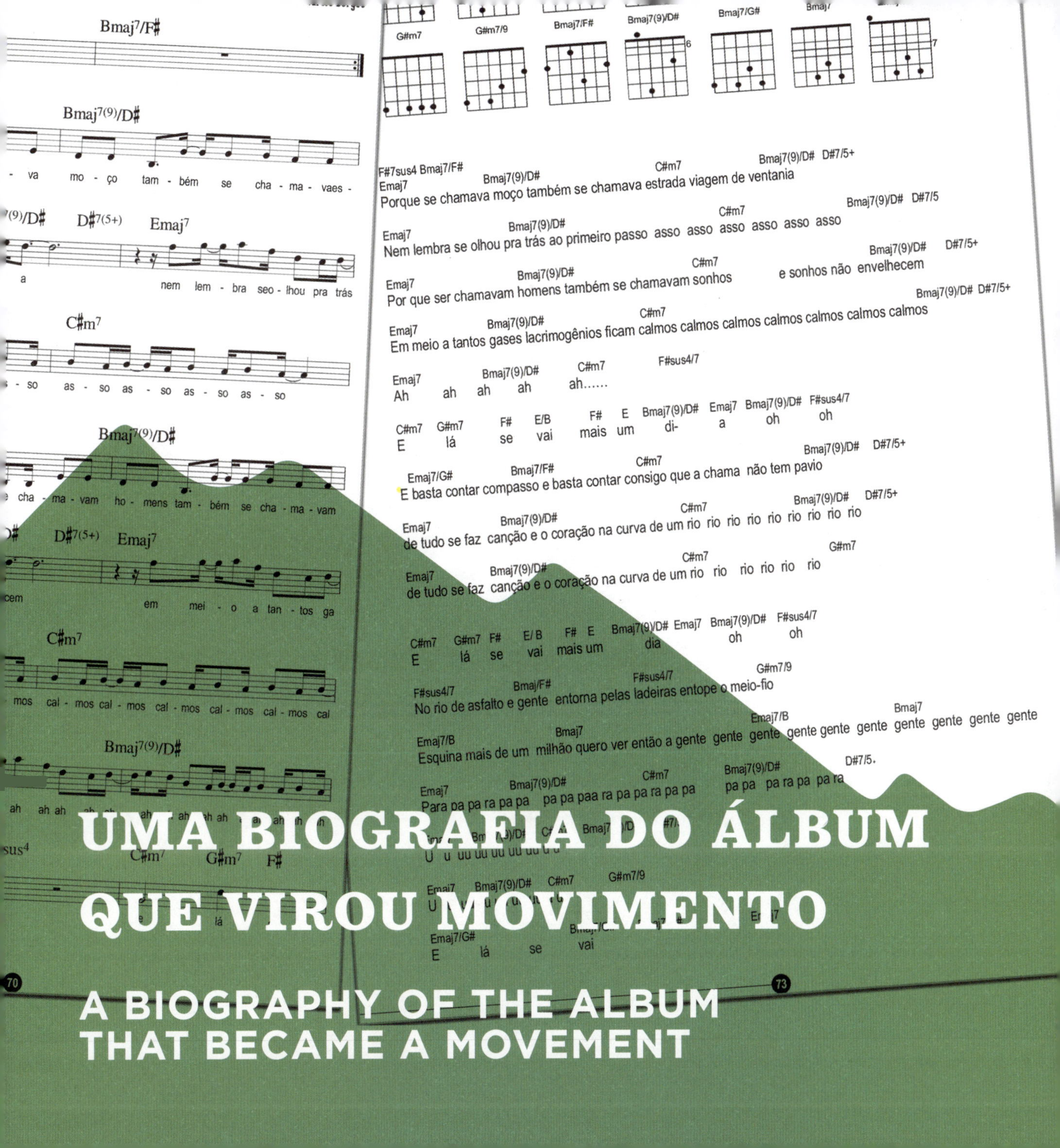

UMA BIOGRAFIA DO ÁLBUM QUE VIROU MOVIMENTO

A BIOGRAPHY OF THE ALBUM THAT BECAME A MOVEMENT

O quarto dos meninos na casa dos Borges / Acervo Pessoal

The boys' room at the Borges house / Personal Collection

POR / BY

CHRIS
FUSCALDO

Até chegar em Belo Horizonte e começar a despontar como músico, Milton Nascimento viveu a mais verdadeira história de amor de sua vida. Nascido no Rio de Janeiro, em 26 de outubro de 1942, na Casa de Saúde de Laranjeiras, Milton perdeu a mãe biológica para a tuberculose quando tinha pouco mais de um ano. O pai, que não era casado, não segurou as pontas e sumiu no mundo. Doente e precisando de apoio com seu filho, Maria do Carmo Nascimento voltou a dormir na casa de seus patrões, o casal Augusta de Jesus Pita e Edgard Silva, padrinhos de Bituca, que o ampararam nos dias de trabalho da mãe e depois de sua morte. Mas quem cuidava mesmo do menino, quem brincava com ele e o limpava era Lilia, a filha mais velha de Augusta e Edgard, e irmã de Dulce.

Milton tinha dois anos e meio quando foi levado por Augusta para Juiz de Fora, que o entregou à sua avó materna, mãe da falecida Maria do Carmo. A essa altura, Lilia estava se casando e se mudando para Três Pontas, cidade do sul de Minas Gerais e terra natal do marido, Josino Brito Campos, apelidado Zino. Se por um lado a moça de 24 anos estava feliz com a nova vida, por outro a saudade que sentia de Bituca não arrefecia. Em Juiz de Fora, o menino também minguava com a dor da separação. O amor era gigante! Não demorou muito para que Lilia, agora Silva Campos,

Until arriving in Belo Horizonte and starting to emerge as a musician, Milton Nascimento lived the true love story of his life. Born in Rio de Janeiro, on October 26, 1942, at the Casa de Saúde de Laranjeiras, Milton lost his biological mother to tuberculosis when he was just over a year old. His father, who was not married, was unable to fulfill his duties and disappeared into the world. Sick and in need of help with her son, Maria do Carmo Nascimento went back to sleep at the house of her employers, the couple Augusta de Jesus Pita and Edgard Silva, godparents of Bituca, who supported him during his mother's work days and after her death. But the one who really took care of the boy, who played with him and bathed him was Lilia, the eldest daughter of Augusta and Edgard, and sister of Dulce.

Milton was two and a half years old when he was taken by Augusta to Juiz de Fora, who gave him to his maternal grandmother, mother of the late Maria do Carmo. By this time, Lilia was getting married and moving to Três Pontas, a city in the south of Minas Gerais and the birthplace of her husband, Josino Brito Campos, nicknamed Zino. If, on the one hand, the 24-year-old girl was happy with her new life, on the other hand, she could not stop missing Bituca. In Juiz de Fora, the boy also suffered with the pain of separation. It was a giant love! It didn't take long for Lilia, now Silva Campos,

convencesse o marido Zino a adotarem Milton, para criá-lo como filho em Três Pontas.

No lar do casal, o menino recém-adotado ganhou de Lilia um apelido carinhoso – Bituca. Aos cinco anos, Bituca também foi presenteado por ela com seu primeiro instrumento, uma gaitinha de uma escala só. Antes de completar sete, ganhou uma sanfona de dois baixos e, logo depois, uma sanfona de quatro baixos, sem sustenidos nem bemóis. A falta dessas notas no instrumento fazia com que o menino as cantasse. Assim foi exercitando a voz para futuras e deslumbrantes virtudes. Com a sanfona e/ou a gaita, Bituca acompanhava a mãe Lilia, que tinha estudado canto com o grande maestro Heitor Villa-Lobos. O garoto impressionava quem chegava e o via com a gaita presa entre os dois joelhos e as mãos livres para manipular a sanfona sob as pernas, fazendo um contorcionismo circense para conseguir tocar os dois instrumentos ao mesmo tempo.

Em casa, Bituca conheceu Ary Barroso, operetas, canto lírico, grandes orquestras, trilhas sonoras... seus pais ouviam de tudo! E o menino gostava de tudo. Mas tinha preferência pelas vozes femininas: "Eu achava que as mulheres cantavam com o coração e os homens queriam mostrar que tinham potência na voz. Eu ficava imitando várias cantoras, Ângela Maria, Ella

to convince her husband Zino to adopt Milton and raise him as a son in Três Pontas.

In the couple's home, the newly adopted boy received an affectionate nickname from Lilia – Bituca. At the age of five, Bituca was also presented with his first instrument, a one-scale harmonica. Before turning seven, he got a two-bass accordion and, soon after, a four-bass accordion, without sharps or flats. The lack of these notes on the instrument made the boy sing them. Thus he was exercising his voice for future and dazzling virtues. With the accordion and/or harmonica, Bituca accompanied his mother Lilia, who had studied singing with the great conductor Heitor Villa-Lobos. The boy impressed those who arrived and saw him with the harmonica stuck between his two knees and his hands free to manipulate the accordion under his legs, doing a circus contortion to be able to play both instruments at the same time.

At home, Bituca met Ary Barroso, operettas, lyrical singing, great orchestras, soundtracks... his parents listened to everything! And the boy liked everything. But he had a preference for female voices: "I thought that women sang from the heart and men wanted to show that they had power in their voices. I was imitating several singers, Angela Maria, Ella Fitzgerald, Billie Holiday and Doris Day", Milton has narrated in several opportunities, interviews and recordings. He also says that one day

Bituca, crooner dos W's Boys em 1961 / Acervo Pessoal

Bituca, the singer of W's Boys in 1961 / Personal Collection

Fitzgerald, Billie Holiday e Doris Day", já narrou Milton em diversas oportunidades, entrevistas e gravações. Ele também conta que um dia percebeu que sua voz tinha engrossado um tanto... e seguia engrossando. Entrou em depressão e aquela tristeza só passou quando ele ouviu Ray Charles, pela primeira vez, cantando "Stella By Starlight" e "Georgia". Logo, concluiu: "Homem também pode cantar com o coração, né?"

Conforme ele mesmo já contou inúmeras vezes, o violão entrou na vida de Milton quando, certa manhã, ainda menino em Três Pontas, ele

he noticed that his voice had thickened a little... and continued to thicken. He went into depression and that sadness only passed when he heard Ray Charles, for the first time, singing "Stella By Starlight" and "Georgia". Soon, he concluded: "Men can also sing from the heart, right?"

As he himself has told countless times, the guitar entered Milton's life when, one morning, as a boy in Três Pontas, he opened the door to the postman and received a huge package from his hands. It was a beautiful, brand new guitar. Only it wasn't for him. It was a gift sent to his mother, Lilia. Bituca did what he

abriu a porta para o carteiro e recebeu de suas mãos um enorme pacote. Era um belo e novíssimo violão. Só que não era para ele. Tratava-se de um presente enviado a sua mãe, Lilia. Bituca fez o que pôde para esconder dela o tal presente. Foi estudando às ocultas e dona Lilia só ficou sabendo da existência de um violão na casa quando Bituca já estava craque e resolveu mostrar o que já sabia. Claro que aquela surpreendente descoberta de notas e melodias não deixou a mãe chateada, mas extremamente feliz com o resultado de tamanha dedicação de seu filho.

As amizades

Em Três Pontas, Milton conheceu Wagner Tiso, que morava quase em frente à casa de Zino e Lilia e sempre se impressionava com Bituca quando ouvia e via aquela cena de contorcionismo gaita-joelhos-sanfona. Primeiro, Milton teve uma certa implicância com Wagner, pois a família Tiso era conhecida como a dos músicos mais talentosos de Três Pontas. Depois, os dois foram ficando cada vez mais amigos e não se descolaram mais. Com Tiso, Bituca formou bandas para tocar em bailes e programas de rádio. Ao se mudar para Alfenas, o pianista três anos mais novo que o "sanfoneiro" acabou o levando junto e, com ele, formou o conjunto W's Boys, só com partici-

could to hide the gift from her. He studied in secret and Dona Lilia only found out about the existence of a guitar in the house when Bituca was already an expert and decided to show what he already knew. Of course, that surprising discovery of notes and melodies did not make the mother upset, but extremely happy with the result of her son's dedication.

The friendships

In Três Pontas, Milton met Wagner Tiso, who lived almost opposite Zino and Lilia's house and was always impressed by Bituca when he heard and saw that harmonica-knees-accordion contortion scene. First, Milton had a bit of an issue with Wagner, as the Tiso family was known as one of the most talented musicians in Três Pontas. Afterwards, the two became more and more friends and didn't separate anymore. With Tiso, Bituca formed bands to play at dances and radio shows. When he moved to Alfenas, the pianist three years younger than the "accordion player" ended up taking him along and, with him, he formed the W's Boys ensemble, with only participants whose names began with that consonant. For a brief period, then, Milton turned the "90 degree M" and became Wilton. Then, as he didn't like that name, he became Milton Willer. The W's Boys roamed the south of Minas Gerais making kids happy at the dances.

Fernando Brant e/and Bituca no/at the FIC / Acervo Pessoal

pantes cujos nomes começavam com aquela consoante. Por um breve período, então, Milton virou o "eme 90 graus" e tornou-se Wilton. Depois, como não gostava desse nome, passou a ser Milton Willer. Os W's Boys percorriam o sul de Minas Gerais fazendo a alegria da garotada nos bailes da vida.

Em 1963, Milton "Bituca" Nascimento mudou-se para Belo Horizonte e foi morar no edifício Levy, enorme prédio residencial situado na Avenida Amazonas 718, no centro da cidade, onde o pianis-

In 1963, Milton "Bituca" Nascimento moved to Belo Horizonte and went to live in the Levy building, a huge residential building located at Avenida Amazonas 718, in the center of the city, where the pianist Gileno Tiso, Wagner's brother, already lived – in the 4th floor, with his aunt and cousins Danilo and Joãozinho Veiga. Bituca first settled there and, soon after, in a room in the neighboring apartment, belonging to an old lady, Mrs. Benvinda, and her son Neném, who rented to student boarders from

ta Gileno Tiso, irmão de Wagner, já habitava – no 4º andar, com a tia e os primos Danilo e Joãozinho Veiga. Bituca se instalou primeiro ali e, logo depois, em um quarto do apartamento vizinho, pertencente a uma velha senhora, dona Benvinda, e seu filho Neném, que hospedavam estudantes vindos do interior. Gileno Tiso então convidou Milton para ser crooner no grupo em que tocava piano, o Sambacana, pertencente ao prestigiado músico e compositor Pacífico Mascarenhas. Milton aderiu e chegou a participar da gravação do LP *Quarteto Sambacana*. Wagner chegou pouco depois disso e logo se tornou um pianista ainda mais requisitado que o irmão para tocar em bailes, clubes e boates de prestígio.

No Ponto dos Músicos – um pedaço de calçada na esquina da Avenida Afonso Pena com Rua Tupinambás, no centro de Beagá – os músicos, instrumentistas, maestros e donos de conjuntos se encontravam para trocar experiências, mas principalmente para fecharem contratos e acordos de trabalho. Foi lá que Wagner um dia preveniu Milton que, caso o amigo também quisesse trabalhar na noite belorizontina, teria que aprender a tocar contrabaixo, porque a concorrência na área de crooners estava intensa. Bituca então conseguiu um baixo emprestado com seu amigo músico Ildeu Lino Soares e dedicou-se ao estudo do instrumento a ponto de sangramento dos dedos, mas tornou-se um virtuoso instru-

the countryside. Gileno Tiso then invited Milton to be a crooner in the group in which he played piano, Sambacana, belonging to the prestigious musician and composer Pacífico Mascarenhas. Milton joined and even participated in the recording of the LP Quarteto Sambacana. Wagner arrived shortly after that and soon became a pianist even more in demand than his brother, playing at prestigious balls, clubs and nightclubs.

At Ponto dos Músicos – a piece of pavement on the corner of Afonso Pena Avenue and Tupinambás Street, in downtown Beagá – musicians, instrumentalists, conductors and bandowners met to exchange experiences, but mainly to close contracts and work agreements. It was there that Wagner one day warned Milton that, if his friend also wanted to work in the Belorizontine night, he would have to learn to play the double bass, because the competition among crooners was intense. Bituca then borrowed a bass from his musician friend Ildeu Lino Soares and devoted himself to studying the instrument to the point of bleeding fingers, but he became a virtuoso instrumentalist, in demand and admired as such.

Milton participated in several groups, playing double bass, guitar and singing in bars and nightclubs in the capital of Minas Gerais. He met the city's musicians, worked in various dance orchestras and ensembles. Without any planning, he was

mentista, requisitado e admirado como tal.

Milton participou de diversos grupos, tocando contrabaixo, violão e cantando em bares e boates na capital mineira. Conheceu os músicos da cidade, trabalhou em várias orquestras de baile e conjuntos. Sem planejamento algum, estava dando os passos iniciais do que adiante seria uma revolução musical, a princípio discreta e localizada, mas destinada a influenciar gerações no futuro.

Milton já morava no Edifício Levy há alguns meses quando a extensa família Borges se mudou para o 17º andar. Mais de 50 jovens residiam no prédio e, logo, Bituca e Wagner se enturmaram com Marilton Borges, que era músico como eles. Os três criaram um conjunto vocal chamado Evolussamba, que ainda incluía o talentoso menino Marcelo Ferrari, morador do 15º andar. Os ensaios aconteciam no apartamento dos Borges, num quarto provido com dois beliches, o "quarto dos homens". Com essa aproximação e, ao sentir a recepção calorosa dos Borges, Bituca virou um frequentador daquele apartamento cheio de filhos.

Marilton era o primogênito do jornalista do *O Estado de Minas* Salomão Borges com a professora primária Maria – para os íntimos, Salim e Dona Maricota – pais de onze filhos: Marilton, Márcio, Sandra, Sônia, Sheila, Lô, Yé, Solange, Suely, Telo e Nico. A família havia se mudado para o Levy, deixando a casa onde moravam – na Rua Divinó-

taking the initial steps of what would be a musical revolution, at first discreet and localized, but destined to influence generations in the future.

Milton had been living in the Levy Building for a few months when the numerous Borges family moved to the 17th floor. More than 50 young people lived in the building and, soon, Bituca and Wagner became friends with Marilton Borges, who was a musician like them. The three created a vocal group called Evolussamba, which also included the talented boy Marcelo Ferrari, resident of the 15th floor. The rehearsals took place in the Borges' apartment, in a room equipped with two bunk beds, the "men's room". With this approach and, feeling the warm welcome from the Borges, Bituca became a regular in that apartment full of children.

Marilton was the firstborn of O Estado de Minas journalist Salomão Borges with primary school teacher Maria – for close friends, Salim and Dona Maricota – parents of eleven children: Marilton, Márcio, Sandra, Sônia, Sheila, Lô, Yé, Solange, Suely, Telo and Nico. The family had moved to Levy, leaving the house where they lived – on Rua Divinópolis, in the Santa Teresa neighborhood – for it to be transformed into a school. Music was in their blood: Salim played a little piano and Maricota sang in choirs and taught orpheonic singing. The couple would be delighted to receive their children's friends who arrived with their instruments,

Reunião de músicos do Clube / Acervo Pessoal

Meeting of Clube musicians / Personal Collection

polis, no bairro de Santa Teresa – para ser transformada em uma escola. A música estava no sangue: Salim tocava um pouco de piano e Maricota cantava em corais e ensinava canto orfeônico. O casal tinha o maior prazer em receber os amigos dos filhos que chegavam com seus instrumentos, para ensaios ou momentos de diversão. "Eu, de visitante, passei a ser o décimo segundo filho", lembra Bituca, que foi ficando cada vez mais íntimo de todos os irmãos e do casal Borges.

Durante um desses ensaios, Márcio ficou impressionado com a capacidade de Bituca de can-

for rehearsals or moments of fun. "As a visitor, I became the twelfth child", recalls Bituca, who became increasingly familiar with all his brothers and the Borges couple.

During one of these rehearsals, Márcio was impressed by Bituca's ability to sing: he released his voice already thinking about the arrangements. Salim and Maricota's number two son was four years younger than Milton, but he carried the reputation of being "intellectual". That is, intellectually Márcio got along with the one who would end up becoming his best friend. Bituca only realized this

tar: ele soltava a voz já pensando nos arranjos. O filho número dois de Salim e Maricota era quatro anos mais novo que Milton, mas carregava a fama de "metido a intelectual". Ou seja, intelectualmente Márcio regulava com aquele que acabaria se tornando seu melhor amigo. Bituca só se deu conta disso em um momento em que, muito angustiado, ouviu aquele jovem irmão do Marilton lhe dizer que a solução para ele era a composição. Márcio já havia percebido em Milton mais do que um cantor, intérprete ou bom violonista. "Milton é um gênio", passou a dizer, sempre.

Na sua adolescência, Márcio já havia desenvolvido o gosto por literatura, cinema e música e o talento para a escrita. Desde os 12 anos de idade escrevia versos, ensaios, ideias gerais, roteiros e contos e os guardava numa mala velha, que enfiava debaixo da cama. Ao conhecer o talento de Milton no violão e na voz, tentou de todas as formas convencê-lo a compor. Milton resistia e retrucava, simulando impaciência: "Eu não quero compor! Quero é tocar contrabaixo e cantar!" Mas uma ida ao cinema com Márcio em 1964 mudou o rumo da história: os dois foram ao Cine Tupi para assistir ao filme *Jules et Jim*, do diretor francês François Truffaut. Neste longa-metragem, o diretor contava a história de um triângulo amoroso entre Jules (Oskar Werner), Jim (Henri Serre) e Catherine (Jeanne Moreau). Uma situação desconfortável que

at a time when, in great anguish, he heard Marilton's younger brother telling him that the solution for him was songwriting. Márcio had already perceived in Milton more than a singer, interpreter or good guitarist. "Milton is a genius," he went on to say repeatedly.

In his adolescence, Márcio had already developed a taste for literature, cinema and music, and a talent for writing. From the age of 12 he wrote verses, essays, general ideas, screenplays and short stories and kept them in an old suitcase, which he tucked under his bed. Knowing Milton's talent in guitar and voice, he tried in every way to convince him to write. Milton resisted and retorted, simulating impatience: "I don't want to write! I want to play bass and sing!" But a trip to the cinema with Márcio in 1964 changed the course of history: the two went to Cine Tupi to watch the film Jules et Jim, by French director François Truffaut. In this feature film, the director told the story of a love triangle between Jules (Oskar Werner), Jim (Henri Serre) and Catherine (Jeanne Moreau). An uncomfortable situation that ended up being resolved after strengthening the bonds of affection between the three characters. A bit scandalous for the time, but a stimulus to the feelings that so anguished Bituca at that moment.

The two friends saw several sessions, one after the other, and Bituca left transformed, wanting

acabou resolvida após o fortalecimento dos laços de afeto dos três personagens. Meio escandaloso para a época, mas um estímulo aos sentimentos que tanto angustiavam Bituca naquele momento.

Os dois amigos emendaram várias sessões, uma após outra, e Bituca saiu transformado, querendo compor. Naquela noite, a dupla escreveu "Crença", "Gira, Girou" e "Novena (Paz do Amor Que Vem)". As duas primeiras, Milton gravou no seu álbum de estreia – que também trouxe "Travessia". A outra só foi registrada em 1993, sob o título "Novena", no CD *Angelus*. Depois daquela noite, Milton desandou a compor. Nos dias seguintes, sozinho na máquina de escrever, no escritório das Centrais Elétricas de Furnas, no centro da Beagá, onde trabalhava como escriturário, Milton compôs "Maria, Minha Fé", "Morro Velho" e "Canção do Sal", sem violão ou qualquer instrumento.

Certamente esses episódios fizeram com que Milton desistisse da carreira de escriturário – emprego que lhe permitia cantar samba-canção e bossa nova em boates de Belo Horizonte nos fins de semana – e colocasse sua energia numa nova busca. O passo decisivo foi dado em certa noite de 1965, quando Milton tomou uma atitude extrema, instigado e estimulado pelo inseparável amigo Márcio. De forma teatral e ritualística, ateou fogo em toda documentação curricular que havia cuidadosamente preparado para matricular-se no

to write. That night, the duo wrote "Crença" ("Belief"), "Gira, Girou"("Turn, Turned") and "Novena (Paz do Amor Que Vem)" ("Novena (The Peace of Love that Comes")). Milton recorded both of the first ones for his debut album – which also featured "Travessia" ("Crossing"). The other was only recorded in 1993, under the title "Novena", on the CD Angelus. After that night, Milton started writing. In the following days, alone at the typewriter, in the office of Centrais Elétricas de Furnas, in the center of Beagá, where he worked as a clerk, Milton composed "Maria, Minha Fé" ("Maria, My Faith"), "Morro Velho" ("Old Hill") and "Canção do Sal" ("Song of the Salt"), without a guitar or any instrument.

These episodes certainly made Milton give up his career as a clerk – a job that allowed him to sing samba-canção and bossa nova in nightclubs in Belo Horizonte on weekends – and put his energy into a new quest. The decisive step was taken one night in 1965, when Milton took an extreme attitude, instigated and encouraged by his inseparable friend Márcio. In a theatrical and ritual way, he set fire to all the curricular documentation that he had carefully prepared to enroll in the entrance exam for the Economics course at UFMG (Minas Gerais Federal University). Course completion certificates, background checks, ID copies, all went up in smoke, to the enthusiastic applause from the

Belo Horizonte na década de 1969 / in the 1960's

vestibular da Faculdade de Economia da UFMG. Certificados de conclusão de curso, atestados de bons antecedentes, cópias de identidade, tudo virou fumaça, sob aplausos entusiasmados dos dois jovens amigos. Milton então encarou Márcio e pronunciou seu auto veredito: "Agora não tem mais jeito, eu tenho que ser artista!"

O estudante de direito e leitor voraz de livros de poesia Fernando Brant conheceu Milton nesse mesmo ano de 1965, ao assisti-lo, já imbuído da nova e irreversível profissão, abrindo o espetáculo *Opinião*, que passava por Belo Horizonte com Nara Leão, Zé Kéti e João do Vale no elenco e direção de Oduvaldo Vianna Filho, Paulo Pontes e Armando Costa. Aliás, depois da apresentação, Bituca foi à inauguração da boate Carcará e conheceu o violonista Nelson Angelo, com quem passou a noite conversando sobre música.

two young friends. Milton then faced Márcio and pronounced his self-verdict: "Now there is no other way, I have to be an artist!"

The law student and voracious reader of poetry books Fernando Brant met Milton that same year, 1965, when he watched him, already imbued with the new and irreversible profession, opening the show Opinião, which passed through Belo Horizonte with Nara Leão, Zé Kéti and João do Vale in the cast and direction of Oduvaldo Vianna Filho, Paulo Pontes and Armando Costa. In fact, after the performance, Bituca went to the opening of the Carcará nightclub and met guitarist Nelson Angelo, with whom he spent the night talking about music.

With Brant, the friendship started by chance, on a bus trip. The two got off at the same point, one started a conversation with the other and soon they were at a bar nearby, where they shared "two beers and a boiled egg", as Milton reported days later to his friend Márcio. What he didn't report was that he had asked Brant to write lyrics for a song of his. At first reluctant, Milton's new friend finally accepted the task and simply composed the lyrics for the immortal "Travessia" ("Crossing"), a song that would make the duo famous. Márcio had a fit feeling jealousy and admiration at the same time. First, because he considered Bituca to have broken his youthful promise to only make music with him "a betrayal"; then, for considering the lyrics of the

A HISTÓRIA

Clube em/in Diamantina cor with Juscelino Kubitschek / Acervo Pessoa Personal Collec

Com Brant, a amizade começou por acaso, em uma viagem de ônibus. Desceram os dois no mesmo ponto, um puxou assunto com o outro e logo estavam num bar por perto, onde dividiram "duas cervejas e um ovo cozido", segundo Milton relatou dias depois a seu amigo Márcio. O que ele não relatou foi que havia convidado Brant para colocar letra em uma canção sua. A princípio relutante, o novo amigo de Milton finalmente aceitou a tarefa e compôs simplesmente a letra da imortal "Travessia", canção que viria a celebrizar a dupla. Márcio teve uma crise ao mesmo tempo de ciúmes e de admiração. Primeiro, por considerar "uma traição" o Bituca ter rompido a juvenil promessa de só fazer música com ele; depois, por considerar a letra da nova canção uma genuína obra-prima, que só faria crescer a qualidade de suas próprias produções. Para conquistar de vez a amizade de Márcio, Fernando o presenteou no dia do seu aniversário com uma delicada cópia manuscrita do *Romancero Gitano*, do poeta espanhol Federico Garcia Lorca. Isso apaziguou o coração dos três.

Travessia

O ano era 1966. Em São Paulo, onde estava residindo atrás de novas oportunidades e contatos artísticos, Milton Nascimento conheceu

new song a genuine masterpiece, which would only increase the quality of his own productions. To win Márcio's friendship once and for all, Fernando presented him on his birthday with a delicate handwritten copy of Romancero Gitano, by the Spanish poet Federico Garcia Lorca. This soothed the hearts of the three.

Travessia

The year was 1966. In São Paulo, where he was residing looking for new opportunities and artistic contacts, Milton Nascimento met the singer

o cantor Agostinho dos Santos em uma festa para a qual havia sido convidado pelo pianista paulista Hamilton Godoy, do famoso Zimbo Trio. Ali, ele foi apresentado à cantora Elis Regina e mostrou-lhe sua "Canção do Sal", que ela acabaria gravando no mesmo ano. Durante aquela festa, Agostinho fez com que Milton gravasse três das inúmeras canções que o jovem compositor havia mostrado às celebridades presentes, sob o pretexto de gravá-las ele próprio num próximo disco. Milton então gravou numa fita cassete "Maria, Minha Fé", "Travessia" e "Morro Velho". Na verdade, à revelia de Milton, Agostinho dos Santos inscreveu as três no II Festival Internacional da Canção (FIC) realizado pela TV Globo. As três foram classificadas. Na apresentação, diante de um Maracanãzinho superlotado, a interpretação de Milton cantando "Travessia" empolgou a multidão e ele arrebatou o prêmio de melhor intérprete e o 2º Lugar na classificação geral, ficando atrás apenas da vencedora "Margarida", de Guttemberg Guarabyra, com Guarabyra e o Grupo Manifesto.

Quando viu Milton no palco do Maracanãzinho, o jovem poeta Ronaldo Bastos já sabia quem era aquela estrela. Ronaldo era um niteroiense que morava na rua Voluntários da Pátria, em Botafogo, e havia conhecido o Bituca

Agostinho dos Santos at a party to which he had been invited by the pianist Hamilton Godoy, from the famous Zimbo Trio. There, he was introduced to singer Elis Regina and showed her his "Canção do Sal" ("Song of the Salt"), which she would end up recording in the same year. During that party, Agostinho had Milton record three of the countless songs that the young composer had shown to the celebrities present, under the pretext of recording them himself in an upcoming album. Milton then recorded on a cassette tape "Maria Minha Fé" ("Maria, My Faith"), "Travessia" ("Crossing") and "Morro Velho" ("Old Hill"). In fact, in spite of Milton, Agostinho dos Santos enrolled the three in the II Festival Internacional da Canção (FIC) (International Song Festival) held by TV Globo. All three were classified. In the performance, in front of an overcrowded Maracanãzinho, Milton's interpretation of "Travessia" ("Crossing") wowed the crowd and he snatched the award for best performer and 2nd place in the general classification, behind only the winner "Margarida" ("Daisy"), by Guttemberg Guarabyra, with Guarabyra and the Grupo Manifesto.

When he saw Milton on stage at Maracanãzinho, the young poet Ronaldo Bastos already knew who that star was. Ronaldo was a Niteroi native who lived on Rua Voluntários da Pátria, in Botafogo, and had met Bituca shortly before in a bar in Copacabana, frequented by young musicians and

pouco antes em um bar em Copacabana, frequentado por jovens músicos e universitários. O mineiro estava acompanhado de um amigo em comum, o baixista pernambucano Novelli, com quem ainda viria a trabalhar. Naqueles dias, o jovem Ronaldo contraiu hepatite e ficou de cama. Seu novo amigo Bituca se incumbiu de apresentar-lhe os amigos mineiros que trazia de Belo Horizonte e levava um a um ao quarto do enfermo, como fez com Márcio e Toninho Horta. Mais do que isso: também o incluiu no rol dos parceiros, e compuseram juntos "Três Pontas" e "Rio Vermelho", as primeiras de tantas canções que viriam a fazer.

Em 1967, Milton gravou seu primeiro álbum, com "orquestrações e regência" de Luiz Eça, conforme texto impresso no selo do vinil. Era o álbum *Travessia*, produzido pela gravadora Codil, que continha aquelas primeiras composições de Milton com seus agora três parceiros: Borges, Brant e Bastos. A convite do músico Eumir Deodato – maestro que conheceu nos bastidores do II FIC – Milton gravou um LP nos Estados Unidos, *Courage*, em 1968. Já com contrato assinado com a Odeon, gravou em 1969 mais um álbum homônimo, onde figuram, dentre outras, "Aqui, Oh!", de Toninho Horta e Fernando Brant; "Quatro Luas", de Nelson Angelo; "Tarde", feita com Márcio em 50

university students. The mineiro was with a mutual friend, the Pernambuco bassist Novelli, with whom he would later work. In those days, young Ronaldo contracted hepatitis and was bedridden. His new friend Bituca took it upon himself to introduce him to the Minas Gerais friends he brought from Belo Horizonte and took them one by one to the sick man's room, as he did with Márcio and Toninho Horta. More than that: he also included him in the list of partners, and together they wrote "Três Pontas" and "Rio Vermelho" ("Red River"), the first of so many songs that they would later make.

In 1967, Milton recorded his first album, with "orchestrations and conducting" by Luiz Eça, according to the text printed on the vinyl seal. It was the album *Travessia (Crossing)*, produced by the label Codil, which contained those first compositions by Milton with his now three partners: Borges, Brant and Bastos. At the invitation of musician Eumir Deodato – conductor he met backstage at the II FIC – Milton recorded an LP in the United States, *Courage*, in 1968. With a contract signed with Odeon, he recorded in 1969 another album of the same name, which includes, among others "Aqui, Oh!"("Here, Oh!"), by Toninho Horta and Fernando Brant; ("Four Moons"), by Nelson Angelo; "Tarde" ("Afternoon"), made with Márcio in 50 minutes, during an auditorium program, with a theme chosen by the presenter Wilson Simonal.

minutos, durante um programa de auditório, com tema sorteado pelo apresentador Wilson Simonal.

Clube da Esquina

Em rápida visita a Belo Horizonte, Milton chegou e foi direto para a casa dos Borges, que já haviam se mudado do edifício Levy e novamente moravam na casa de Santa Tereza, na rua Divinópolis 136. Durante todo esse tempo, Lô havia crescido. Agora, não era mais um menino de dez anos, mas um jovem rapaz que já compunha temas ao violão. Na verdade, Lô tinha aprendido violão desde o início da beatlemania e havia formado com Beto Guedes, o irmão Yé e Márcio Aquino uma banda chamada The Beavers, *cover* dos Beatles. Nesse retorno a Santa Tereza, por sinal, a banda já estava até desfeita.

Bituca só percebeu que Lô não era mais criança naquela tarde em que chegou de surpresa na casa dele e foram juntos a um bar. Antes de pedir o guaraná para o irmão de Márcio, ao comandar sua batida de limão, viu o jovem avisar que também queria uma igual. Ali, Lô falou ao amigo mais velho que estava chateado por ainda ser tratado como criança. Milton finalmente se rendeu ao fato de que o menino já era um homem e um músico promissor.

Irmãos Borges na esquina / Acervo Pessoal

Borges Brothers on the corner / Personal Collection

Clube da Esquina

On a quick visit to Belo Horizonte, Milton arrived and went straight to the Borges' house, who had already moved out of the Levy building and again lived in the house in Santa Tereza,

at 136 Divinópolis street. During all this time, Lô had grown up. Now, he was no longer a ten-year-old boy, but a young boy who was already writing songs on the guitar. In fact, Lô had learned guitar since the beginning of Beatlemania and had formed with Beto Guedes, his brother Yé and Márcio Aquino a band called The Beavers, a cover of the Beatles. In this return to Santa Tereza, by the way, the band had even already broken up.

Bituca only realized that Lô was no longer a child that afternoon when he arrived by surprise at his house and they went to a bar together. Before asking

Juntos, os dois tomaram suas batidas e foram para a casa dos Borges. Lô mostrou ao amigo uma harmonia que ele vinha repetindo há dias, incansavelmente. Inspirado, Bituca já foi dedilhando uma melodia ao violão. Nisso, Márcio chegou em casa e encontrou a cena: seu irmão Lô e seu parceiro Milton, cada um empunhando um violão, ambos tocando aquele tema marcante. Márcio não teve dúvidas: sacou caderno e caneta da pasta escolar e pôs-se a escrever. As primeiras palavras que grafou, no alto da página, foram: CLUBE DA ESQUINA. É que pretendia na letra homenagear o irmão mais novo, frequentador da tal esquina das ruas Paraisópolis com Divinópolis, a poucos passos da casa dos Borges.

Conforme conta Lô, esse nome era usado pelos jovens do pedaço para contrapor a situação daquela molecada que vivia se encontrando naquela esquina com a dos mais abastados, que frequentavam clubes mais elitizados: "Eram todos jovens de classe média baixa que não tinham grana para pagar bailes e festas em clubes. Então a gente chamava aquilo de clube da esquina porque a gente falava: 'Nosso clube é aqui mesmo, na esquina. Nossas festas são feitas aqui na rua'". Ao intitular a canção com essa expressão de uso exclusivamente doméstico, Márcio não fazia nenhuma ideia da

Márcio's brother for the guarana, when ordering his lemon *batida* (lime and cachaça shake), he saw the young man say that he also wanted one. There, Lô told his older friend that he was upset that he was still being treated like a child. Milton finally surrendered to the fact that the boy was already a man and a promising musician. Together, the two had their *batidas* and headed to the Borges' house. Lô showed his friend a harmony that he had been repeating tirelessly for days. Inspired, Bituca has already been strumming a melody on the guitar. At that, Márcio arrived home and found the scene: his brother Lô and his partner Milton, each holding a guitar, both playing that remarkable theme. Márcio had no doubts: he took a notebook and pen from his school bag and began to write. The first words he wrote, at the top of the page, were: CLUBE DA ESQUINA. In the lyrics, he intended to honor his younger brother, who frequented the corner of Paraisópolis and Divinópolis streets, a few steps from the Borges' house.

According to Lô, this name was used by the young people of the area to contrast the situation of those kids who lived on that corner with that of the more affluent, who frequented more elite clubs: "They were all young people from the lower middle class who didn't have the money to pay dances and club parties. So we called it the corner club because we used to say: 'Our club is right here, on the corner. Our parties are held here on the street'". By naming

Milton com a banda Som Imaginário / Acervo Pessoal

Milton with the band Som Imaginário / Personal Collection

extensão que este termo ainda alcançaria. Em 1970, Bituca lançou o álbum *Milton*, onde aquela primeira parceria entre ele, Lô e Márcio Borges – "Clube da Esquina" – recebeu sua primeira gravação, com a participação de Lô no violão e no vocal. Esse álbum ainda tinha mais duas composições de Lô e Márcio, "Para Lennon e McCartney", feita em parceria com Fernando Brant, e "Alunar". Esse foi o início da vida profissional de Lô.

A mudança para o Rio

Milton já havia saído de Belo Horizonte há algum tempo, mas voltou à capital mineira para buscar Lô, com quem vinha compondo desde

the song with this expression of exclusively domestic use, Márcio had no idea of the extension that this term would still reach. In 1970, Bituca released the album Milton, where that first partnership between him, Lô and Márcio Borges – "Clube da Esquina" – received its first recording, with the participation of Lô on guitar and vocals. This album also had two more compositions by Lô and Márcio, "Para Lennon e McCartney" ("To Lennon and McCartney"), made in partnership with Fernando Brant, and "Alunar" ("By the Moon"). This was the beginning of Lô's professional life.

The move to Rio

Milton had already left Belo Horizonte some time before, but returned to the capital of Minas

aquela tarde da batida de limão. Ele queria o jovem compositor como parceiro em um disco. Sempre que ia a Beagá, hospedava-se na casa dos Borges e perguntava: "Cadê o Lô?". A resposta era sempre a mesma: "Lô continua na esquina, aquele clube dele". E de fato tinha virado um vício aquele hábito de ficar ali, acompanhado ou sozinho, tocando e olhando para as estrelas. Muitas vezes dava três da manhã e o jovem estava lá com seu violão. Em um desses encontros, Milton falou que queria levá-lo ao Rio, para fazer um disco com ele.

A conversa inteira foi essa: o contrato de Milton Nascimento com a EMI-Odeon previa o lançamento de um álbum por ano e, em 1971, ele não havia lançado nenhum. Por isso, em 1972, Milton pensou grande: lançar um álbum duplo e pagar o compromisso contratual num único trabalho. E mais: chamaria Lô, jovem compositor completamente desconhecido e inexperiente, para dividir o álbum duplo com ele. Milton levou aos diretores artísticos a ousada proposta do LP duplo. Algo bem incomum na indústria brasileira – na estrangeira mesmo, não era normal: o primeiro da história, *Freak Out!*, havia sido lançado em 1966 pela banda The Mothers of Invention, do inventivo compositor Frank Zappa. No Brasil, Gal Costa lançaria, pouco antes, ainda em 1972, o repertório de *Fa-Tal - Gal a Todo Vapor* dividido em dois discos. Diante da ameaça de Milton rom-

Gerais to look for Lô, with whom he had been composing since that afternoon with the lemon batidas. He wanted the young composer as a partner on a record. Whenever he went to Beagá (Bh, abreviation of Belo Horizonte in Portuguese, he stayed at the Borges' house and asked: "Where is Lô?". The answer was always the same: "Lô is still on the corner, that club of his". And in fact he had become addicted to that habit of staying there, accompanied or alone, playing and looking at the stars. It was often three in the morning, and the young man was there with his guitar. In one of these encounters, Milton said he wanted to take him to Rio, to make an album with him.

The whole thing went down like this: Milton Nascimento's contract with EMI-Odeon provided for the release of one album per year and, in 1971, he had not released any. So, in 1972, Milton thought big: to release a double album and pay the contractual commitment in a single work. What's more, he would invite Lô, a completely unknown and inexperienced young composer, to share the double album with him. Milton took to the artistic directors the daring proposal of the double LP. Something very unusual in the Brazilian industry – even abroad, it was not normal: the first ever, Freak Out!, had been released in 1966 by the band The Mothers of Invention, by the inventive composer Frank Zappa. In Brazil, Gal Costa released, shortly before, still in 1972,

per o contrato, caso não fosse atendido, o diretor artístico Adail Lessa convenceu os membros da presidência da gravadora a apostarem naquela experiência. "Deixem os meninos" – dizia ele – "eles sabem o que estão fazendo".

Em Belo Horizonte, Milton fez a proposta: "Fala pra Maricota que vou levar você pra morar comigo no Rio". Com 19 anos à época, Lô enfrentou os pais para ir com Bituca, àquela altura com 29, mas tensão maior ele sofreu quando foi comunicar a seu superior no Exército, onde estava alistado, que preferia seguir a carreira na música. "No pátio, o capitão perguntou quem era o músico ali. Falei que era eu. E ele: 'Você não vai servir o Exército porque não quer servir o Exército, não. É o Exército que não quer pessoas da sua espécie aqui dentro. Seus comunistas de merda. Depois disso, convencer meu pai e minha mãe ficou mais fácil", conta Lô. Por pura insegurança, ele impôs a Milton que sem o amigo Beto Guedes não poderia ir, pois sabia que, no Rio, Bituca andava com experientes músicos da noite e exímios tocadores de bossa nova e jazz. Lô precisava de algum beatlemaníaco por perto, para contrapor. Daí sua premência de ter o companheiro ex-Beaver por perto.

Milton vinha sendo acompanhado pela banda Som Imaginário, criada e batizada pelos irmãos produtores José e Maria Mynssem, para o show

the repertoire of *Fa-Tal - Gal a Todo Vapor* (*Fa-tal - Gal at Full Steam*) divided into two discs. Faced with the threat of Milton breaking the contract if he was not met, the artistic director Adail Lessa convinced the members of the label's presidency to bet on that the experience. "Leave the boys alone" – he would say – "they know what they are doing".

In Belo Horizonte, Milton made the proposal: "Tell Maricota that I'm taking you to live with me in Rio". At the age of 19 at the time, Lô faced his parents to go with Bituca, at that time 29, but he suffered greater tension when he communicated to his superior in the Army, where he was enlisted, that he preferred to pursue a career in music. "In the courtyard, the captain asked who was the musician there. I said it was me. And he: 'You're not going to serve in the Army because you don't want to serve in the Army, no. It's the Army that doesn't want your kind in here. You fucking communists. After that, convincing my father and mother became easier", says Lô. Out of sheer insecurity, he imposed on Milton that without his friend Beto Guedes he would not be able to go, as he knew that, in Rio, Bituca hung out with experienced night musicians and expert bossa nova and jazz players. Lô needed at least one Beatlemaniac around to even it out. Hence his urge to have his ex-Beaver companion close by.

Milton was being accompanied by the band Som Imaginário, created and baptized by the pro-

Milton Nascimento, ah, e o Som Imaginário, no Teatro Opinião, com direção de João das Neves. Sua primeira formação tinha Tavito, Robertinho Silva, Luiz Alves, Laudir de Oliveira e Wagner Tiso. Depois, em versões subsequentes, ainda entrariam Naná Vasconcelos, Toninho Horta e Fredera. Naquele momento, Lô – bem como Beto, que acabou indo com ele – sentia-se apenas um beatlemaníaco. A dupla de roqueiros de Beagá mudou-se, então, com Bituca para um apartamento no Jardim Botânico, numa rua sobre o túnel Rebouças. A princípio, Lô e Beto não tinham certeza sobre a carreira que seguiriam, mas a convivência com Bituca foi convencendo a dupla de fãs dos Beatles de que aquilo, pelo menos, divertido era.

Hellso Romero, apelidado Jacaré, ou mais simplesmente Jaca, era um primo trespontano de Milton, sobrinho de Zino e também muito amigo da família Borges. Jaca já era um querido de todos eles quando apareceu para visitar Milton e acabou ficando. Lá, virou o motorista oficial do Fusca verde de Bituca, apelidado de Totó. Parêntese: era no Totó que os amigos viajavam frequentemente a São Paulo, onde Milton tinha uma namorada, Cáritas, comerciante de joias e objetos de arte. Ela teve um filho, Pablo, que Milton considerava como sendo filho dele e para quem chegou a dedicar uma canção homônima. Com o tempo, porém, os dois se afastaram e, dé-

ducer brothers José and Maria Mynssem, for *the show Milton Nascimento, ah, e o Som Imaginário,* at Teatro Opinião, directed by João das Neves. His first formation had Tavito, Robertinho Silva, Luiz Alves, Laudir de Oliveira and Wagner Tiso. Then, in later versions, Naná Vasconcelos, Toninho Horta and Fredera would still enter. At that moment, Lô – as well as Beto, who ended up going with him – felt like just a Beatlemaniac. The rock duo from Beagá then moved with Bituca to an apartment in Jardim Botânico, on a street above the Rebouças tunnel. At first, Lô and Beto were not sure about the career they would pursue, but their coexistence with Bituca convinced the Beatles fan duo that, at least, it was fun. Hellso Romero, nicknamed Jacaré, or more simply Jaca, was a Milton's cousin from Três Pontas, the nephew of Zino and also a good friend of the Borges family. Jaca was already liked by all of them when he showed up to visit Milton and ended up staying. There, he became the official driver of Bituca's green Beetle, nicknamed Totó. Parenthesis: it was in Totó that friends often traveled to São Paulo, where Milton had a girlfriend, Cáritas, a jewelry and art dealer. She had a son, Pablo, whom Milton considered to be his son and to whom he even dedicated a song of the same name. Over time, however, the two parted ways and, decades later, during a show, the singer declared that at that time of the dictatorship he had suffered serious

cadas depois, durante um show, o cantor declarou que naquela época da ditadura havia sofrido sérias ameaças que envolviam até sequestro do garoto e, por isso, precisou sair de perto dele.

Fechando o parêntese. No apartamento do Jardim Botânico, os vizinhos reclamavam daqueles hippies "maconheiros". Certa vez, eles foram impedidos de entrar no prédio pelo porteiro. Em outra, Milton precisou participar de um festival na Venezuela e, precavido que era, pediu aos parceiros para ficarem fora de casa durante aqueles dias em que ele estaria viajando. Quando voltou, o cantor deu de cara com soldados armados que pediam explicação sobre uma festa realizada no apartamento na noite anterior. Milton tentou convencê-los de que não estava lá, mas não teve jeito: foi levado ao Dops (Departamento de Ordem Política e Social). Isolado e com medo, Bituca lembrou de uma conhecida de sua família que trabalhava lá, a funcionária do Exército Eunice Fabriani, e pediu para chamá-la. Eunice intercedeu e Milton foi liberado. O episódio serviu para o artista entender que já vinha sendo perseguido, por menos que participasse manifestações políticas – a última havia sido a Passeata dos Cem Mil, em 1968, ao lado de Chico Buarque, Vinicius de Moraes e Gilberto Gil.

Diante disso, Milton decidiu mudar-se daquele apartamento com os amigos Lô e Beto e

Milton como baixista / Acervo Pessoal

Milton as a bassist / Personal Collection

threats that even involved kidnapping the boy and, therefore, he had to get away from him.

Closing the parenthesis. In the Jardim Botânico apartment, the neighbors complained about those "pothead" hippies. Once, they were prevented from entering the building by the doorman. In another, Milton had to attend a festival in Venezuela and, cautious that he was, asked his partners to stay out of the house during those days when he would be traveling. When he returned, the singer came face to face with armed soldiers asking for an explanation about a party held at the apartment the night before. Milton tried to convince them that he wasn't there, but there was no way: he was taken to the Dops (De-

buscar algum lugar mais calmo para morar. Nessa época ele ainda trabalhava com os empresários José e Maria Mynssem. Esses, depois de muita procura e com a inestimável ajuda do primo Jaca, descobriram e alugaram uma bela casa de propriedade de uma prima do Beto e de seu marido, erguida sobre um pequeno promontório no canto direito da praia de Piratininga, Niterói. Um lugar paradisíaco chamado Marazul. E para lá se mudaram os rapazes, inclusive Jaca, que havia descoberto aquele tesouro.

Marazul

No início da década de 1970, Niterói era uma cidade de pouco mais de 300 mil habitantes. O município foi capital estadual fluminense até 1975, um ano após a fusão entre os estados do Rio de Janeiro e da Guanabara, em 1974. Nesse mesmo ano, a cidade ganhou a ponte Rio-Niterói com seus 14 quilômetros que ligavam a antiga capital à nova, ou melhor, à cidade do Rio de Janeiro. Em 1971, quando os jovens mineiros que revolucionariam a história da música brasileira escolheram se mudar para Niterói, a travessia só podia ser feita através das Barcas ou, dando uma volta imensa, passando pela cidade de Magé.

Com sua área de aproximadamente 130 quilômetros quadrados localizada entre a Baía

partment of Political and Social Order). Isolated and afraid, Bituca remembered an acquaintance of his family who worked there, the Army employee Eunice Fabrani, and asked to call her. Eunice interceded and Milton was released. The episode helped the artist understand that he was already being persecuted, no matter how little he participated in political demonstrations – the last one had been the Passeata dos Cem Mil (The Hundred Thousand March against the dictatorship), in 1968, alongside Chico Buarque, Vinicius de Moraes and Gilberto Gil.

Faced with this reality, Milton decided to move out of that apartment with his friends Lô and Beto and look for a quieter place to live. At that time he was still working with the businessmen José and Maria Mynssem. These, after much searching and with the invaluable help of cousin Jaca, finally rented a beautiful house, built on a small promontory in the left corner of Piratininga beach, Niterói. A heavenly place called Marazul. And the boys moved there, including Jaca, who had discovered that treasure.

Marazul

In the early 1970s, Niterói was a city of just over 300,000 inhabitants. The city was the state capital of Rio de Janeiro until 1975, one year after the merger between the states of Rio de Janeiro and Guanabara, in 1974. That same year, the city

de Guanabara (oeste), o Oceano Atlântico (sul), Maricá (leste) e São Gonçalo (norte), Niterói é conhecida pela impressionante paisagem consequente do casamento entre os mares e as montanhas. A Região Oceânica reúne as maiores belezas naturais, pois conta com as melhores praias: a de Fora e a do Imbuí, com seus valores históricos; as de Piratininga, Camboinhas, Itaipu e Itacoatiara, que são as mais famosas e visitadas; as do Sossego, Adão e Eva e a Prainha, locais calmos e paradisíacos.

Em 1971, toda a Região Oceânica (a famosa R.O.) era mato e mar. As praias de Piratininga, Camboinhas, Itacoatiara e Itaipu davam seus nomes aos bairros, que na época abrigavam poucas casas e raríssimos pontos comerciais. Na Estrada de Itaipu, que corta todos os bairros da R.O., havia (e ainda há) dois motéis, onde alguns namorados se escondiam. No entanto, as próprias faixas de areia das praias eram cenários de romances e noitadas regadas a violão, os famosos luais. Piratininga era uma dessas praias e, ali, já havia uma lagoa de água salgada ligada à lagoa de Itaipu por meio do Canal do Camboatá, aberto pelo Departamento Nacional de Obras de Saneamento em 1946.

Com seus quase três quilômetros de extensão, a Praia de Piratininga é composta de duas praias conhecidas como o Praião e a Prainha. O

gained the Rio-Niterói bridge with its 14 kilometers that connected the old capital to the new, or rather, to the city of Rio de Janeiro. In 1971, when the young people from Minas who would revolutionize the history of Brazilian music chose to move to Niterói, the crossing could only be made by ferry or, taking a long trip around, through the city of Magé.

With its area of approximately 130 square kilometers located between the Guanabara Bay (West), the Atlantic Ocean (South), Maricá (East) and São Gonçalo (North), Niterói is known for the impressive landscape resulting from the marriage between the seas and the mountains. The Oceanic Region brings together the greatest natural beauties, as it has the best beaches: Fora and Imbuí, with their historical values; those of Piratininga, Camboinhas, Itaipu and Itacoatiara, which are the most famous and visited; Sossego, Adão e Eva and Prainha, calm and idyllic places.

In 1971, the entire Oceanic Region (the famous R.O.) was forest and sea. The beaches of Piratininga, Camboinhas, Itacoatiara and Itaipu gave their names to the neighborhoods, which at the time had few houses and very few commercial spots. On Itaipu Road, which cuts through all the districts of the R.O., there were (and still are) two motels, where lovers used to hide. However, the beaches' own strips of sand were the scene of romances and guitar-filled nights, the famous luais. Piratininga was one of these beaches and, there, there was already

Praião, mais extenso, dá vista para o Pão de Açúcar e o Cristo Redentor. Ele é separado da Prainha por um grande conjunto de pedras, entre elas a famosa Pedra da Baleia, de onde muitos se aventuram a mergulhar. Já naquela época, Piratininga era dividida em dois loteamentos, o Maralegre – que compreende o trecho mais próximo da entrada e da saída do bairro – e o Marazul – que engloba da Prainha à área conhecida como Tibau. Naquele início da década de 1970, tanto Maralegre quanto Marazul abrigavam poucas casas em chão de terra. Foi, então, para uma bela casa alugada nesse tal loteamento chamado Marazul que Milton Nascimento, Lô Borges, Beto Guedes e Jacaré se mudaram. O espaço ideal para inspirar e incentivar a criação de um álbum duplo que ainda faria história e também isolar a turma dos perigos de uma ditadura cada vez mais cruel e sanguinária.

A produção

Durante quatro meses, Milton, Lô e Beto não trabalharam sozinhos. Principalmente nos fins de semana, sempre havia visita: Márcio Borges, irmão de Lô; Ronaldo Bastos, niteroiense que morava em Botafogo; e Fernando Brant, que jamais abandonaria Belo Horizonte, eram frequentadores assíduos da casa à beira da praia. Integrantes da banda Som Imaginário, Tavito, Robertinho

a saltwater lagoon connected to the Itaipu lagoon through the Camboatá Canal, opened by the National Department of Sanitation Works in 1946.

At almost three kilometers long, Praia de Piratininga is made up of two beaches known as Praião and Prainha (Big and Small Beach, respectively). The Praião, more extensive, overlooks the Sugar Loaf and Christ the Redeemer. It is separated from Prainha by a large set of rocks, including the famous Pedra da Baleia (Whale Rock), from where many venture to dive. At that time, Piratininga was divided into two subdivisions, the Maralegre – which comprises the section closest to the entrance and exit of the neighborhood – and the Marazul – which encompasses the Prainha area to the area known as Tibau. At the beginning of the 1970s, both Maralegre and Marazul had few houses on dirt floors. It was, then, to a beautiful rented house in this subdivision called Marazul that Milton Nascimento, Lô Borges, Beto Guedes and Jacaré moved.

The ideal space to inspire and encourage the creation of a double album that would still make history and also isolate the gang from the dangers of an increasingly cruel and bloodthirsty dictatorship.

The production

For four months, Milton, Lô and Beto did not work alone. Especially on weekends, there

ʼa Som Imaginário
973 / Acervo Pessoal

ɔand Som Imaginário
73 / Personal
ːction

Silva, Luiz Alves e Wagner Tiso tiveram várias passagens por lá. A família Borges costumava aparecer nos feriados mais extensos, trazidos pelo patriarca Salomão e pela mãe Maricota, numa Kombi cheia de filhos e agregados. Fotos clássicas da época foram feitas por Cafi, amigo de Ronaldo Bastos que sempre o acompanhava nas travessias do Rio para Niterói. Uma delas documenta a visita da mãe adotiva de Bituca, Lilia, que levou suas duas filhas para passar uns dias com o filho. Outro amigo da turma que frequentou e fotografou Marazul foi o carioca Ronaldo Gorini.

were always visitors: Márcio Borges, Lô's brother; Ronaldo Bastos, from Niteroi who lived in Botafogo; and Fernando Brant, who would never leave Belo Horizonte, were regulars at the house by the beach. Members of the band Som Imaginário, Tavito, Robertinho Silva, Luiz Alves and Wagner Tiso took several trips there. The Borges family used to appear on longer holidays, brought by patriarch Salomão and mother Maricota, in a Kombi full of children and friends. Classic photos of the time were taken by Cafi, a friend of Ronaldo Bastos who always accompanied him on his "crossings" from Rio to Niterói. One of them documents the visit of Bituca's adoptive mother, Lilia, who took her two daughters to spend a few days with her son. Another friend of the group who attended and photographed Marazul was the carioca Ronaldo Gorini.

With a lot of drinking, but above all inspired by the beauty of the place, they lived an experience. "The place was fascinating. There was a house, as big as that, and three floors of apartments next to it. So, we would sit on a balcony like that, look at the sea and (the songs) would just come out and out...", recalled Milton in an interview with Charles Gavin for the first season of the program *O Som do Vinil*, shown by Canal Brasil in 2007. Lô added: "It was a creative workshop. An instrumental, musical, poetic workshop..."

Embalados por muita bebida, mas acima de tudo inspirados pela beleza do local, eles viveram uma experiência. "O lugar era fascinante. Tinha uma casa, grande assim e, do lado, três andares de apartamentos. Então, a gente sentava numa sacada daquelas, ficava olhando pro mar e (*as músicas*) iam saindo, saindo...", lembrou Milton em entrevista a Charles Gavin para a primeira temporada do programa *O Som do Vinil*, exibido pelo Canal Brasil em 2007. Lô completou: "Era uma oficina de criação. Uma oficina instrumental, musical, poética..."

Toninho Horta apareceu em Marazul no último dia da temporada, quando encontrou todas as composições prontas. Compositor, arranjador, produtor musical e guitarrista, Horta teve participação fundamental no disco e explica a fórmula do sucesso que ele captou ali naquele primeiro encontro: "Cada um tinha uma formação: Beto regional com seu lado Beatle; Lô era Bossa Nova com lado pop; Bituca era o cantador, aquela coisa do sertão, rural e com toda influência de música americana; Wagner veio da escola clássica, a mãe era professora de piano; eu e Nivaldo Ornellas éramos mais da praia do jazz, da liberdade de improvisação; mais o Robertinho, que era carioca da gema, sendo o baterista principal do Clube da Esquina; além do Rubinho, do Paulo Braga, do Novelli, que veio com aquele baixo de Pernambuco..."

Munidos de canções, entraram em estúdio

Toninho Horta appeared in Marazul on the last day of the season, when he found all the compositions ready. Composer, arranger, music producer and guitarist, Horta played a fundamental role in the album and explains the success formula he captured there in that first meeting: "Each one had a background: Beto regional with his Beatle side; Lô was Bossa Nova with a pop side; Bituca was the singer, that thing from the sertão, rural and with all the influence of American music; Wagner came from classical school, his mother was a piano teacher; Nivaldo Ornellas and I were more from the jazz thing, from the freedom of improvisation; plus Robertinho, who was from Rio de Janeiro, being the main drummer of Clube da Esquina; in addition to Rubinho, Paulo Braga, Novelli, who came with that bass guitar from Pernambuco..."

Armed with songs, they entered the studio without rehearsals. At first, the employees were startled by the image: "Who are these long-haired boys in dirty sneakers?", they asked each other. The sound technician responsible for the recordings, Nivaldo Duarte, recalled this in an interview given to Clemente Magalhães for his YouTube channel Corredor 5, in August 2022. "Milton made a superhuman effort to make this record. Nobody at the record company was interested. I'm not sure if that was the intention, but the sneakers on that cover of Lô's solo album ...", he began to say,

sem ensaios. De cara, os funcionários se assustaram com a imagem: "Quem são esses garotos cabeludos de tênis sujo?", perguntavam uns aos outros. O técnico de som responsável pelas gravações, Nivaldo Duarte, lembrou disso em uma entrevista concedida a Clemente Magalhães para o seu canal de YouTube Corredor 5, em agosto de 2022. "Milton fez um esforço sobre-humano para fazer esse disco. Ninguém na gravadora estava interessado. Não tenho certeza se a intenção foi essa, mas o tênis daquela capa do disco solo do Lô...", começou a dizer, dando a entender que o jovem transformou o *bullying* em arte quando gravou *Lô Borges*, lançado em 1972.

Na cabeça de Milton não tinha um projeto desenhado. A palavra de ordem era "liberdade" e as intervenções criativas eram super bem-vindas. Tanto que os músicos não tinham uma programação em relação aos instrumentos. Pelo contrário: houve um revezamento que acontecia da maneira mais natural possível. "Os músicos falavam: 'Ah, eu quero fazer o baixo nessa!'. Falavam e faziam bem. Esse era o lance", lembra Milton. Márcio complementa: "Era livre desse jeito. Quem pegou o baixo primeiro, toca naquela faixa. Se avançou na guitarra, é dele". Em relação às letras, era a mesma coisa, diz Márcio: "Não teve aquele negócio de 'faz isso, faz aquilo'".

O álbum todo foi gravado em dois canais, o

implying that the young man turned bullying into art when he recorded Lô Borges, released in 1972.

Milton didn't have a blueprint in mind. "Freedom" was the word, and creative interventions were very welcome. So much so that the musicians did not have a schedule regarding the instruments. On the contrary: they switched instruments in the most natural way possible. "Musicians were like, 'Oh, I want to play bass on this one!' They would talk the talk, and walk the walk. That was the thing", recalls Milton. Márcio adds: "It was free like that. Whoever got the bass first, plays on that track. If he's advanced on the guitar, it's his." Regarding the lyrics, it was the same thing, says Márcio: "There was no 'do this, do that' thing".

The entire album was recorded on two channels, which allowed for an "ambience" – a word that is constantly repeated when you hear someone commenting on Clube da Esquina – unique in Brazilian (or, as Márcio says, worldwide) music. "What enchants me about the record is a sound that has the instruments, voices, vocal arrangements, choice of repertoire. This all creates an aura, a sonic universe that is unique on this record, unique in the world discography!", says Márcio Borges. According to Nivaldo Duarte, there was no mixing: "Everything was done in two channels. The second disc (the 1978 one) was already recorded in multitrack".

que possibilitou uma "ambiência" – palavra repetida constantemente quando se ouve alguém comentar o *Clube da Esquina* – única na música brasileira (ou, como diz Márcio, mundial). "O que me encanta no disco é uma sonoridade que tem nos instrumentos, vozes, arranjos vocais, escolha de repertório. Isso tudo cria uma aura, um universo sonoro que é único nesse disco, único na discografia mundial!", afirma Márcio Borges. De acordo com Nivaldo Duarte, não teve mixagem: "Tudo feito em dois canais. O segundo disco (*o de 1978*) já foi gravado em *multitrack*".

Nesse clima de espontaneidade foram gravadas todas as faixas. Por exemplo, "O Trem Azul", balada meio Beatle, reúne o piano de Lô com a elogiada guitarra de Toninho Horta e uma orquestra enriquecendo o arranjo. "Eu tinha quase 19 anos e lembro de eu tocando piano, ao vivo, com a orquestra no estúdio. Eu, recém-chegado das esquinas de Beagá, um músico amador... Eu tocando solto, sem me preocupar se ia acertar ou errar. Se eu errasse, ia derrubar a orquestra inteira. E eu não errei", contou Lô em *O Som do Vinil.*

Na concepção do disco, não houve qualquer interferência da gravadora. De vez em quando, Milton Miranda, diretor da Odeon, passava no estúdio para ver o que estava acontecendo. Adail Lessa, sempre defensor da ideia do disco duplo,

In this atmosphere of spontaneity, all the tracks were recorded. For example, "O Trem Azul" ("The Blue Train"), a Beatle-like ballad, brings together Lô's piano with the praised guitar of Toninho Horta and an orchestra enriching the arrangement. "I was almost 19 and I remember playing the piano, live, with the orchestra in the studio. I had just arrived from the corners of Beagá, an amateur musician... playing loosely, not worrying if I was going to get it right or wrong. If I made a mistake, I would knock the entire orchestra down. And I didn't make a mistake", said Lô in *O Som do Vinil*.

There was no interference from the record company in the conceiving of the record. From time to time, Milton Miranda, director of Odeon, would stop by the studio to see what was going on. Adail Lessa, always a supporter of the double-record idea, continued to encourage the group's creative freedom: "Let the boys go!"

Pinches of history

One of the suggestions accepted by the "kids" resulted in the bell that tinkles in "San Vicente" and continues to ring after the end of the song. Nivaldo Duarte had a fiancée in the city of São Vicente, on the coast of São Paulo, and every weekend he went there to visit her. When leaving her house, he would stay at a terminal waiting for the bus that

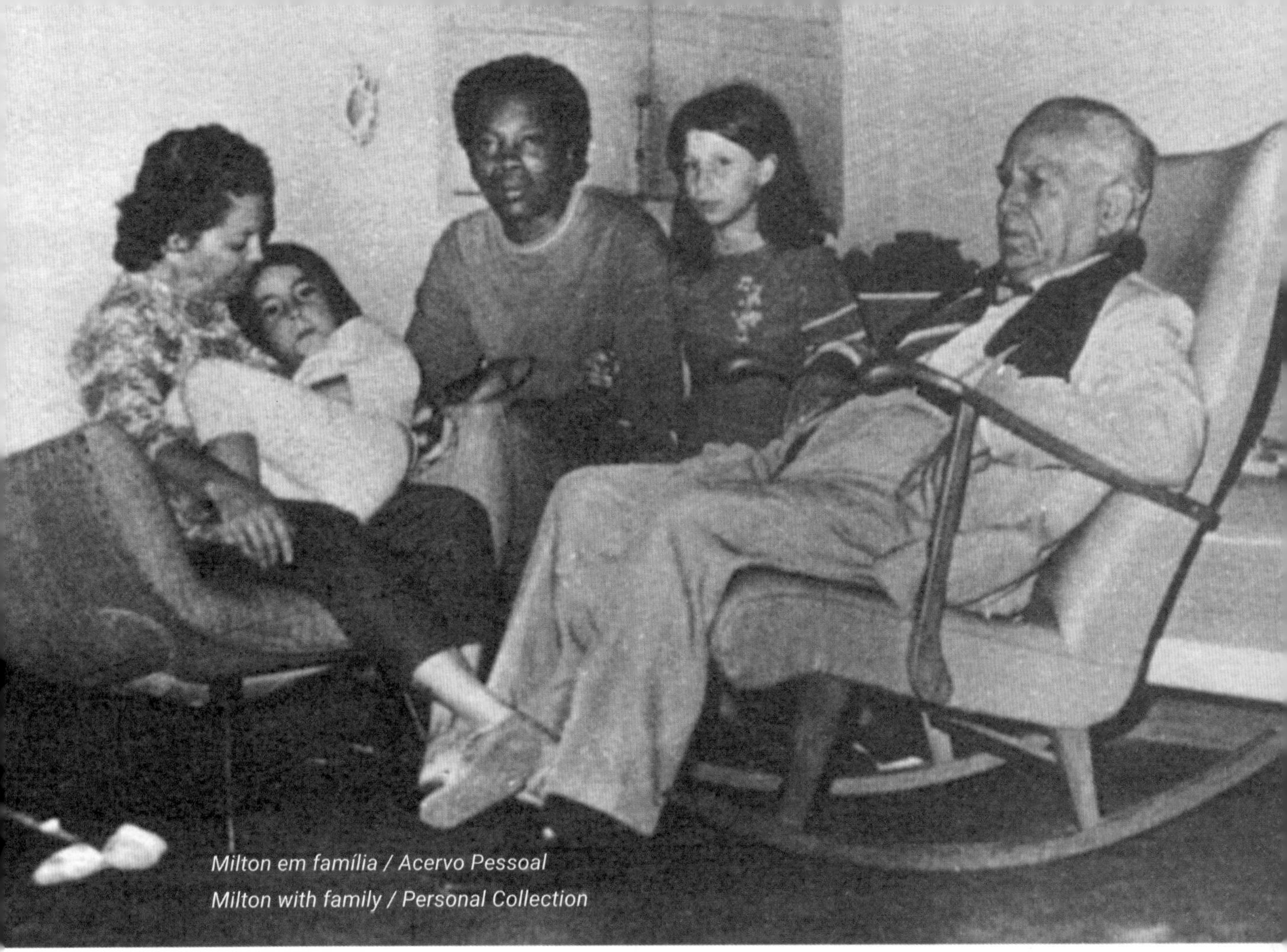

Milton em família / Acervo Pessoal
Milton with family / Personal Collection

continuava estimulando a liberdade criativa do grupo: "Deixa os meninos!"

Pitadas de história

Uma das sugestões acatadas pela "garotada" resultou no sino que tilinta em "San Vicen-

would take him to São Paulo and, from there, take the bus back to Rio de Janeiro. In line, he heard the church bell ringing at 18:00. When the sound technician heard "San Vicente", he was thrown into those memories, even though the San Vicente of the song was a fictional city. Nivaldo knew that, days before, Odeon had rented an instrument

te" e segue tocando após o fim da música. Nivaldo Duarte tinha uma noiva na cidade de São Vicente, no litoral paulista, e todo fim de semana ia lá visitá-la. Ao sair da casa dela, ficava em um terminal esperando o ônibus que o levaria a São Paulo para, de lá, pegar a condução de volta para o Rio de Janeiro. Na fila, ele ouvia o sino da Igreja que tocava às 18h. Quando o técnico de som ouviu "San Vicente", foi arremessado àquelas memórias, mesmo sendo a San Vicente da música uma cidade fictícia. Nivaldo sabia que, dias antes, a Odeon havia alugado um instrumento muito usado em orquestra sinfônica, formado por tubos nos quais se bate com baqueta e sai o som de um sino. Ele sugeriu o sino a Wagner Tiso, que comprou a ideia na hora.

A melodia "Tudo Que Você Podia Ser" foi composta por Lô já pensando em Milton para interpretá-la. E ficou a cara de Bituca mesmo, por isso o jovem pediu para o mestre cantá-la. A canção é toda projetada em cima de um acorde. Toninho Horta ressaltou a peculiaridade dessa composição em sua entrevista a *O Som do Vinil*: "Lô fez tudo praticamente nesse acorde: um menor com sétima e a quinta aumentada, dá para analisar como se fosse um si bemol maior com nona e a terça com ré no baixo. Totalmente modal..."

Linguagem complicada para simples mor-

widely used in symphony orchestras, made up of tubes on which you hit with a stick and the sound of a bell comes out. He suggested it to Wagner Tiso, who agreed on the spot.

The melody "Tudo Que Você Podia Ser" ("Everything You Could Be") was composed by Lô, already with Milton in mind to sing it. And it really suited Bituca, that's why the young man asked the master to sing it. The song is all designed around a chord. Toninho Horta highlighted the peculiarity of this composition in his interview with *O Som do Vinil*: "Lô practically did everything in this chord: a minor with a seventh and an augmented fifth, you can analyze it as if it were a B flat major with a ninth and a third with D. on the bottom. Totally modal..."

Complicated language for mere mortals. But for beginners, it is clear that the self-taught young man, then 19 years old, was a promising musician who was entering the music world professionally. "We played what we wanted and this work came out. Of course, Milton and Lô's musical background and the creativity of the composers were fundamental. Each song had a different sound, a different color. It was just for us to participate and make it concrete", said Horta to Charles Gavin. As Wagner Tiso defined in the same program, *Clube da Esquina* was "the quality of melody and harmony together with the modernity of the time".

tais. Mas, para os iniciados, dá para perceber que o jovem autodidata, então com 19 anos, era um músico promissor que entrava profissionalmente no mundo da música. "A gente tocou o que queria e saiu esse trabalho. Claro que a bagagem musical de Milton e Lô e a criatividade dos compositores foi fundamental. Cada música tinha uma sonoridade, uma cor diferente. Era só a gente participar e tornar concreta", disse Horta para Charles Gavin. Como definiu Wagner Tiso no mesmo programa, o *Clube da Esquina* era "a qualidade de melodia e harmonia em conjunto com a modernidade da época".

A modernidade também teve uma ajudinha da tecnologia analógica. Com uma lâmina de barbear na mão, Nivaldo Duarte pôde proporcionar a canções do álbum algumas das transições mais bonitas da música brasileira. Ali pelo minuto 1'36" de "Cais", o som à base de guitarra e percussões vira um solo de piano, uma dinâmica impossível de gravar em dois canais. O técnico de som praticamente fez duas faixas e colou o piano e vocalise de Bituca na primeira, finalizando com classe a canção escrita por Milton Nascimento e Ronaldo Bastos. O mesmo aconteceu em "Um Girassol da Cor do Seu Cabelo": em 02'07", a canção vira uma experimentação em cordas para, em 02'52", voltar ao arranjo de piano e vozes. A experimentação foi cortada de

Salomão, Maria Tavinho Bretas, Solange Borges, Pat Metheny e/and Lô Borges / Acervo Pessoal/ Personal Collection

Modernity also had a little help from analog technology. With a razor blade in hand, Nivaldo Duarte was able to provide the songs on the album with some of the most beautiful transitions in Brazilian music. By the 1'36th minute of "Cais" ("Pier"), the guitar and percussion-based sound turns into a piano solo, a dynamic impossible to record on two channels. The sound technician practically made two tracks and glued Bituca's piano and vocals to the first, finishing with class the song written by Milton Nascimento and Ronaldo

um *take* e colada nesse que virou o final e oficial.

A participação de Alaíde Costa no álbum é a cereja do bolo. Voz feminina associada à Bossa Nova quando surgiu com seu primeiro compacto simples, em 1956 – curiosamente (porque mulher compor não era tão comum na época), carregando uma composição própria, "Tens Que Pagar" (parceria com Airton Amorim) – a cantora carioca não estava em seu melhor momento profissional quando Milton Nascimento a encontrou em um programa de televisão. Bituca contou a história em *O Som do Vinil*: "Uma vez fui a São Paulo para um programa, *Almoço com as Estrelas*, e estava lá Alaíde Costa. Ela cantou 'Me Deixa em Paz', que era uma música de carnaval. Música antiga que era uma loucura. Quando ela acabou, eu perguntei se ela não queria cantar aquela música no meu disco. Ela: 'Quero, quero'."

A participação da artista na leitura dolorosa do samba-canção composto por Monsueto e Airton Amorim em 1952 – primeiramente gravada pela cantora Linda Batista – impulsionou sua carreira de novo, abrindo portas para diversas gravações que, em 2021, seriam resgatadas no álbum *Antes e Depois*, que reuniu registros inéditos realizados em estúdio entre 1972 e 1974.

Já Gonzaguinha, com uma participação bem tímida fazendo *backing vocal* em "Estre-

Bastos. The same thing happened in "Um Girassol da Cor do Seu Cabelo" ("A Sunflower the Color of Your Hair"): in 02'07, the song becomes an experiment in strings and, in 02'52", it returns to the piano and vocal arrangement. The experimentation was cut from one take and pasted into what became the final and official take.

Alaíde Costa's participation in the album is the icing on the cake. Female voice associated with Bossa Nova when she came up with her first single, in 1956 – curiously (because women composing was not so common at the time), carrying her own composition, "Tens Que Pagar" ("You've Got to Pay") (in partnership with Airton Amorim) – the singer from Rio de Janeiro she was not at her best professional moment when Milton Nascimento found her on a television show. Bituca told the story in *O Som do Vinil*: "I once went to São Paulo for a program, Lunch with the Stars, and Alaíde Costa was there. She sang "Me Deixa em Paz" ("Leave Me In Peace"), which was a carnival song. A song that was crazy old. When she was done, I asked her if she wanted to sing that song on my record. She: 'I want it, I want it!'"

The artist's participation in the painful reading of the samba-canção composed by Monsueto and Airton Amorim in 1952 – first recorded by singer Linda Batista – boosted her career again, opening the door to several recordings that, in 2021, would

las", chegou ao clube através de Márcio Borges. Aproximadamente dez anos antes de se mudar para Belo Horizonte – onde viveu seus últimos dez de vida – ele conheceu Marcinho no Rio: estudantes e militantes de esquerda, eles se reuniam para falar de política e música em um bar apelidado de "Sachinha", ao lado da boate Sacha's, no bairro do Leme. Naquele 1967, assistiram juntos à apresentação de "Travessia", por Milton Nascimento, no FIC, no Maracanãzinho. A passagem pelo estúdio acabou cravando o nome do filho de Luiz Gonzaga na história do *Clube da Esquina*.

A latino-americanidade nos arranjos, instrumentações e até letras das canções tem a ver com o momento político que o Brasil vivia. Milton explicou durante a conversa com Gavin: "Nessa época, muitos amigos nossos, artistas, foram mandados embora do país. Outros tiveram que sair. E eu falei: 'Não saio do Brasil de jeito nenhum. Pode me matar, mas não saio'. Colocavam joaninha na porta do nosso prédio. Fui parar na delegacia algumas vezes, no Dops. E todas as músicas que fazíamos tinha alguma coisa". Foi esse clima inspirou Fernando Brant a escrever "Saídas e Bandeiras". Como diz Márcio: "A gente queria falar sobre o momento atual, sobre nossos sentimentos, sobre esperança. Estávamos vivendo um momento bastante

be rescued on the album *Antes e Depois (Before and After)*, which brought together unreleased records made in the studio between 1972 and 1974.

Gonzaguinha, with a very shy participation doing backing vocals in "Estrelas" ("Stars"), arrived at the club through Márcio Borges. Around ten years before moving to Belo Horizonte – where he lived the last ten of his life – he met Marcinho in Rio: students and left-wing activists, they gathered to talk about politics and music in a bar nicknamed "Sachinha", next to Sacha's nightclub, in the neighborhood of Leme. In that year of 1967, they watched the presentation of "Travessia" ("Crossing"), by Milton Nascimento together, at the FIC, in Maracanãzinho. The visit to the studio ended up carving the name of Luiz Gonzaga's son in the history of *Clube da Esquina*.

The "Latin-Americanity" in the arrangements, instrumentation and even lyrics of the songs has to do with the political moment that Brazil was experiencing. Milton explained during the conversation with Gavin: "At that time, many of our friends, artists, were sent out of the country. Others had to leave. And I said: 'I'm not leaving Brazil at all. You can kill me, but I won't leave'. They put *joaninhas* ("ladybugs", slang for VW Beetles used by the police) on the door of our building. I ended up at the police station a few times, at Dops. And every song we did had something." It was this atmosphere that inspired Fernando Brant to write

eufórico por estar vendo aquela quantidade de músicas lindas surgindo".

Já a faixa que encerra o lado B de um dos discos que compõem o *Clube da Esquina*, "Clube da Esquina nº 2", uma das mais bonitas do repertório de Milton e de Lô, foi composta no apartamento do Jardim Botânico onde Lô foi morar com Milton no mesmo esquema da anterior: o jovem Borges desenvolvendo uma harmonia no violão base e Bituca, com seu solo, criando a melodia. Mesmo quadro pintado em Beagá, pouco antes. Desta vez, a dupla disse a Márcio que ali não cabiam palavras, e a canção foi lançada no disco como uma faixa instrumental.

A belíssima letra que diz que "de tudo se fez canção" e "os sonhos não envelhecem" só surgiu quando, em um encontro, sua amiga Nana Caymmi disse a Márcio que queria gravar a canção, mas "sem letra não dá, né, porra". Conforme conta Márcio em seu livro *Os Sonhos Não Envelhecem*, Nana o convenceu a escrever e deixar que ela convencesse os outros dois. Márcio "acatou a ordem" e, no dia seguinte, deixou os versos nas mãos de Nana. Só que ela, antes de falar com Milton e Lô, entrou em estúdio e gravou a canção. "Bituca e Lô se renderam à evidência", afirma Márcio, no livro. Milton só foi colocar sua voz na música para o CD *Angelus*,

"Saídas e Bandeiras" ("Departures and Flags"). As Márcio says: "We wanted to talk about the current moment, about our feelings, about hope. We were living a very euphoric moment to be seeing that amount of beautiful music coming out".

The track that closes the B side of one of the albums that make up Clube da Esquina, "Clube da Esquina nº 2", one of the most beautiful in Milton and Lô's repertoire, was composed in the apartment in Jardim Botânico where Lô went to live. with Milton in the same scheme as the previous one: the young Borges developing a harmony on the base guitar and Bituca, with his solo, creating the melody. Same picture painted in Beagá, shortly before. This time, the duo told Márcio that there was no room for words, and the song was released on the album as an instrumental track.

The beautiful lyrics that say that "From everything there's a song" and "dreams don't get old" only appeared when, on a date, his friend Nana Caymmi told Márcio that she wanted to record the song, but "without lyrics, it's not possible, right? Damn". As Márcio tells in his book *Os Sonhos Não Envelhecem (Dreams Don't Get Old)*, Nana convinced him to write and let her convince the other two. Márcio "accepted the order" and, the next day, left the verses in Nana's hands. But she, before talking to Milton and Lô, went into the studio and recorded the song. "Bituca and Lô surrendered to

de 1993. Lô se rendeu antes, em 1979, em seu LP *A Via-Láctea*, com participação da irmã cantora, Solange Borges.

O lançamento

Carlos Filho, o Cafi, fotógrafo conhecido no mundo da música naquela época, acompanhou a experiência de Marazul não só se divertindo com a turma como também registrando momentos únicos. Aquela foto clássica de Milton, Lô e Beto nadando no mar de Piratininga que sempre se vê por aí, por exemplo, é dele. As fotos da capa e contracapa do LP, também. Aos lojistas, a gravadora recomendava que colocassem o álbum nas prateleiras com a contracapa aparecendo. É que, atrás, havia, além de uma foto de Milton e Lô passeando com crianças, o nome "Milton Nascimento e Lô Borges" estampado no alto. Na capa, apenas a foto de dois meninos desconhecidos: Tonho e Cacau, que só foram descobrir que ilustraram a arte do Cafi em 2012, quando o jornal *Estado de Minas* recriou a capa após a repórter Ana Clara Brant encontrar os homens Tonho e Cacau.

Cafi e Ronaldo Bastos estavam circulando de Fusca pelos arredores da fazenda da família de Ronaldo Bastos em Friburgo, região serrana do Rio de Janeiro, quando viram os dois garotos, um branco e um preto, ambos filhos de funcio-

the evidence", says Márcio, in the book. Milton only put his voice in the music for the CD *Angelus*, from 1993. Lô surrendered before, in 1979, in his LP *A Via-Láctea* (*The Milky Way*), with the participation of his sister singer, Solange Borges.

The release

Carlos Filho, aka Cafi, a well-known photographer in the music world at that time, followed Marazul's experience not only having fun with the group but also recording unique moments. That classic photo of Milton, Lô and Beto swimming in the Piratininga sea that you always see around, for example, is of him. The cover and back cover photos of the LP, too. To shopkeepers, the record company recommended that they put the album on the shelves with the back cover showing. It's just that, in the back, there was, in addition to a photo of Milton and Lô walking with some children, the name "Milton Nascimento and Lô Borges" stamped at the top. On the cover, only the photo of two unknown boys: Tonho and Cacau, who only discovered that they illustrated the art of Cafi in 2012, when the Estado de Minas newspaper recreated the cover after reporter Ana Clara Brant found the men Tonho and Cacau.

Cafi and Ronaldo Bastos were driving around in a Volkswagen Beetle around the Ronaldo Bastos family farm in Friburgo, a mountain region in Rio

nários da fazenda, sentados em um barranco de terra. De dentro do carro mesmo, Cafi sacou a câmera e fotografou aquela dupla que ele viu como a representação de Lô e Milton.

"Eu vejo verde e amarelo e o arame farpado. O meu pensamento na época foi isso: Milton e a Gal (*Costa*) eram os únicos artistas que estavam no Brasil. Era uma coisa de Brasil. Brasil mesmo. Pé no chão, descalço, terra. Eu estava andando de carro, aí vi esses dois meninos e bati a foto de dentro do carro. Tem até o vidro do carro. A da contracapa, eu fiz em Santa Teresa, na frente da casa dos pais do Marcinho (*Borges*)", recordou Cafi na entrevista que deu a Charles Gavin.

O diretor artístico Milton Miranda quis "matar" Cafi. Como assim uma capa sem nada escrito? A contracapa foi uma exigência. Para criar a fonte, Cafi pediu ajuda a Élcio Mário Noguchi, famoso publicitário e artista plástico mineiro que, depois, acabou realizando diversos outros trabalhos para Milton, como a capa do disco *Minas*. No entanto, vinte dias depois do lançamento, os lojistas começaram a virar a capa, pois a foto dos meninos estava atraindo mais compradores do que o letreiro exigido pelo executivo da Odeon.

Com o álbum duplo nas mãos, Milton ficou muito orgulhoso do que havia feito. "A gente é tudo isso?", perguntava-se, escutando o disco todo sempre mais uma vez. "Fiquei mais de uma

de Janeiro, when they saw the two boys, one white and one black, both children of farm employees, sitting on a ravine. of land. From inside the car, Cafi took out his camera and photographed that pair he saw as the representation of Lô and Milton.

"I see green and yellow and barbed wire. My thought at the time was this: Milton and Gal (Costa) were the only artists who were in Brazil. It was a Brazilian thing. The real Brazil. Feet on the ground, barefoot, dirt. I was riding in a car, then I saw these two boys and took the picture from inside the car. It even has a car window. The one on the back cover, I did in Santa Teresa, in front of Marcinho's (Borges) parents' house", recalled Cafi in the interview he gave to Charles Gavin.

Artistic director Milton Miranda wanted to "kill" Cafi. What do you mean a cover with nothing written on it? The back cover was a requirement. To create the font, Cafi asked for help from Élcio Mário Noguchi, a famous publicist and artist from Minas Gerais, who later ended up doing several other works for Milton, such as the cover of the album Minas.

However, twenty days after the launch, retailers began to turn the cover, as the photo of the boys was attracting more buyers than the sign required by the Odeon executive.

With the double album in hand, Milton was very proud of what he had done. "Are we all of that?", he

semana ouvindo esse disco sem parar. E sempre que ia visita lá em casa, eu colocava o disco", contou Milton a Gavin. As primeiras músicas divulgadas pela gravadora foram "Nada Será Como Antes" e "O Trem Azul". Na contramão, "San Vicente" virou um hino entre os universitários.

Ainda não muito confiante, a gravadora não fez uma tiragem grande de *Clube da Esquina*. Os números se perderam na história, mas os personagens dela lembram de uma certa desconfiança tanto dos representantes da EMI-Odeon quanto dos lojistas que compravam para revender. Será que aquele disco duplo, caro, de um artista famoso com um totalmente desconhecido, com uma capa que não dizia muita coisa ia vender? De fato, o LP não virou febre de primeira, mas também é um dos que nunca saíram de catálogo nem de circulação. *Clube da Esquina* virou um ícone, um símbolo daquele "Brasil, ame-o ou deixe-o" de 1972, uma bandeira antirracista – sem ter tido a pretensão de sê-la.

asked himself, listening to the entire album over and over again. "I spent more than a week listening to this record non-stop. And whenever I visited my house, I would put the record on," Milton told Gavin. The first songs released by the label were "Nada Será Como Antes" ("Nothing Will Be Like Before") and "O Trem Azul" ("The Blue Train"). On the other hand, "San Vicente" became an anthem among university students.

Still not very confident, the label did not make a large printing of Clube da Esquina. The numbers were lost in history, but its characters recall a certain distrust both from EMI-Odeon representatives and from the shopkeepers who bought to resell. Would that expensive double album by a famous artist with a totally unknown one, with a cover that didn't say much, sell? In fact, the LP did not become a fever at first, but it is also one of those that never left the catalog or circulation. Clube da Esquina became an icon, a symbol of that "Brazil, love it or leave it" of 1972, an anti-racist flag – without having intended to be one.

O Clube da Esquina em emissora de TV / Acervo Pessoal

Clube da Esquina on TV station / Personal collection

DEPOIMENTOS

TESTIMONIES

MILTON NASCIMENTO

Milton Nascimento em/in Marazul / Ronaldo Gorini

MILTON SILVA CAMPOS DO NASCIMENTO nasceu no Rio de Janeiro (RJ) em 26 de outubro de 1942. Filho biológico da empregada doméstica Maria do Carmo Nascimento, foi adotado aos primeiros meses de vida pelo casal Josino Brito de Campos – bancário, professor de matemática e técnico em eletrônica – e Lilia Silva Campos – professora de música.

Desde a infância é chamado carinhosamente por familiares e amigos pelo apelido "Bituca". Aos dois anos, mudou-se com os pais adotivos para Três Pontas (MG). Aos quatro, ganhou seu primeiro instrumento musical, uma sanfoninha de 2 baixos. Aos 13 anos, começou a cantar em conjuntos de baile, acompanhado pelo amigo Wagner Tiso. Ainda na adolescência, trabalhou como disc-jóquei de rádio, em Três Pontas.

Em 1963, mudou-se para Belo Horizonte, onde conheceu alguns de seus futuros parceiros de Clube, como Fernando Brant e os irmãos Márcio e Lô Borges. Em 1964, fez "Novena", "Gira Girou" e "Crença", as primeiras parcerias com Márcio. Dois anos depois, Elis Regina gravou sua composição "Canção do Sal".

Em 1967, seu padrinho musical, o cantor Agostinho dos Santos, inscreveu em segredo três de suas músicas no II Festival Internacional da Canção, no Rio de Janeiro. Milton é premiado como melhor intérprete e ganha o segundo lugar

MILTON SILVA CAMPOS DO NASCIMENTO was born in Rio de Janeiro (RJ) on October 26, 1942. The biological son of the domestic worker Maria do Carmo Nascimento, he was adopted in the first few months of life by the couple Josino Brito de Campos – bank clerk, mathematics teacher and electronics technician – and Lilia Silva Campos – music teacher.

He has been affectionately called by family and friends the nickname "Bituca" since he was a child. At age two, he moved with his adoptive parents to Três Pontas (MG). At four, he received his first musical instrument, a 2-bass accordion. At the age of 13, he started singing in bands at dances accompanied by his friend Wagner Tiso. As a teenager, he worked as a radio disc jockey in Três Pontas.

In 1963, he moved to Belo Horizonte, where he met some of his future Clube da Esquina partners, such as Fernando Brant and the brothers Márcio and Lô Borges. In 1964, he wrote "Novena", "Gira Girou" ("Turn, Turned") and "Crença" ("Belief"), the first partnerships with Márcio. Two years later, Elis Regina recorded his song "Canção do Sal" ("Song of the Salt").

In 1967, his musical godfather, the singer Agostinho dos Santos, secretly entered three of his songs at the second International Song Festival, in Rio de Janeiro. Milton is awarded best performer and wins second place with "Travessia" ("Crossing"). That same year, he releases his first solo album.

DEPOIMENTOS

com "Travessia". Nesse mesmo ano, lança seu primeiro trabalho solo.

Um ano depois, Eumir Deodato o leva para apresentar-se e gravar nos EUA o LP Courage, que incluía "Bridges", versão em inglês de "Travessia". Em 1969, ele lança *Milton Nascimento* e, em 1970, *Milton*, esse último trazendo a canção "Clube da Esquina", uma parceria com Lô Borges e Márcio Borges gravada com a participação de Lô.

Em 1972, Milton gravou com seus amigos o álbum duplo Clube da Esquina, um dos discos mais seminais da MPB. O resto é História.

POR MILTON "BITUCA" NASCIMENTO

Certa vez, viemos para o Rio de Janeiro com o Pacífico Mascarenhas. Ele tinha as composições dele e a gente armou um conjunto vocal do tipo Os Cariocas, chamado o Sambacana. Viemos para o Rio, eu, Wagner Tiso e Pacífico, e fomos para um estúdio, onde estava o Moacir Santos, que fazia os arranjos do disco de uma cantora chamada Luiza. Ele aproveitou e nos botou para fazer o coro em uma música, acho que era do Marcos Valle. Era o último dia de gravação e Luiza convidou a gente pra ir numa festa lá na casa dela. A gente foi.

O Pacífico queria que eu e Wagner tocássemos de qualquer maneira numa festa onde estavam

A year later, Eumir Deodato takes him to perform and record the LP *Courage* in the US, which included "Bridges", the English version of "Travessia" ("Crossing"). In 1969, he releases *Milton Nascimento* and, in 1970, *Milton*, the latter featuring the song "Clube da Esquina", a partnership with Lô Borges and Márcio Borges, recorded with Lô's participation.

In 1972, Milton recorded with his friends the double album *Clube da Esquina*, one of the most seminal albums of Brazilian Popular Music (MPB). The rest is history.

BY MILTON "BITUCA" NASCIMENTO

There was this one time when we came to Rio de Janeiro with the Pacífico Mascarenhas. He had the music he wrote and we created a vocal group like Os Cariocas, called the Sambacana. We came to Rio, me, Wagner Tiso and Pacífico, and went to a studio where Moacir Santos was working. He was arranging the album of a singer named Luiza. He took the opportunity and put us in the chorus of a song, I think it was by Marcos Valle. It was the last day of recording and Luiza invited us to go to a party at her house. We went. Pacífico wanted Wagner and me to play at a party where almost all the big names of the Bossa Nova people were and would not take no for an answer. I said: "I don't play here

quase todos os nomes do pessoal da Bossa Nova. Eu falei: "Eu não toco aqui nem..." Acabei pegando o violão e o Wagner, o piano, e a gente tocou uma música, "Aconteceu". E aí ficou por isso.

Nessa festa, estava a Elis Regina, que tinha acabado de chegar do Rio Grande do Sul. Não era conhecida, ela tinha gravado um disco de rock, e eu conhecia esse disco, que eu não sei como foi parar na minha mão. Aí, na hora que a gente saiu pelas ruas de Copacabana, cheguei no carro dela e comecei a cantar uma das músicas daquele disco. E ela: "Sshhh!!! Cala essa boca! Esquece isso!" Rimos pra caramba, eu fiquei quieto.

Isso é uma coisa que mais tarde vai dar numa outra história, quando eu estava em São Paulo, no segundo Berimbau de Ouro – o primeiro foi o que a Elis ganhou com "Arrastão". Ela ia cantar no encerramento do segundo festival. Então, eu estava andando pelo corredor da TV Excelsior e vi que a Elis estava vindo. Eu achei que ela não ia me reconhecer, nem nada, e eu não queria bancar aquele pessoal chato, que fica puxando o saco dos artistas. Então, passei com a cabeça meio abaixada, olhando de esguelha, louco para pular em cima dela, do tanto que eu gostava. Aí, estou andando e ouço um barulho de sapato! PAM! Ela falou: "Escuta, mineiro, você não tem educação, não?" Aí, eu parei, olhei e não tinha mineiro nenhum além de mim. Ela falou: "Olha, as pessoas que têm educa-

nor..." I ended up picking up the guitar and Wagner, the piano, and we played a song, "Aconteceu" ("It Happened"). And there it was.

At this party, there was Elis Regina, who had just arrived from Rio Grande do Sul. She wasn't well known, she had recorded a rock record, and I knew this record, which I don't know how it ended up with me. Then, when we were out on the streets of Copacabana, I got in her car and started singing one of the songs from that record. And she: "Sshhh!!! Shut up! Forget it!" We laughed so much, I shut up.

This is something that will later appear in another story, when I was in São Paulo, at the second Berimbau de Ouro – the first was what Elis won with "Arrastão" ("Dragnet"). She was going to sing at the closing of the second festival. So I was walking down the aisle of TV Excelsior and saw that Elis was coming. I didn't think she'd recognize me or anything, and I didn't want to be those annoying people who suck up to artists. So I walked past with my head half down, looking sideways, eager to jump on her, I liked her so much. Then I'm walking and I hear a shoe squeak! BAM! She said: "Listen, *mineiro*, don't you have any manners?"

Then, I stopped, looked and there was no *mineiro* besides me. She said: "Look, polite people do the following: when we meet in the morning, we say 'good morning'; when it's afternoon, we say 'good afternoon'; and, when it's night, we say 'good

ção fazem o seguinte: quando a gente se encontra de manhã, a gente fala 'bom dia'; quando é de tarde, a gente fala 'boa tarde'; e, quando é de noite, a gente fala 'boa noite'". Aí, eu, vermelho feito não sei quê, falei: "Não, Elis, é que eu não queria te perturbar..." E ela: "Não tem nada disso, não. Eu quero que você vá lá em casa para cantar aquela música que você cantou naquela festa na casa da Luiza". E começou a cantar "Aconteceu". Isso uns três ou quatro anos depois. Aí eu fiquei olhando para ela, assim, tipo babando... E ela falou: "Memória, meu caro, memória." E saiu balançando aqueles tamancos dela.

Lá em São Paulo, eu fiz a música de "Travessia", fiz "Morro Velho", cuja letra eu escrevi. E, quando chegou a hora de "Travessia", achei que não era para eu fazer a letra e nem para o Marcinho fazer, porque ela não tinha cara de nenhum de nós dois. Aí, eu falei assim: "Ah, quer saber? Eu vou dar essa pro Fernando Brant fazer". Aí, viajei para Belo Horizonte, falei para o Fernando e ele: "Você está louco, eu não mexo com isso não, rapaz" – não-sei-quê, aquele negócio todo, não queria fazer – "eu nunca mexi com isso. Sou teu amigo, eu gosto, mas não sei mexer com isso, não. Nunca escrevi nada." Deixei a música com ele e ele falou: "Mas e se ficar ruim?" Eu falei: "Se ficar ruim, vai ser a música da nossa amizade, aquela hora que a gente está tão bêbado, ou você ou eu vai falar: 'você foi a melhor coisa que aconteceu na minha vida!' Aquele negócio assim, aí

night'". Then, I, blushing like I don't know what, said: "No, Elis, it's just that I didn't want to disturb you..." And she: "There'll be none of that. I want you to go over there and sing that song you sang at that party at Luiza's house". And she started singing "Aconteceu" ("It Happened"). That was about three or four years later. Then I kept looking at her, like, drooling... And she said: "Memory, my dear, memory". And she walked out rocking those clogs of hers.

Back in São Paulo, I wrote the music for "Travessia" ("Crossing"), I wrote "Morro Velho" ("Old Hill"), whose lyrics I wrote. And when it was time for "Travessia" ("Crossing"), I thought it wasn't for me to write the lyrics and not for Marcinho to do it, because the song didn't look like either of us. Then I said, "Oh, you know what? I'm going to give this one to Fernando Brant to do." Then, I traveled to Belo Horizonte, I told Fernando and he said: "You're crazy, I don't mess with that, man" - I don't know, that whole thing, I didn't want to do it - to "I never messed with that. I'm your friend, I like it, but I don't know how to deal with it. I never wrote anything". I left the music with him and he said, "But what if it's bad?" I said: "If it's bad, it will be the song of our friendship, that moment when we are so drunk, either you or I will say: 'you were the best thing that ever happened in my life!' That thing like that, then we take it, we're going to sing". So he agreed. I returned to São Paulo. After a while, I went back to Belo Horizonte and I was in a bar there at

a gente pega, vai cantar". Então, ele concordou. Eu voltei para São Paulo. Passados uns tempos, voltei a Belo Horizonte e estava num bar lá no Malleta, e ele com um papel na mão. Ele não tirava o papel da mão, e eu perguntando o que era aquilo. Ele falou: "Não é nada, não". Uma hora falei para ele: "Fernando, ou você guarda esse papel ou deixa eu ver". Ele me deu e foi correndo para o banheiro, com vergonha. Quando ele voltou... Eu falei: "Vamos pegar um violão!" E fomos para casa dos pais dele, pegamos o violão da Maria Célia, irmã dele, e começamos a dedilhar. Estava pronta "Travessia".

Meu momento de sorte foi quando apareceu na minha vida o Agostinho dos Santos. Porque ele chegou, me viu tocando num boteco lá, quando eu estava substituindo alguém, em São Paulo. E aí o Agostinho me viu numa boate, numa noite, e chegou perto de mim e falou: "Quem é você?" Eu falei: "Eu sou o Bituca, sou de Minas". Começamos a conversar. Aí, ele resolveu ser meu pai. Aonde ele ia, me levava.

Inclusive a célebre coisa que eu nunca deixo de falar. Eu havia tido uma experiência muito chata com o Berimbau de Ouro, cantando a música do Baden Powell. Então, não queria saber mais de festivais. Um dia, o Agostinho dos Santos chega e fala para mim: "Olha, vai ter o Festival da Canção do Rio de Janeiro, você tem que botar suas músicas lá". E ele ficou mais de mês falando aquilo no meu ou-

the Malleta gallery, and he had a paper in his hand. He didn't take the paper out of his hand, and I asked what it was. He said: "It's nothing.". At one point I told him: "Fernando, either you put this paper away or let me see it." He gave it to me and ran to the bathroom, embarrassed. When he came back... I said: "Let's get a guitar!" And we went to his parents' house, took Maria Célia's guitar, his sister, and started strumming. "Travessia" ("Crossing") was ready.

My lucky moment was when Agostinho dos Santos appeared in my life. When he arrived, he saw me playing in a bar there, when I was replacing someone, in São Paulo. And then Agostinho saw me in a nightclub, one night, and he came close to me and said: "Who are you?" I said: "I'm Bituca, I'm from Minas". We started to talk. Then he decided to be my father. Wherever he went, he took me.

Including the famous thing I always say. I had a very inconvenient experience at Berimbau de Ouro, singing Baden Powell's music. So, I didn't want to do any more festivals. One day, Agostinho dos Santos arrives and says to me: "Look, there's going to be the Festival da Canção in Rio de Janeiro, you have to put your songs there". And he spent more than a month whispering in my ear. And I said: "No, I don't want to". He came to me and said: "Bicho!" 'Cause he was the guy who said "bicho", the first I heard saying "bicho" was Agostinho dos Santos. "I got a record to make, the producer,

vido. E eu: "Não, não quero, não". Ele chegou para mim e falou: "Bicho!" Porque ele era o cara que falava "bicho", o primeiro que eu ouvi falando "bicho" foi o Agostinho dos Santos. "Eu arrumei um disco pra fazer, o produtor, e tudo, então, quero que você grave três músicas para eu mostrar para o produtor escolher uma". Eu ainda fiquei assim: "Pôxa, eu vou mostrar três e vão aproveitar uma só..."

Inocentemente, fui a um lugar que ele arrumou, gravei as três músicas, que eram "Maria, Minha Fé", "Morro Velho" e "Travessia". Entreguei a fita para o Agostinho e bem mais tarde eu vi que, em lugares que eu nem era cumprimentado, passei a ser... Aquele negócio de todo mundo falar: "Parabéns! Parabéns!" E eu: "Parabéns por quê?" Até que a Elis chegou para mim e falou: "Eu sabia! Eu sabia que você teria música no Festival do Rio de Janeiro!" E eu: "Mas eu não inscrevi música no Festival". Então, ela falou assim: "Então, tem outro Milton Nascimento". Eu falei: "Ah, não, isso não! Pelo amor Deus!" Agostinho dos Santos: meu momento de sorte!

Teve um dia que eu cheguei em Santa Tereza, na casa dos nossos pais, dos Borges, a casa toda aberta, eu entrei, andei aquilo tudo e não tinha nenhum dos meus amigos lá. Eu desci para ir num boteco que tinha ali perto e apareceu o Lô. Eu falei: "Lô, vamos lá no boteco comigo?". Eu ia pedir uma batida de limão pra mim e um guaraná para

and all, so I want you to record three songs so I can show the producer to pick one." I was still like: "Wow, I'll show you three and they'll use just one..."

Innocently, I went to a place he arranged, recorded the three songs, which were "Maria, Minha Fé" ("Maria, My Faith"), "Morro Velho" ("Old Hill") and "Travessia" ("Crossing"). I gave the tape to Agostinho and much later I saw that, in places where I wasn't even greeted before, I became... The one that everyone says: "Congratulations! Congratulations!" And I: "Congratulations? Why?" Until Elis came to me and said: "I knew it! I knew you would have asong at the Rio de Janeiro Festival!" And I: "But I didn't sign up for the Festival". So, she said: "So there must be another Milton Nascimento". I said, "Oh no, not that! For the love of God!" Agostinho dos Santos: my lucky moment!

There was a day when I arrived in Santa Tereza, at our parents' house, the Borges' house, the house was all open, I went in, walked all over and none of my friends were there. I went down to go to a bar that was close by and Lô appeared. I said: "Lô, wan-

o Lô. Mas, quando eu cheguei e falei para o cara "uma batida de limão pra mim" e ia falar o resto, o Lô falou: "E uma batida de limão pra mim também". Foi quando eu olhei bem para a cara dele e saquei que não era mais uma criança que estava ali no meu lado. Eu inclusive ia dar uma bronca. Mas nós tomamos lá umas duas caipirinhas, que para ele já era bastante, pois era novato na história. Ele me falou que tinha uma coisa que ele se ressentia muito, que ele achava que eu não gostava dele. Porque a gente ia para Belo Horizonte, saía e eu nunca convidava ele. Eu falei: "Olha, Lô, pra mim até agora você era uma criança".

Foi uma conversa muito linda, ele falando das minhas músicas, de mim, como cantor e como amigo, essas coisas todas, e naquele instante nasceu a amizade. Lá no bar, ele me disse que tinha umas coisinhas que não estavam acabadas, mas queria me mostrar, e aproveitar que não tinha ninguém em casa. Aí subimos os dois, ele começou a tocar uma coisa lá, uma sequência de harmonia, eu peguei meu violão e fiz a melodia em cima, e assim nasceu nossa primeira música, que naquele dia mesmo se chamou "Clube da Esquina". Eu lembro que a gente estava tocando e o Márcio chegou com a mãe, lá na sala, e logo pegou caderno e já começou a fazer a letra em cima daquilo que estava ouvindo. Então, naquele dia nasceu o *Clube da Esquina*.

na come to the bar with me?", I was going to order a lime *batida* for me and *guaraná* for Lô. But, when I arrived and told the guy "a lime *batida* for me" and I was going to say the rest, Lô said: "And a lime *batida* for me too". That's when I got a good look at his face and saw that there was no longer a child there by my side. I was even going to scold him. But we had a couple of *caipirinhas* there, which was enough for him, as he was the newbie. He told me that there was one thing he resented a lot, that he thought I didn't like him. Because when we used to go to Belo Horizonte, we went out but never invited him. I said: "Look, Lô, for me until now you were a child".

It was a very beautiful conversation, him talking about my songs, about me, as a singer and as a friend, all those things, and at that moment, our friendship was born. There at the bar, he told me that he had a few things that weren't finished, but he wanted to show me around and take advantage of the fact that no one was at home. Then we both went upstairs, he started to play something there, a harmony sequence, I took my guitar and wrote the melody on top, and that's how our first song was born, which that day was called "Clube da Esquina". I remember we were playing and Márcio arrived with his mother, there in the living room, and soon he took a notebook and started writing the lyrics on top of what he was listening to. So, on that day, *Clube da Esquina* was born.

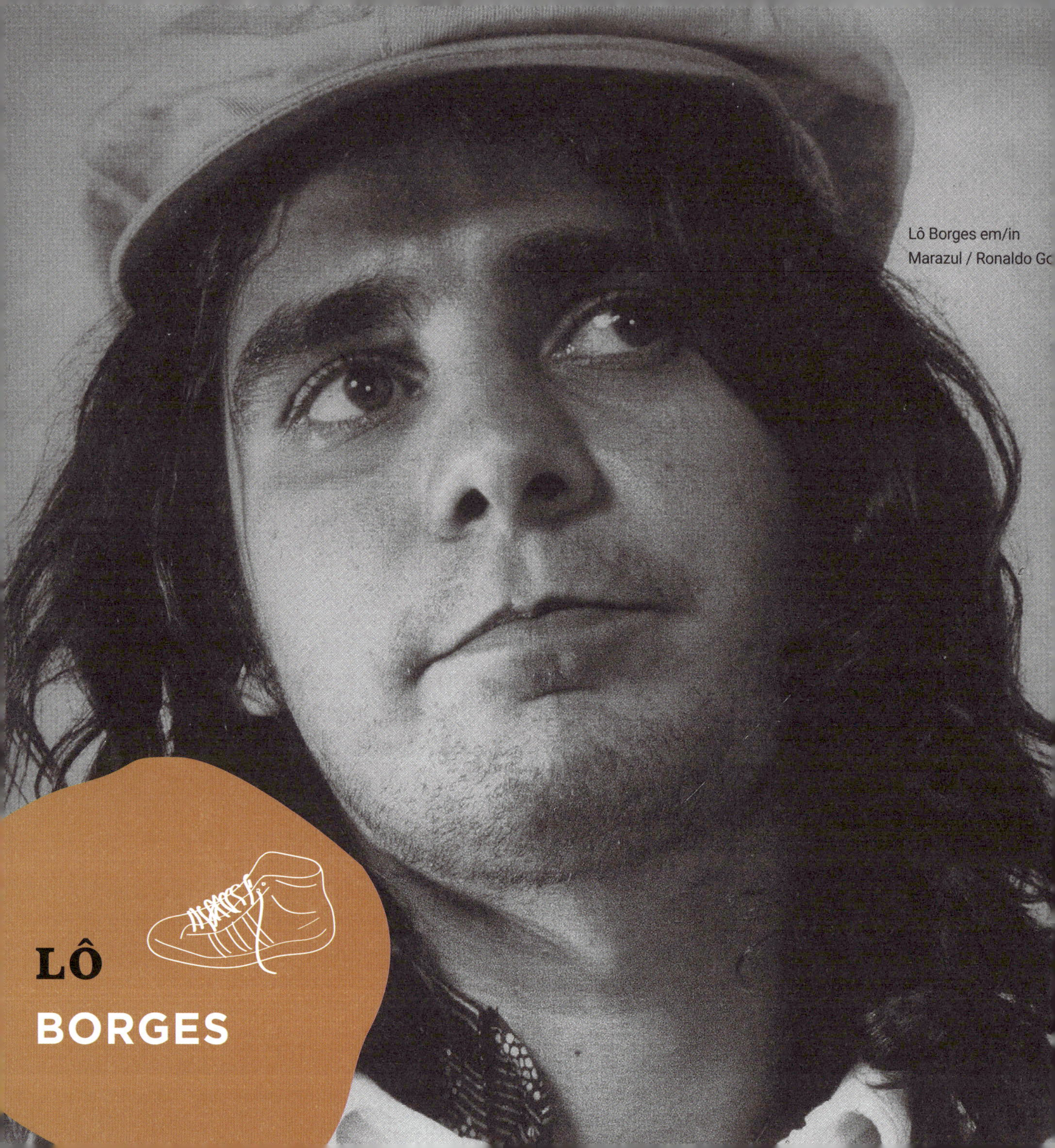

Lô Borges em/in Marazul / Ronaldo Gc

LÔ BORGES

SALOMÃO BORGES FILHO nasceu em Belo Horizonte, no bairro de Santa Tereza, em 10 de janeiro de 1952. É o filho do meio dos 11 filhos de Salomão Magalhães Borges, jornalista, e Maria Fragoso Borges, professora primária.

Ganhou o apelido "Lô" na infância. Aos 10 anos, mudou-se para o Edifício Levy, no Centro de Belo Horizonte, onde se aproximou do violão e fez suas primeiras composições. Nessa época, conheceu duas pessoas que se tornariam grandes parceiros e formadores do Clube da Esquina: Beto Guedes e Milton Nascimento.

Entre os 12 e 15 anos, no auge da Beatlemania, Lô montou com seu irmão Yé, Beto Guedes e Márcio Aquino o conjunto "The Beavers" (Os Castores), que só tocava Beatles e fez um relativo sucesso na capital mineira. Ainda na adolescência, voltou à Santa Tereza e lá compôs "Clube da Esquina" em parceria com Milton Nascimento e seu irmão Márcio, a música que daria nome a toda uma geração de músicos mineiros.

Por volta dos 17 anos, a convite de Milton, Lô mudou-se com Beto Guedes para o Rio de Janeiro a fim de conceber, gravar e co-assinar o disco *Clube da Esquina*.

POR LÔ BORGES

Conheci o Beto Guedes lá no centro de BH,

SALOMÃO BORGES FILHO was born in Belo Horizonte, in the Santa Tereza neighborhood, on January 10, 1952. He is the middle child of eleven children born to Salomão Magalhães Borges, a journalist, and Maria Fragoso Borges, a primary school teacher.

He got the nickname "Lô" in childhood. At age 10, he moved to the Levy Building, downtown Belo Horizonte, where he learned to play the guitar and wrote his first songs. At that time, he met two people who would become great musical partners and mentors of Clube da Esquina: Beto Guedes and Milton Nascimento.

Between the ages of 12 and 15, at the height of Beatlemania, Lô and his brother Yé, Beto Guedes, and Márcio Aquino formed the group "The Beavers". They played only the Beatles and were somewhat successful in the capital of Minas Gerais. Still in his teens, he returned to Santa Tereza, where he wrote "Clube da Esquina" with Milton Nascimento and his brother Márcio, the song that would name a whole generation of musicians from Minas Gerais.

At the age of 17, at the invitation of Milton, Lô moved with Beto Guedes to Rio de Janeiro to conceive, record, and co-sign the album *Clube da Esquina*.

BY LÔ BORGES

I met Beto Guedes there in downtown BH,

com dez anos de idade. Ele estava em cima de uma patinete e eu fiquei apaixonado pela patinete do cara. O destino colocou a gente frente a frente, através de uma patinete pela qual me interessei; e conversa vai, conversa vem, falei com ele que na minha casa as pessoas trabalhavam com música, gostavam de música, se ouvia muita música; que os meus irmãos mais velhos tocavam, etc. e tal. Ele falou: "Pô, na minha casa é a mesma coisa, o meu pai é compositor, meu irmão mais velho toca também".

Eu não tinha dinheiro na época. Criança sempre coleciona algumas coisas e, na época, eu tinha uma coleção de moedas de várias partes do mundo – então propus ao Beto dar essa coleção de moedas em troca da patinete. A patinete era uma coisa maravilhosa, branca, toda laqueada, com uns adesivos e foi construída na oficina onde o pai dele trabalhava. Eu falei: "Pô cara, você tem oficina lá com todos os apetrechos pra fazer uma nova patinete, você podia me vender essa aí". Ele gentilmente me cedeu a patinete e, nessa, passaram-se os anos e ficamos amigos. Foi um encontro mágico por causa da patinete, uma obra do acaso, quem diria que dois caras iam se tornar parceiros, iam se tornar músicos por causa de uma patinete.

A primeira vez que eu vi o Bituca foi mágica também. A minha mãe tinha me pedido para

when I was ten years old. He was on a scooter and I fell in love with it. Fate put us face to face, through a scooter that I was interested in; and as we chatted, I told him that at my house people worked with music, liked music, listened to a lot of music; that my older brothers played, etc. He said: "Well, it's the same at my house, my father is a composer, and my older brother plays too".

I had no money at the time. Children always collect things and, at the time, I had a collection of coins from all over the world – so I proposed to Beto to give this collection of coins in exchange for the scooter. The scooter was a wonderful thing, white, all lacquered, with some stickers and it was built in the workshop where his father worked. I said: "Gee, you have a workshop there with all the equipment to make a new scooter, you could sell me that one". He kindly gave me the scooter, and in that, the years passed and we became friends. It was a magical encounter because of the scooter, by chance. Who knew that two guys would become songwriting partners, would become musicians because of a scooter?

The first time I saw Bituca, it was magical, too. My mother had sent me to buy milk. I lived on the 17th floor and, like any ten-year-old, did not need the elevator. I got a kick out of sliding down the handrail, just for fun. But on that day when she asked me to buy milk, I was sliding down and start-

comprar leite. Eu morava no 17º andar e, como qualquer criança de dez anos de idade, dispensava o elevador. Meu barato era descer o corrimão de bunda. Ia descendo de curtição. Só que, nesse dia que ela me pediu pra comprar leite, eu estava descendo e comecei a escutar um som de violão na escadaria do prédio, vindo lá de baixo. Eu estava no 17º e fui descendo. Fui descendo e me aproximando do som. E o som ficava cada vez mais bonito, mais envolvente... E, aí, quando eu cheguei no quarto andar, estava lá o cara tocando violão e fazendo aqueles falsetes maravilhosos que ele faz até hoje. Aí eu parei. Sentei perto dele, igual a uma criança interessada, porque eu já gostava de música. Então, ele falou: "Quem você é? Você é irmão do Marilton e do Márcio?" Eu falei que era e ele falou: "Como é você se chama?" Eu falei: "Lô. E você?". E ele falou: "Bituca".

Eu costumo dizer que quem nos apresentou foi a música. Igual ao canto da sereia, fui descendo... Parecia que ia rolando um *slow motion*... Quando estava chegando perto, fui paralisando, era como um gás paralisante. Eu cheguei perto do cara, estava com a luz assim, uma aura, uma sonoridade na voz e no corredor. Escadaria de edifício normalmente tem uma acústica muito legal, e assim conheci o Bituca. Primeiro eu conheci a voz dele; depois, conheci a figura.

Também, naquele momento, eu jamais po-

ed to hear the sound of a guitar on the stairs of the building, coming from downstairs. I was on the 17th and I went downstairs. I went down and closer to the sound. And the sound became more and more beautiful, more immersive... And then, when I got to the fourth floor, the guy was there playing the guitar and making those wonderful falsettos that he still does today. There I stopped. I sat next to him, like an interested child, because I already liked music. Then he said: "Who are you? Are you Marilton and Márcio's brother?" I said I was and he said: "What's your name?" I said: "Lô. And you?". And he said: "Bituca".

I usually say that music introduced us to each other. Just like the siren's song, I went down... it was like slow motion ... As I was getting closer, I froze, it was like a paralyzing gas. I got close to the guy, there was a light, an aura, a sound in the voice and in the hallway. Building staircases usually have very nice acoustics, and that's how I met Bituca. First I heard his voice; then I met the icon.

At that moment, as well, I could never imagine that we would become songwriting partners, that I would share an album with him, that he would record my songs. Neither had he done "Travessia" ("Crossing") yet nor did he have an established career yet. He was just a musician from the Belo Horizonte nightlife. I only found out about all of these things at that moment. It was a very magi-

DEPOIMENTOS

dia imaginar que eu ia me tornar parceiro, ia dividir disco com ele, que ele ia gravar músicas minhas. Nem ele tinha feito "Travessia" ainda, nem tinha uma carreira já estabelecida. Ele só era um músico da noite de Belo Horizonte. Essas coisas todas, eu só fiquei sabendo na hora, ali. Foi um encontro muito mágico também, foi um acaso que não é acaso, pelo fato de ninguém ter marcado esse encontro meu e dele ou ninguém ter marcado o encontro meu e do Beto. Mas eles se tornaram meus parceiros, pessoas fundamentais na minha vida, pessoas que eu só conheci porque estava passando na hora.

Esse convite do Bituca para eu fazer o *Clube da Esquina* foi uma coisa muito forte para mim. Foi definitiva e determinante na minha vida, porque, depois que ele gravou no álbum anterior "Alunar", "Para Lennon e McCartney" e a canção "Clube da Esquina", eu pensei que ele ia me convidar para mostrar mais uma música, para gravar mais uma música minha e não foi isso o que aconteceu. Ele me convidou para ir morar no Rio com ele, compor várias músicas com ele e fazer um álbum. Ele já tinha a ideia pronta, já tinha visualizado tudo para fazer um álbum chamado *Clube da Esquina*, em homenagem àquela história onde eu compunha e ficava tocando. Queria que a gente dividisse esse álbum. Que fosse um álbum duplo, que ainda não existia no Brasil, na-

cal encounter, too, it was by chance but it was not chance, because no one had set up this meeting between me and him or no one had set me and Beto's meeting. But they became my partners, fundamental people in my life, throughout my life, people I only met because I was passing by at the time.

Bituca's invitation for me to do *Clube da Esquina* was very intense. It was definitive and decisive in my life, because after he recorded "Alunar" ("By the Moon"), "Para Lennon e McCartney" ("To Lennon and McCartney")and the song "Clube da Esquina" for his previous album, I thought he was going to invite me to show him one more song, to record one more song of mine and that's not what happened. He invited me to live in Rio with him, write several songs together and make an album. He already had the idea ready, he had already thought of everything to make an album called *Clube da Esquina*, in honor of that story in which I composed and played. He wanted us to share this album, a double album, which did not exist in Brazil yet at that time, for us to share the record, as Milton Nascimento and Lô Borges.

He warned me that it was a very difficult idea to sell because I was not famous and the record company people would not possibly agree to make an album with only one person, Milton Nascimento, and some guy, Lô Borges, who no one had ever heard of. It was hard, but he fought for it, he fought for my name to be there because in fact, he invited

quele momento. Que a gente dividisse o disco, que fosse Milton Nascimento e Lô Borges.

Ele me alertou que era uma ideia muito difícil de ser vendida, porque eu era um desconhecido e as pessoas da gravadora possivelmente não iam topar fazer um álbum com uma pessoa, Milton Nascimento e "Zé das Couves", sei lá o quê, um cara, Lô Borges, que nunca ninguém tinha ouvido falar. Ele teve dificuldades, mas brigou por isso, brigou para que meu nome estivesse ali, porque na verdade ele me convidou para dividir um álbum com ele, não me convidou só para participar do álbum.

Aí eu me vi naquela história: "Pô, agora eu vou ter que fazer todas, vou ter que fazer várias, porque o cara me convidou, o cara não quer uma música para ele gravar o disco dele, ele está me convidando para dividir um álbum com ele". Então, foi muito impressionante isso para mim. Mas enfim, esse convite dele foi um convite assim mesmo à queima-roupa, eu tomei um tapa. Eu falei: "Bituca, minha família não vai me deixar morar no Rio". Minha mãe (a galinha quer os pintinhos debaixo das asas) não queria que eu fosse. Eu falei: "Bituca, eu topo, mas vai ser difícil convencer minha família disso, vai ser muito difícil, mas a gente pode tentar".

No primeiro momento, minha mãe não quis deixar eu ir para o Rio. A gente teve que travar uma certa batalha, eu tive até uma pequena rup-

me to share an album with him, he didn't invite me to just participate in the album.

Then I saw myself in that story: "Gee, now I'm going to have to do all of them, I'm going to have to do several because the guy invited me, the guy doesn't want a song for him to record his album, he's inviting me to share an album with him". So that was very impressive to me. But anyway, his invitation was a point-blank invitation anyway, I got slapped in the face. I said: "Bituca, my family won't let me live in Rio". My mother (the hen who wants the chicks under her wings) didn't want me to go. I said: "Bituca, I'm in, but it'll be hard to convince my family of this, it will be very difficult, but we can try".

At first, my mother didn't want to let me go to Rio. We had to fight a battle, I even had a temporary falling out with my family. I said: "I'm going". But I had a condition for Bituca. I said: "Bituca, this is what's going to happen... If I go to Rio de Janeiro with you, this record will be the greatest pleasure of my life, it will be the most important thing... But I have to take Beto Guedes with me, because, man, I'm going to get there in Rio, your friends will all be

DEPOIMENTOS

tura com minha família. Eu falei: "Eu vou sim". Mas impus uma condição ao Bituca para aceitar o convite dele. Falei: "Bituca, acontece o seguinte... Se eu for pro Rio de Janeiro com você, esse disco vai ser o maior prazer da minha vida, vai ser a coisa mais importante... Mas tenho que levar o Beto Guedes comigo, porque, cara, eu vou chegar lá no Rio, seus amigos todos vão estar tocando jazz, bossa nova, samba, essas coisas e eu vou ficar sem um interlocutor das músicas dos Beatles, o cara com quem eu toco violão quase todo dia. Essas pessoas, esse universo que te acompanha são pessoas talentosas, muito legais, mas são pessoas que não são ligadas às músicas dos Beatles, não são".

E não eram mesmo, gostavam assim, *en passant*, e, para a gente, Beatles era arroz com feijão, era a água que a gente bebia, era a fonte que a gente bebia. Eu falei assim: "Se eu não tiver uma pessoa para tocar violão comigo, as músicas que eu gosto de tocar, o estilo que gosto de tocar, sei lá, eu vou ficar meio peixe fora d'água lá no meio dos seus amigos, então eu topo esse convite se a gente puder levar o Beto junto, porque para mim é fundamental ter um beatlemaníaco junto comigo, para eu não ser o único beatlemaníaco da parada".

E aí fomos na casa do Beto, eu e o Bituca, pedir aos pais dele para deixarem Beto morar no Rio com a gente e gravar um disco. A família do Beto

playing jazz, bossa nova, samba, these things and I'll be left without a singer for the songs of the Beatles, the guy I play guitar with almost every day. These people, this universe that accompanies you, are talented people, very nice, but they are people who are not connected to the Beatles' songs, they are not".

And they really weren't, they liked it that way, *en passant*, and for us, Beatles was rice and beans, it was the water we drank, it was the source we drank from. I said: "If I don't have someone to play the guitar with me, the songs I like to play, the style I like to play, I don't know, I'll be a fish out of water there among your friends, So I accept this invitation if we can take Beto along, because for me it's essential to have a Beatlemaniac with me, so that I'm not the only Beatlemaniac in the place".

So we went to Beto's house, Bituca and I, to ask his parents to let Beto live with us in Rio and record an album. Beto's family had a much more liberal position than mine. They let Beto go, Godofredo and Dona Julinha. It was surprising, the only recommendation she gave Bituca was: "Look, you take care of Alberto, Alberto is a country boy, he doesn't even know how to cross the street, he's afraid of cars in Rio". But she let him. This insertion of Beto in the story is important. And then we went to Rio: me, Beto and Bituca.

The *Clube da Esquina* album was a great moment of creation for Milton, he was in a very creative

teve uma posição muito mais liberal do que a minha. Deixaram o Beto ir. O Godofredo e a dona Julinha deixaram. Foi surpreendente, a única recomendação que ela deu ao Bituca foi: "Olha, você toma cuidado com o Alberto, o Alberto é menino do interior, ele não sabe nem atravessar a rua, ele tem medo de carro no Rio". Mas ela deixou. Foi importante essa inserção do Beto na história. E aí fomos pro Rio: eu, o Beto e o Bituca.

O disco *Clube da Esquina* foi um momento de grande criação do Milton, ele estava numa fase muito criativa, eu, iniciando a minha fase de compositor, muito criativa também, e acho que o grande barato desse disco, o que chamou atenção desse disco até no mundo inteiro, foi exatamente essa mistura. O Bituca, ele é tão maravilhoso, acho que ele saca tantas coisas, porque acho que a grande coisa desse disco é exatamente a mistura das músicas do Milton, que é ligado à africanidade, ao samba, ao jazz, às coisas do próprio Milton mesmo, com as minhas músicas que traziam uma outra influência, aquela influência dos Beatles, que era outra coisa. Então, essa mistura das minhas músicas, que tem uma origem de outras influências, de outras coisas, com as músicas do Bituca, que são outras referências também, esse casamento da música do Milton Nascimento com a música do Lô é que deu a liga para o disco ser uma coisa diferente do que se

phase, I, beginning my songwriting phase, was also in a very creative phase and I think the great thing about this record, what caught the attention even around the world, was exactly this mixture. Bituca, he's so wonderful, I think he understands so much, because I think the great thing about this record is exactly the mix of Milton's songs, which is linked to Africanism, samba, jazz, to Milton's own thing, with my songs that brought another influence, that influence of the Beatles, which was something else. So, this mixture of my songs, which has an origin from other influences, from other things, with Bituca's songs, which are also other references, this marriage of Milton Nascimento's music with Lô's music is what gave the glue to the record to be something different from what had been done. Because if it had been just a Milton record, it would have been a great Milton album, but it wouldn't have "Girassol" ("Sunflower"), it wouldn't have ""O Trem Azul" ("The Blue Train"), it wouldn't "Paisagem da Janela" ("View from the Window"), "Nuvem Cigana" ("Gypsy Cloud"), "Trem de Doido" ("Crazy Train"), "Tudo Que Você Podia Ser" ("Everything You Could Be"), which were the other information that I had brought with me, with my story as a songwriter starting my career right there.

So I think the great chemistry of this record was the mixture of what I brought with the things that Bituca was bringing. This mixture is what

DEPOIMENTOS

fazia. Porque, se fosse só um disco do Milton, ia ser um disco genial do Milton, mas não ia ter o "Girassol", não ia ter "O Trem Azul", não ia ter o "Paisagem da Janela", "Nuvem Cigana", "Trem de Doido", "Tudo Que Você Podia Ser", que eram as outras informações que eu vinha trazendo com a minha bagagem, com a minha história de compositor começando ali a sua carreira.

Então, eu acho que a grande química desse disco foi a mistura do que eu trouxe com as coisas que o Bituca estava trazendo. Essa mistura é que fez a graça do disco. Agora, a história do disco virou uma coisa muito maior do que a gente imaginava, é um disco festejado até hoje. O Robert Dimery, crítico e editor inglês importante, escreveu um livro que catalogou a música mundial desde 1950 até 2006 e se chama *1001 Discos Para Ouvir Antes de Morrer*. O *Clube da Esquina* está lá, um dos poucos álbuns brasileiros que consta. Lá, fala muito do Milton e fala de mim também, que as minhas músicas foram importantes para o álbum. Então, é um álbum que durou aí o tempo todo e trouxe influência para muita gente, foi importante para muita gente que veio depois, muita gente escutou o *Clube da Esquina*. Foi referência para muitas pessoas se tornarem compositores. Foi referência para compositores fora do Brasil, como eu mesmo testemunhei o Pat Metheny chegar na minha casa com o Bituca e falar co-

made the album what it is. Now, the record's history has become something much bigger than we imagined, it's a celebrated record to this day. Robert Dimery, a leading English critic and editor, has written an important book that has cataloged world music from 1950 to 2006, called *1001 Albums You Must Hear Before You Die*. *Clube da Esquina* is there, one of the few Brazilian albums on the list. There, he writes a lot about Milton and also about me, that my songs were important for the album. So, it's an album that has withstood the test of time and brought influence to a lot of people, it was important for a lot of people who came later, a lot of people listened to *Clube da Esquina*. It was a reference for many people to become composers. It was a reference for composers outside Brazil, as I myself witnessed Pat Metheny arrive at my house with Bituca and tell me that one of the things that motivated him to become a musician, to be a composer, was listening to *Clube da Esquina*, something that thrilled me. And that's it, from people outside Brazil, people inside Brazil, people who drank from this source and I contributed with my Beatlemania.

Because, actually, my songs aren't songs based on the Beatles, they're songs from the Brazilian thing, about being Brazilian, because I'm a Brazilian, they're Brazilian things, but with an accent, with a story linked a little to British rock, that

migo que uma das coisas que motivaram ele a se tornar músico, a ser compositor, foi escutar o *Clube da Esquina*, coisa que me emocionou. E isso assim, de pessoas de fora do Brasil, pessoas de dentro do Brasil, pessoas que beberam dessa fonte e eu contribuí com a minha parte beatlemaníaca.

Na verdade, as minhas canções não são canções baseadas nos Beatles, são canções da coisa brasileira, porque eu sou um brasileiro, são as coisas brasileiras, mas com um sotaque, com uma história ligada um pouco ao rock britânico, esse tipo de coisa. Por exemplo, o Tom Jobim teve essa sensibilidade de gostar e gravar "O Trem Azul", que é uma balada feita de palheta, uma balada meio na levada de Beatles, mas se você vai olhar a harmonia dela, a harmonia dela é brasileira, ela é brasileira. Então, isso eu acho legal na minha contribuição nesse álbum. Foi trazer a mistura das coisas brasileiras que me comoviam, Chico Buarque, Tropicália, Jovem Guarda, todas essas coisas misturadas com as coisas dos Beatles, porque nós éramos aficionados pelos Beatles, e aí o disco virou uma coisa, virou um álbum interessante, que você escuta até hoje. É uma coisa interessante esse mix da música do Milton Nascimento com a música do Lô Borges. Acho isso fundamental para que o álbum tenha se tornado algo original.

kind of thing. For example, Tom Jobim had this sensibility of liking and recording "O Trem Azul" ("The Blue Train"), which is a guitar ballad, a ballad a little like the Beatles, but if you analyze the harmony, it is Brazilian, the song is Brazilian. So that's what I think is cool in my contribution to this album. It was to bring the mixture of Brazilian things that moved me, Chico Buarque, Tropicália, Jovem Guarda, all these things mixed with The Beatles stuff, because we were fans of The Beatles, and then the record turned into something, it became an interesting album until today. This mix of Milton Nascimento's music with Lô Borges' music is an interesting thing. I think it's what really made this album a classic.

MÁRCIO
BORGES

Márcio Borges brinca com o velocípede / Acervo Pessoal
Márcio Borges plays with the velocipede / Personal Collection

MÁRCIO HILTON FRAGOSO BORGES nasceu em Belo Horizonte (MG), no dia 31 de janeiro de 1946. Seu pai, Salomão Magalhães Borges, era jornalista e sua mãe, Maria Fragoso Borges, professora primária. Nasceu em uma família bastante musical – seu pai tocava um pouco de violão e sua mãe cantava em corais e tocava piano. Segundo filho de uma turma de 11 – muitos deles também envolvidos com a música –, considera a grande influência de sua vida seu irmão mais velho, Marilton Borges.

A infância em Santa Tereza foi marcada por problemas de saúde. Nessa época, iniciou-se na literatura e começou a escrever, o que mais tarde culminaria em sua carreira de letrista. Na adolescência, mudou-se para o Edifício Levy, no Centro de Belo Horizonte, e então conheceu os vizinhos Wagner Tiso e Milton Nascimento, que se tornou seu grande amigo e parceiro musical.

Márcio é autor da letra de "Clube da Esquina", sua primeira parceria com o irmão Lô. Posteriormente, essa canção daria nome aos dois discos e ao movimento Clube da Esquina, de cujo núcleo formador Márcio é um dos pilares e principais letristas.

Em 1996, escreveu o livro *Os Sonhos Não Envelhecem – Histórias do Clube da Esquina*, que neste ano do cinquentenário do disco foi transformado em uma peça musical com direção de Dennis Carvalho.

MÁRCIO HILTON FRAGOSO BORGES was born in Belo Horizonte (MG), on January 31, 1946 to Salomão Magalhães Borges, a journalist and Maria Fragoso Borges, a primary school teacher. He was born into a very musical family – his father played guitar and his mother sang in choirs and played the piano. The second son of a group of 11 – many of them also involved with music –, he considers his older brother, Marilton Borges, to be a major influence in his life.

Health problems marked his childhood in Santa Tereza. At that time, he took up literature and began writing, which would later culminate in his career as a lyricist. As a teenager, he moved to Edifício Levy, downtown Belo Horizonte, and then met neighbors Wagner Tiso and Milton Nascimento, who became his great friend and musical partner.

Márcio is the author of the lyrics for "Clube da Esquina", his first partnership with his brother Lô. Later, this song would be the name of the two albums and the Clube da Esquina movement, of which Márcio is one of the pillars and main lyricists.

In 1996, he wrote the book *Os Sonhos Não Envelhecem – Histórias do Clube da Esquina* (*Dreams Don't Get Old – Stories from Clube da Esquina*), which has been transformed into a musical directed by Dennis Carvalho this year, the 50th anniversary of the record.

DEPOIMENTOS

POR MÁRCIO BORGES

O Bituca estava correndo o mundo da fama depois de "Travessia" e nós, ali, na nossa vida doméstica de sempre, como era antes. O Lô ficava só compondo, só tocava. Ele ficava insistentemente tocando um determinado tema lá, que era a primeira coisa que ele tinha composto: uma sequência harmônica muito bonita, que era muito familiar lá em casa, mas não tinha melodia. Só tinha os acordes do violão, que ele ficava fazendo sem parar – todo mundo já conhecia aquela sequência, que depois acabou virando clássica, que é exatamente o início da música "Clube da Esquina".

Então, um dia, eu estava chegando em casa, eram mais ou menos seis horas da tarde, naquela Rua Divinópolis 136, e o Bituca tinha vindo do Rio, tinha chegado de uma das turnês dele pelo exterior e estava lá em casa. Em Belo Horizonte, ele ficava invariavelmente ou na minha casa, ou na casa do Fernando Brant. Eram as duas famílias que ele tinha aqui. Eu cheguei e estavam os dois na varanda, o Lô e o Bituca, sentados numas cadeiras de ferro que tem lá em casa até hoje. O Lô fazendo aquela velha sequência harmônica, que todo mundo de casa estava careca de conhecer. Mas tinha uma coisa nova na história – o Bituca estava no outro violão, fazendo uma música em cima daquela sequência. E

BY MÁRCIO BORGES

Bituca was in the world of fame after "Travessia" ("Crossing") and we, there, in our usual domestic life, as it was before. Lô would just write, just play guitar. He would insistently play a certain theme there, which was the first thing he had composed: a very beautiful harmonic sequence, which was very familiar back home, but had no melody. There were only the guitar chords, which he kept doing nonstop – everyone already knew that sequence, which later turned into a classic, which is exactly the beginning of the song "Clube da Esquina".

So, one day, I was coming home, it was about six in the afternoon, at Rua Divinópolis 136, and Bituca had come from Rio, had arrived from one of his tours abroad, and was there at home. In Belo Horizonte, he was always either at my house or at Fernando Brant's. It was the two families he had here. When we got there the two of them were on the porch, Lô, and Bituca, sitting on iron chairs that we still have at home today. Lô was playing that old harmony, which everyone at home was sick of hearing already. But there was something new in the story – Bituca was on the other guitar, making a song over that sequence. And the two guitars fit beautifully within each other. Lô played harmony and Bituca soloed, string by string, note by note. I thought it was so beautiful, I was so touched to to see Bituca, who was my partner, there, hanging

os dois violões cabiam maravilhosamente um dentro do outro. O Lô ia na harmonia e o Bituca solando, corda por corda, nota por nota. Eu achei aquilo tão bonito, fiquei tão emocionado de ver o Bituca, que era meu parceirão, ali, dando aquela colher de chá para o Lô, com seus 16 anos de idade ainda. E eu fiquei achando aquela cena muito bonita. E resolvi interferir. Já tirei um lápis, um caderno, já comecei a rabiscar algumas palavras ali mesmo. Sentei no pé dos dois violões e ficava: "Não, repete agora, repete. Não, volta aquela parte". E o Bituca: "O que é que você está fazendo aí?". "Estou tentando escrever uma letra pra isso aí que vocês estão tocando".

E ficou pronta, simultaneamente, enquanto o Bituca acabava de arrematar a melodia em cima daqueles acordes que o Lô fazia. Coloquei a letra e resolvi homenagear nela basicamente o Lô, que era o menino na época. O Lô é quem frequentava a tal esquina, mais do que nós, mais do que eu e o Bituca – porque a esquina era mais um lance dos meninos do bairro. Eles ficavam sentados naquela esquina contando caso, fazendo brincadeiras dessas de rua, coisas da nossa época: mãe-da-rua... brincadeira de menino mesmo. E eventualmente o Lô levava o violão. O Beto Guedes sentava ali também com o Toninho Horta, que dava aula de harmonia para os dois ali na esquina mesmo. Eu me lembrei dessa história toda

out with Lô, who was only 16 years old. And I found that scene very beautiful. And I decided to interfere. I'd already taken out a pencil, and a notebook and started scribbling some words right there. I sat at the foot of the two guitars and was like: "No, repeat now, repeat. No, go back to that part". And Bituca: "What are you doing there?". "I'm trying to write lyrics for what you guys are playing."

And it was ready, simultaneously, while Bituca finished the melody on top of those chords that Lô was writing. I put the lyrics and decided to pay homage to Lô, who was the boy at the time. Lô was the one who used to go to that corner ("esquina" in Portuguese), more than us, more than me and Bituca – because the corner was more of a thing for the boys in the neighborhood. They would sit on that corner telling stories, playing street games, things from our time... And sometimes Lô would take the guitar. Beto Guedes also sat there with Toninho Horta, who taught harmony to the two of them right there on the corner. I remembered this whole story and decided, then, through a tribute to Lô, to honor the corner, which at the same time is a very familiar reference.

I paid homage to this by baptizing the song with this name: "Clube da Esquina" (The Corner Club). Bituca recorded it on a beautiful album, with a cover by Kélio Rodrigues, which has a drawing of Bituca with a marker, just his profile, very black.

e resolvi, então, através de uma homenagem ao Lô, homenagear a esquina, que ao mesmo tempo é uma referência muito familiar.

Fiz uma homenagem a isso batizando a música com esse nome: "Clube da Esquina". Bituca a gravou num disco bonito, com capa do Kélio Rodrigues, que tem o Bituca desenhado a pincel atômico colorido, só o perfil dele, bem negrão. Ele tinha que gravar dois discos no ano para cumprir o contrato. Aí ele propôs: "Por que é que eu não gravo um disco duplo? De uma vez só eu gravo os dois discos". Os diretores artísticos da Odeon, então, eram Adail Lessa e Milton Miranda, dois cavalheiros; pessoas que a indústria fonográfica jamais voltará a fornecer. E essas pessoas tiveram a grandeza de reconhecer que ali tinha um trabalho de valor, apesar de sermos artistas jovens na época, praticamente desconhecidos – com exceção do Milton, que já começava a aparecer um pouco mais na mídia. Mesmo assim, Milton era aquele cara de "Travessia", era o cantor de uma música só.

E, mais ousadamente ainda, o Bituca chamou o Lô pra dividir o disco com ele. Ele viu que o Lô, a partir daquela experiência da música "Clube da Esquina" tinha frutificado. O Lô acelerou, começou a compor uma música atrás da outra. E tudo precisando de letra. Foi uma época muito fértil, cada dia saía uma música. De repente, a gente viu

He had to record two albums a year to fulfill the contract. Then he proposed: "Why don't I record a double album? I'll record both albums at the same time". Odeon's artistic directors were Adail Lessa and Milton Miranda, two gentlemen; the sort of people the music industry will never support again. And these people had the greatness to recognize that there was valuable work there, despite being young artists at the time, practically unknown – with the exception of Milton, who was already beginning to appear a little more in the media. Even so, Milton was that guy from "Travessia" ("Crossing"), he was the singer of only one song, a one hit wonder.

And, even more daringly, Bituca called Lô to share the record with him. He saw that Lô, from that experience of the song "Clube da Esquina" had borne fruit. Lô speeded things up and started writing one song after another. And all of them needed lyrics. It was a very fertile time, every day a new song came out. Suddenly, we saw that we had material that was enough to make two albums, joining Lô's songs with Bituca's songs, and the songs they had made with each other, with all of us. It was like distributing lyrics here, distributing lyrics there: "You do this one, you do that one". Bituca, always very aware of the story, distributing: "No, this here goes to Ronaldo Bastos, this one goes to one goes to Fernando, this one Marcinho...". Lo, the same thing.

que estava com um material que dava folgadamente para fazer dois discos, juntando as músicas do Lô com as músicas do Bituca, e as músicas que eles tinham feito entre eles, entre nós todos. Foi um tal de distribuir letra pra cá, distribuir letra pra lá: "Você faz essa, você faz aquela". O Bituca, sempre muito consciente da história, distribuindo: "Não, essa aqui vai para o Fernando, essa aqui vai para o Ronaldo Bastos, essa aqui fica com o Marcinho...". O Lô, a mesma coisa.

Grande parte da genialidade do disco *Clube da Esquina*, da durabilidade dele, se deve ao trabalho de formiguinha do Ronaldo Bastos, que agiu como um grande produtor – o que ele viria a ser depois. Ele transformou aquela nossa coisa caótica numa coisa ordenada, sequencial. Falava assim: "Olha, não vai fazer esse tema, não, porque esse tema o Fernando já está fazendo". E foi ajeitando de um modo que as letras nunca se superpusessem, mas que fossem se somando umas às outras. Por isso, esse disco tem aquele incrível clima de unidade. Mas essa unidade foi muito bem pensada, principalmente pelo Bituca e pelo Ronaldo Bastos. Eu, daquele meu jeito caótico, ia fazendo assim: "O que é que sobrou pra mim?". "Ah, essa... pronto, toma... e outra". Aí foi saindo "Girassol", foi saindo "Trem de Doido", "Tudo Que Você Podia Ser"...

A maioria eu escrevi em Belo Horizonte. Lô,

Much of the genius of the Clube da Esquina album, its durability, is due to the steady ant-like work of Ronaldo Bastos, who acted as a great producer – what he would later become. He turned that chaotic thing of ours into an orderly sequence. He used to say: "Look, he's not going to do this theme, because Fernando is already doing that theme". And it was arranged in a way that the lyrics never overlapped, but were added to each other. That's why this record has that incredible sense of unity. But this unit was very well thought out, mainly by Bituca and Ronaldo Bastos. I, in that chaotic way of mine, was doing like this: "What's left for me?". "Ah, this one... there, take... and another one". Then "Girassol" ("Sunflower") came out, "Trem de Doido" ("Crazy Train") came out, "Tudo Que Você Podia Ser" ("Everything You Could Be")...

I wrote most of them in Belo Horizonte. Lô, Bituca, Beto and Jaca lived permanently in Marazul, Niterói. On some weekends, Salomão, my father, would fill the Kombi with children and we would all go to visit Lô in Marazul. And so, the great songs from that album came out, which is an anthological record. We didn't know it had marked Brazilian popular music in the way it came to be considered later.

The record was all enigmatic, starting with the cover. It was supposed to be the most anti-commercial product ever. The LP cover has two

DEPOIMENTOS

Bituca, Beto e Jaca morando lá fixos, em Marazul, Niterói. Certos fins de semana, Salomão Pai enchia a Kombi de filhos e íamos todos visitar o Lô em Marazul. E, assim, foram saindo as grandes músicas daquele álbum, que é um disco antológico. A gente não sabia que estava marcando a música popular brasileira da forma que depois veio a ser considerada.

O disco era todo enigmático, a começar pela capa. Era para ser o produto mais anticomercial de todos os tempos. A capa do LP tem duas crianças, um menininho preto e um menininho branco. Nenhum dos dois tem nada a ver com a história: são apenas metáforas da amizade de um menininho preto e um menininho branco, flagrante que o fotógrafo Cafi achou numa estrada. Colheu aquela foto, mostrou e falou assim: "A foto do disco é essa; é o símbolo da história". É um disco duplo, então, você abre e o miolo e não tem absolutamente nenhuma informação, mas uma centena de fotinhos em sépia, com a foto de pessoas absolutamente desconhecidas! Nossos amigos, todos! Quando você vira a capa do disco, aí sim está lá: *Clube da Esquina – Milton Nascimento e Lô Borges*. Aí você olha bem e pensa: "Mas quem serão Milton Nascimento e Lô Borges no meio dessa confusão?". Estão eles lá, no meio de cinco ou seis meninos descendo uma rua.

Então o *Clube da Esquina* já nasceu nessa coisa coletiva, do trabalho de muitos, da junção

children, a little black boy, and a little white boy. Neither of the two has anything to do with the story: they are just metaphors for the friendship of a little black boy and a little white boy, which photographer Cafi found on a road. He took that photo, showed the photo, and said: "This is the photo of the record; it's the symbol of history." It's a double album, so you open the core and there's absolutely no information, but a hundred sepia photos, with photos of absolutely unknown people! Our friends, everyone! When you turn the album cover, there it is: *Clube da Esquina* – Milton Nascimento and Lô Borges. Then you look closely and think: "But who are Milton Nascimento and Lô Borges in the middle of this confusion?" They're there, among five or six boys walking down a street.

So *Clube da Esquina* was born in this collective thing, from the work of many, from the joining of many heads and many talents. We made *Clube*

de muitas cabeças e muitos talentos. Fizemos o *Clube da Esquina*, lançamos o disco, o Lô foi para o Rio gravar. Mas a primeira audição do álbum foi lá na Rua Divinópolis – eu morava nos fundos da Rua Divinópolis, num barracão que tem lá até hoje. Logo depois eu mudei para o Rio, mas eu morava lá então. Foi lá que apareceu o Tavinho Moura, que ficou conhecendo o Bituca pela primeira vez. Nessa audição, eu me lembro que tinha vindo um pessoal do Rio, tinha o Paulinho Machado Carvalho, o Paulinho da Viola, uma galera legal. Aí, quando a gente ouviu o disco – princípio, meio e fim – a gente sacou que tinha uma coisa espetacular na mão.

Tantas décadas depois, *Clube da Esquina* foi eleito o melhor disco gravado no Brasil. Nossa mãe! Isso nos impressionou confortavelmente. Numa entrevista dada em 2002, por ocasião do trigésimo aniversário de gravação do disco, o Lô, muito sarcástico e certeiro, respondeu quando a repórter lhe perguntou quais eram seus planos para o futuro: "Só tenho uma certeza: é a de que daqui a 20 anos eu vou estar dando entrevistas pelo aniversário do *Clube da Esquina*".

Dito e feito. Cinquenta anos desde que saímos do estúdio com o disco pronto e ainda estamos aqui, dando entrevista por mais outra década de aniversário dele.

O tempo é uma ilusão da mente, como disse meu pai ao Lô.

da Esquina, released the album, Lô went to Rio to record. But the first hearing of the album was there on Rua Divinópolis – I used to live at the back of Rua Divinópolis, in a shed that is still there today. Soon after I moved to Rio, but I used to live there, then. It was there that Tavinho Moura appeared, where he met Bituca for the first time. In that audition, I remember that people from Rio had come, Paulinho Machado Carvalho, Paulinho da Viola, a nice crowd. Then, when we heard the record – beginning, middle, and end – we realized that we had something spectacular in our hands.

So many decades later, *Clube da Esquina* was elected the best record produced in Brazil. Dear mother! This impressed us quite a lot. In an interview given in 2002, on the occasion of the thirtieth anniversary of the recording of the album, Lô, very sarcastic and accurate, replied when the reporter asked him what his plans for the future were: "I'm only sure of one thing: it is that 20 years from now, I will be giving interviews for the anniversary of *Clube da Esquina*".

No sooner said than done. Fifty years since we walked out of the studio with the finished record and we're still here doing an interview for yet another decade of its birthday.

Time is an illusion of the mind, as my father told Lô.

FERNANDO BRANT

(09/10/1946 – 12/06/2015)

Fernando Brant e/and Bituca / Acervo Pessoal / Personal Collection

FERNANDO ROCHA BRANT nasceu em Caldas (MG), em 9 de outubro de 1946. Filho de pais mineiros, aos cinco anos mudou-se para Diamantina e, aos 10, foi para Belo Horizonte onde passou o resto de sua infância e adolescência.

Seu envolvimento com música e literatura aumentou quando cursava a faculdade de Direito. Nessa época, conseguiu seu primeiro emprego, como escrivão do Juizado de Menores.

No início dos anos 1960, conheceu o amigo Milton Nascimento. Em 1967, Milton conseguiu convencer o então hesitante Brant a escrever sua primeira letra. Era "Travessia", composição que, no mesmo ano, ganhou o segundo lugar no II Festival Internacional da Canção, no Rio de Janeiro, funcionando como o estopim da carreira de sucesso de Milton.

Em 1969, conseguiu trabalho como jornalista na revista *O Cruzeiro*. Nesse mesmo ano, em Belo Horizonte, Brant e os amigos começaram a articular o projeto que se tornaria o Clube da Esquina.

A parceria com Milton, Lô Borges, Tavinho Moura e outros membros do Clube mostrou-se muito produtiva, gerando mais de 200 canções, entre as quais há clássicos como "San Vicente", "Saudade dos Aviões da Panair (Conversando no Bar)", "Ponta de Areia", "Maria, Maria", "Para Lennon e McCartney", "Canção da América" e "Nos Bailes da Vida", entre muitas outras.

Em 12 de junho de 2015, Fernando Brant faleceu

FERNANDO ROCHA BRANT was born in Caldas (MG), on October 9, 1946. His parents were also from Minas Gerais; At the age of five, he moved to Diamantina and, at 10, he went to Belo Horizonte, where he spent the rest of his childhood and adolescence.

His involvement with music and literature increased when he was in law school. At that time, he got his first job, as a clerk at the Juvenile Court.

In the early 1960s, he met his friend Milton Nascimento. In 1967, Milton convinced the then hesitant Brant to write his first lyric. It was "Travessia" ("Crossing"), a composition that, in the same year, won second place at the II International Song Festival, in Rio de Janeiro, launching Milton's successful career.

In 1969, he got a job as a journalist at the magazine *O Cruzeiro*. That same year, in Belo Horizonte, Brant and his friends began to articulate the project that would become Clube da Esquina.

The partnership with Milton, Lô Borges, Tavinho Moura, and other members of the Club proved to be very productive, with more than 200 songs, including classics such as "San Vicente", "Saudade dos Aviões da Panair (Conversando no Bar)" ("Missing Panair Planes (Talking at the Bar)"), "Ponta de Areia" ("Sandy Point"), "Maria, Maria", "Para Lennon e McCartney ("To Lennon and McCartney"), "Canção da América" ("Song of America") and "Nos Bailes da Vida" ("In the Balls of Our Lives"), among many others.

durante uma cirurgia de alto risco, deixando como herança uma obra musical de grande intensidade e beleza, com a qual inscreveu para sempre o seu nome no mais alto panteão dos artistas brasileiros.

IN MEMORIAM

(Depoimento tomado em 2009, pela equipe do Museu do Clube da Esquina / Museu da Pessoa)

Em 65, 66, o Bituca se mudou para São Paulo para participar de um festival, defendendo a música do Baden Powell. E acabou ficando por lá, achando que ele ia tentar a profissão ali, porque aqui não estava dando. Então fizemos o seguinte: a gente se encontrava, no máximo, de 15 em 15 dias. Ou a gente ia para lá ou ele vinha para cá, sempre de ônibus. Saía sexta-feira à noite e voltava domingo à noite. E aí ele mostrava as músicas que tinha feito com o Marcinho. Porque, por exemplo, antes de ele me mostrar a "Travessia", ele já tinha feito "Morro Velho", "Pai Grande" e outras.

Aí, um dia, lá por 67 – não sei exatamente quando, porque a gente deve ter feito a letra lá por junho, mas ele deve ter me mostrado antes, em março, abril –, ele mostrou a música e eu achei bonita. Ele falou assim: "Eu queria que você fizesse letra pra ela". "Mas eu não mexo com isso, não sei, nunca fiz". E ele falou: "Eu acho que essa música não é nem pra mim, nem pro Márcio. Tem um jeito seu". Ele

On June 12, 2015, Fernando Brant passed away during a high-risk surgery, leaving behind a musical work of great intensity and beauty, forever placing his name in the highest pantheon of Brazilian artists.

IN MEMORIAM

(Testimony taken in 2009, by the staff of the Clube da Esquina Museum / Museu da Pessoa)

In '65, '66, Bituca moved to São Paulo to participate in a festival, defending the music of Baden Powell. And he ended up staying there, thinking he was going to try the profession there because it wasn't working out here. So we did the following: we would meet, at most, every two weeks. Either we went there or he came here, always by bus. He would leave Friday night and come back Sunday night. And then he would show the songs he had written with Marcinho. Because, for example, before he showed me "Travessia" ("Crossing"), he had already written "Morro Velho" ("Old Hill"), "Pai Grande" ("Big Father") and others.

Then, one day, around '67 – I don't know exactly when, because we must have written the lyrics around June, but he must have shown it to me before, March, April – he showed me the song and I thought it was beautiful. He said: "I wanted you to write lyrics for it". "But I don't mess with this kind

faz muito isso, até hoje. De vez em quando tem uma música e ele fala: "Não, essa música é pra tal". Nessa época eu não escrevia. Escrevia, mas no jornal de colégio. Lá no colégio universitário a gente tinha um jornal em que a gente fazia mil coisas. Quer dizer, escrever eu escrevia, mas só exercitando.

Então, quando ele me pediu para escrever, eu falei: "Não, não tem nada a ver". Mas o Bituca insistiu, e aí eu resolvi escrever. Ele tinha me dado um tema que seria assim: como se fosse um caixeiro-viajante, que passava, ficava um tempo na cidade, criava ambiente lá, acabava namorando, mas quando o negócio ficava meio assim, ele ia embora e mudava de praça. O cara ia deixando um amor em cada cidade. Tanto que na música, antes daquela introdução, ele cantava: "Quem quer comprar meu sonho...". Originalmente se chamaria "Vendedor de Sonhos", mas na hora de fazer eu achei que não era bem aquilo, então tive a ideia de alguém que vai embora e o outro fica desesperado, mas depois... a vida continua. Então já não cabia o "Vendedor de Sonhos". Aí achei o negócio da "Travessia". E o "Vendedor de Sonhos" a gente foi fazer vinte anos depois. Quando fez vinte anos de "Travessia", a gente fez "O Vendedor de Sonhos".

Eu não lembro exatamente, mas devo ter custado para mostrar o papel. E quando eu mostrei, ele pegou o violão para tocar, para ver se estava tudo certo. Foi na casa do meu pai, no escritório, e

of thing, I don't know, I never have." And he said: "I think this song is not for me or for Márcio. It's very you." He does this a lot to this day. Every now and then there's a song and he says: "No, this song is for this or that person". At that time I did not write. I used to write just for the college newspaper. Back at the university, we used to have a newspaper in which we did a thousand things. I mean, I did use to write, but only as an exercise.

So, when he asked me to write, I said: "No, I'm not suited for this". But Bituca insisted, so I decided to write. He had given me a theme that would be like this: as if he were a traveling salesman, who would pass through, stay in the city for a while, create an atmosphere there, and end up in love, but when things got a little more serious, he would leave and change towns. The guy was leaving a lover in each city. So much so that in the song, before that intro, he sang: "Who wants to buy my dream...". Originally it was going to be called "Vendedor de Sonhos" ("Seller of Dreams"), but when I was writing it I thought it wasn't quite that, so I had the idea of someone who leaves and the other gets desperate, but then... life goes on. So, the "Vendedor de Sonhos" ("Seller of Dreams") no longer fit. Then I found the "Travessia" ("Crossing") thing. And the "Vendedor de Sonhos" ("Seller of Dreams") we did twenty years later. When "Travessia" ("Crossing") was twenty years old, we made "O Vendedor de Sonhos" ("Seller of Dreams"). This I don't remember exactly,

DEPOIMENTOS

eu lembro que a gente tomou um vinho de Caldas. E aí foi tudo bem. É um negócio muito de destino. E a maneira como essa música foi escrita também é engraçada. O Bituca tinha uma música com o Marcinho que chamava "Hoje É Dia de El Rey", que a gente adorava. Era uma suíte. Ele a inscreveu num festival da Record. Bituca já tinha até escolhido: "Vai ser o Tamba Trio e Elis Regina". "Oh!" E estava nessa. E o Agostinho procurou ele para inscrever no festival do Rio. E ele não se interessou. O que o Agostinho fez? Pediu: "Eu estou gravando um disco e queria que você gravasse umas músicas pra mim". Então ele gravou as três, "Travessia", "Morro Velho" e "Maria, Minha Fé" e o Agostinho dos Santos inscreveu. E aí aconteceu um negócio louco, porque "Hoje É Dia de El Rey" não foi selecionada, e as três dele entraram no Festival Internacional da Canção. Inclusive era uma coisa que não acontecia. Cada compositor podia entrar com uma, mas eles acharam que era um negócio tão assim que ele entrou com as três. E aí já mudou para o Rio. Em uma semana mudou. Começou a ter mil solicitações e conheceu todo mundo.

Daí, o Bituca começa a vir mais para cá e a gente se encontra sempre, ou na minha casa, ou na casa dos Borges. Eu estou trabalhando no *Cruzeiro*, é o final de 69. Nessa época eu começo a frequentar um bar, chamado Saloon. Aí fui levando o Bituca, o Marcinho, o Marilton... Ele era perto

but it must have taken me some time to show him the words. And when I showed him, he picked up the guitar to play, to see if everything was all right. He went to my father's house, to the office, and I remember that we had a wine from Caldas. And then everything was fine. It's all about fate. And the way that song was written is also funny. Bituca had a song with Marcinho called "Hoje É Dia de El Rey" ("Today Is El Rey´s Day"), which we loved. It was a suite. He signed it up for the Record festival. Bituca had already chosen: "It will be for the Tamba Trio and Elis Regina". "Oh!" And I was in it. And Agostinho sought him out to sign up for the Rio festival. And he wasn't interested. What did Augustine do? He asked: "I'm recording an album and I wanted you to record some songs for me". So he recorded the three, "Travessia" ("Crossing"), "Morro Velho" ("Old Hill") and "Maria, Minha Fé" ("Maria, My Faith") and Agostinho dos Santos signed them up. And then something crazy happened, because "Hoje É Dia de El Rey" ("Today Is El Rey´s Day") was not selected, and all three of his entered the Festival Internacional da Canção. It was something that didn't use to happen. Every songwriter could sign up with only one, but they thought it was a big deal that he had signed up all three. And then he moved to Rio, in a week. He started having a thousand requests and met everyone.

Then Bituca starts to come here more and we always meet, either at my house or at the Borges' house. I was working at Cruzeiro, it was the end

do Suplemento Literário de Minas Gerais. E aí o pessoal do Suplemento também, Sérgio Sant'Anna, Jaime do Prado Gouvêa, Adão Ventura, Luiz Vilela, um monte de gente. O Saloon começou a ser o ponto de encontro do pessoal de música e de literatura. Inclusive algumas reuniões do disco *Clube da Esquina* foram feitas lá, à tarde.

Do Clube da Esquina eu participei muito, pois tinha reuniões aqui. Eu só não participei dos ensaios que eles fizeram em Marazul. Eu trabalhava e não dava para ir. Mas aí a gente estava junto. E é uma coisa muito natural. Quer dizer, com a entrada do Lô. É uma coisa engraçada como ele entrou, porque ele era uns quatro anos mais novo que a gente. E nessa época, se você tem 20 e o outro tem 15, dá uma diferença danada. De repente, ele apareceu. Ele circulava pela casa, pelos lugares, até que um dia ele mostrou uma música para o Bituca, que é o "Clube da Esquina" e que o Marcinho fez a letra. Depois, um dia, o Lô mostrou a música de "Para Lennon e McCartney" para mim e para o Marcinho, e queria que nós dois fizéssemos. Nós dividimos a letra. A gente conversou o que seria e o Lô falou: "É porque eu gosto muito dos Beatles, mas eles nunca vão saber de mim". É um negócio bem de menino mesmo, e essa sacada é legal. A maneira mais fácil para fazer foi aquela. A gente dividiu, mas assinou tudo. O conjunto era dos dois.

Quando o Bituca resolveu fazer o disco com o

of '69. At that time I started going to a bar called Saloon. Then I took Bituca, Marcinho, Marilton... He was close to the "Suplemento Literário de Minas Gerais". And then the people from Suplemento too, Sérgio Sant'Anna, Jaime do Prado Gouvêa, Adão Ventura, Luiz Vilela, a lot of people. The Saloon began to be the meeting point for music and literature people. Even some meetings of the album *Clube da Esquina* were held there, in the afternoon.

I participated a lot in *Clube da Esquina*, as there were meetings here. I just didn't participate in the rehearsals they did in Mar Azul. I worked and I couldn't go. But then we were together. And it's a very natural thing. I mean, with Lô joining them. It's a funny thing how he got in because he was about four years younger than us. And at that time, if you are 20 and the other is 15, it makes a hell of a difference. Suddenly, he appeared. He walked around the house, around places, until one day he showed a song to Bituca, which is "Clube da Esquina" and Marcinho wrote the lyrics. Then, one day, Lô showed Marcinho and me the song from "Para Lennon e McCartney" ("To Lennon and McCartney"), and he wanted us to do it. We split the lyrics. We talked about what it would be and Lô said: "it's because I really like the Beatles, but they'll never know about me". It's really a boy thing, and this insight is cool. The easiest way to do it was that. We shared, but we signed everything. The group was

Lô – primeiro, estava lançando um rapazinho que ninguém conhecia, segundo, que ainda era álbum duplo –, até conseguiu isso da gravadora. E foi interessante, pois foi um compositor novo. Quer dizer, o Bituca impressionava a gente pelas músicas dele, sempre surpreenderam, e isso até hoje. É um negócio que é uma riqueza, uma coisa surpreendente. Então, além do Bituca, aparecia aquele sangue novo, aquela maneira diferente de compor. E foi uma coisa ótima. Houve muita relação também com os músicos, o pessoal ficou ensaiando muito. Aí é que o Beto entrou através do Lô, e os que já estavam, Robertinho Silva, Wagner, Luiz Alves...

Quer dizer, eu participei o tempo todo. Quando você está fazendo, é uma coisa muito espontânea. A gente gostava de estar fazendo aquilo. Estávamos dando o nosso recado. Eu acho que é isso. A soma dos vários recados, acho, que faz a coisa ser grande. É um fio só, são dois fios. O Amazonas também nasce assim. Tem uma música minha com o Tavinho e Sérgio Santos que fala isso. Chama "Dois Rios", que é esse espetáculo.

E aos poucos fui descobrindo outros parceiros. Nelson Angelo, o Tavinho Moura... O Tavinho Moura também já deve ter muito tempo. Deve ser dessa época aí, porque eu já estava fazendo música para o Tavinho Moura. Depois Wagner Tiso, Novelli...

Fui tirando muitos temas também da natureza. "Canoa, Canoa." Era fruto do meu trabalho de leitura,

both of us together.

When Bituca decided to make an album with Lô – first, they were releasing a little boy that no one knew, second, that it was a double album –, they managed to close the deal with the label. And it was interesting because he was a new songwriter. I mean, Bituca impressed us with his songs, they always surprised us, until today. It's a treasure, a fantastic thing. So, in addition to Bituca, there was that new blood, that different way of composing. And it was a great thing. There was also a lot of relationship with the musicians, people rehearsed a lot. That's when Beto entered through Lô, and those who were already there, Robertinho Silva, Wagner, Luiz Alves...

I mean, I participated the whole time. When you're doing it, it's a very spontaneous thing. We enjoyed doing it. We were delivering our message. I think that's it. And the sum of the various messages I think makes the thing great. It's just one wire, it's two wires. The Amazon is also born that way. There's a song of mine with Tavinho and Sérgio Santos that says that. It's called "Dois Rios" ("Two Rivers"), which is this show.

And little by little I discovered other partners. Nelson Angelo, Tavinho Moura... Tavinho Moura must have also been a long time ago. It must be from that time because I was already making music for Tavinho Moura. Then Wagner Tiso, Novelli... I also took many themes from nature. "Canoa, Canoa" ("Canoe, Canoe"). It was the result of my readings, of

de informação. "Canoa, Canoa" é porque é um negócio dos Avacanoeiros. O Tavinho me contou essa história e eu fui procurar saber mais. O negócio deles é viver na canoa. A casa deles é a canoa. A melodia é impressionante. Quando veio, eu falei: "Não, isso só pode ser. Está batendo o remo". É impressionante. Negócio de letrista é um negócio engraçado, porque quando a gente vai fazer a letra... Normalmente, se você ouve a música, aí você fica querendo saber o que aquela música quer dizer. O processo primeiro é esse. Até descobrir o que a gente chama o mote. Quando descobre, aí a gente faz fácil. Antigamente, às vezes a gente tinha dificuldade, às vezes ficava muito tempo sem fazer, porque dependia muito da provocação do parceiro mandar música. Quando a gente ia pegar uma música, demorava. Eu me achava burro para danar. Mas quando você acha qual é da música... O som da música tem muito a ver, para você achar as palavras para caberem ali. É um processo mesmo de parceria. É um negócio interessante.

Eu acho que o Clube foi feito com uma coisa muito criativa e ao mesmo tempo com muita alegria e muito companheirismo. A gente estava querendo fazer uma coisa bonita. Tem um monte de compositor, mas você não está preocupando em vender, você quer fazer uma coisa boa, boa para você e para as pessoas que gostam de música também. Então, a preocupação da gente era essa: fazer uma coisa legal.

information I read about. "Canoa, Canoa" ("Canoe, Canoe") is because it is what Avacanoeiros do. Tavinho told me this story and I went to find out more. They live in the canoe. Their home is the canoe. The melody is impressive. When it came, I said: "No, it can't be. (I hear) the paddle rowing." It's impressive. Being a lyricist is a funny thing, because when we're going to write the lyrics... Normally, if you hear the song, then you wonder what that song means. The first process is this. Until discovering what we call the motto. When you find out, then it's easy. In the past, sometimes we had difficulty, sometimes we spent a long time without doing it because it depended a lot on the partner's provocation to send music. When we went to get a song, it took a while. I thought I was stupid as hell. But when you find out what the song is about... The sound of the song has a lot to do with it, for you to find the words to fit there. It's really a partnership process. It's an interesting business.

I think "Clube" was made with a very creative thing and at the same time with a lot of joy and a lot of companionship. We wanted to make something beautiful. There are a lot of songwriters, but you're not worried about selling, you want to make something that's good, good for you, and for people who like music as well. So, our concern was this: to make something good.

RONALDO BASTOS

Ronaldo Bastos em/in Marazul / Ronaldo Gorini

RONALDO BASTOS RIBEIRO nasceu em Niterói (RJ), em 21 de janeiro de 1948. Filho de Vicente Belo Ribeiro e Mariana Bastos Ribeiro, tem três irmãos. Quando criança sonhava em ser cantor. Durante seus estudos no Colégio Pedro II, no Rio de Janeiro, iniciou sua relação com as letras. Na época em que estudava História na Faculdade Nacional de Filosofia do Rio de Janeiro, foi apresentado a Milton Nascimento. Com a canção "Três Pontas", iniciou a parceria com Milton, que renderia clássicos como "Fé Cega, Faca Amolada", "Nada Será Como Antes" e "Cravo e Canela". Abandonou o curso de História e, mais tarde, formou-se em jornalismo pela Universidade Federal do Rio de Janeiro (UFRJ).

Integrou o grupo de poesia marginal Nuvem Cigana. Contribuiu como letrista, capista e como organizador das composições do disco *Clube da Esquina*. Ao longo de sua trajetória profissional também foi parceiro de Tom Jobim, Caetano Veloso e Lulu Santos, com quem compôs o sucesso "Um Certo Alguém". Paralelamente à atividade de letrista, dedicou-se à carreira de produtor musical e, em 1994, fundou o selo Dubas, que lançou e vem lançando desde então dezenas de artistas novos.

RONALDO BASTOS RIBEIRO was born in Niterói (RJ), on January 21, 1948. Son of Vicente Belo Ribeiro and Mariana Bastos Ribeiro, he has three brothers. As a child he dreamed of becoming a singer. During his studies at Colégio Pedro II, in Rio de Janeiro, he began his relationship with lyrics. When he was studying History at the Faculdade Nacional de Filosofia (National College of Philosophy) of Rio de Janeiro he was introduced to Milton Nascimento. With the song "Três Pontas", he started his partnership with Milton, which would yield classics such as "Fé Cega, Faca Amolada" ("Blind Faith, Sharp Knife"), "Nada Será Como Antes" ("Nothing Will Be Like Before") and "Cravo e Canela" ("Clove and Cinnamon"). He dropped out of the History course and later graduated in Journalism from the Universidade Federal ('Federal University') of Rio de Janeiro (UFRJ).

He was part of the marginal poetry group Nuvem Cigana. He contributed as lyricist, cover artist, and as organizer of the songs of the *Clube da Esquina* album. Throughout his professional career, he was also a partner of Tom Jobim, Caetano Veloso, and Lulu Santos, with whom he composed the hit "Um Certo Alguém" ("A Certain Someone"). At the same time as a lyricist, he dedicated himself to a career as a music producer and, in 1994, he founded the Dubas label, which launched and has been releasing dozens of new artists since then.

DEPOIMENTOS

POR RONALDO BASTOS

O Clube da Esquina, como centro, é Milton Nascimento, Márcio Borges, Fernando Brant, eu, Lô Borges, Beto Guedes, Toninho Horta, Wagner Tiso, Robertinho Silva, Nelson Angelo, Danilo Caymmi, Joyce, Nivaldo Ornellas, Novelli, Luiz Alves, o Som Imaginário inteiro, os irmãos Paulo e Cláudio – isso entre os músicos. Tinha também Cafi, Vicente, a família Borges, a família Brant, todos os agregados e tudo. Nessa época tinha o Jacaré (Elson Romero) também.

A gente estava na faculdade, fazia política estudantil e tinha umas coisas que eram o seguinte: a gente via que a esquerda era careta e que a direita não dava. Nós estávamos ali, naquele caminho da transformação do mundo. E o Clube da Esquina foi isso. E fez isso com uma música, com uma qualidade musical, até então não vista no movimento ideológico. Ou seja, foi um movimento sem nunca ter sido um movimento; foi uma coisa que teve um programa, sem nunca ter tido um programa. Basicamente, nesse momento, sem a gente teorizar muito, mas sabendo um pouco o que estava fazendo, a gente se comportava em relação à música que a gente estava fazendo assim: "Estamos fazendo a melhor música que está se fazendo aqui, agora. E pronto". Depois vieram o Tavinho, o Murilo, o Flávio Venturini – mas já é uma outra geração.

BY RONALDO BASTOS

Clube da Esquina, at its center, is Milton Nascimento, Márcio Borges, Fernando Brant, me, Lô Borges, Beto Guedes, Toninho Horta, Wagner Tiso, Robertinho Silva, Nelson Angelo, Danilo Caymmi, Joyce, Nivaldo Ornelas, Novelli, Luíz Alves, the entire Som Imaginário, the brothers Paulo and Cláudio – these are the musicians. There were also Cafi, Vicente, the Borges family, the Brant family, all the households and everything. At that time there was Jacaré (Elson Romero) too.

We were in college, in the student council and there were things that we observed: we saw that the left was square and that the right didn't work. We were there, on that path of transforming the world. And *Clube da Esquina* was that. And he did it with music, with a musical quality never before seen in the ideological movement. In other words, it was a movement without ever having been a movement; it was something that had a program, without ever having had a program. Basically, at that moment, without us theorizing much, but knowing a little about what we were doing, we behaved in relation to the music we were making like this: "We are making the best music that is being made here, now. And that's it". Then came Tavinho, Murilo, Flávio Venturini – but they are another generation.

Clube da Esquina is made up of many people, the ones who wrote the songs and recorded them,

O Clube da Esquina são muitas pessoas, as que fizeram as músicas e gravaram, e também todas as outras. Cada um tem seu Clube da Esquina. E a gente foi criando uma intimidade.

Quando eu cheguei em Belo Horizonte, o primeiro lugar que eu fui foi à Rua Grão Pará, na casa da família Brant – onde moravam 11 irmãos. Tinha uma escadinha, o quarto dos meninos, aquelas camas enfileiradas. E eu ia a Belo Horizonte, primeiro nos Brant, depois nos Borges, depois no Murilo – isso em épocas sucessivas. Eu passava dois meses morando na casa de um, voltava... Mas isso não era só em Belo Horizonte; a gente pegava um ônibus e dizia: "Vamos pra São Paulo" – e ia para lá. A gente foi criando uma intimidade muito grande. O Clube da Esquina tem muita gente nessa época, muita gente.

O núcleo do que eu chamo o Clube da Esquina eram jovens compositores, instrumentistas, que se reuniram em torno do amor àquela música, que se uniram em torno de uma figura catalisadora, chamada Milton Nascimento. O Bituca, para quem não conhece, é uma pessoa que, se chegar aqui agora, vai ser impossível não prestar atenção nele. Ele tem uma coisa assim.

Quando eu o conheci, fui a uma festa com ele, em que todo mundo falava dele e ninguém o conhecia. Era uma festa na casa do maestro Erlon Chaves, onde estavam o Dori Caymmi, o Edu

as well as all the others. Each one with their own *Clube da Esquina*. And we created a familiarity with each other.

When I arrived in Belo Horizonte, the first place I went to was to Grão Pará Street, to the Brant family's house – where the 11 brothers and sisters lived. There was a staircase, the boys' room, with those beds in a row. And I would go to Belo Horizonte, first to the Brant's, then to the Borges', then to Murilo's – one after the other. I would spend two months living in someone's house, then I would go back... But that wasn't just in Belo Horizonte; we would take a bus and say: "Let's go to São Paulo" – and go there. We were creating a huge family. *Clube da Esquina* had a lot of people at that time, a lot of people.

The core of what I call "Clube da Esquina" were the young songwriters and instrumentalists, who came together around the love of that music, who came together around a catalytic figure called Milton Nascimento. Bituca, for those who don't know him, is a person who, if he arrived here now, it would be impossible not to pay attention to him. He has that spark.

Lobo, Francis, várias pessoas da música, todos aqueles caras... Na hora que ele começou a tocar, as pessoas ficaram paradas, porque era uma música que a gente ficava apaixonado por ela. Então, o Clube da Esquina é uma coisa reunida em torno dessa música, desse cara e da força dele. E a partir daí eu acredito que ele também tenha se transformado, porque, com essa intimidade, a gente criou uma coisa que, num determinado momento, foi como se fosse uma coisa só.

Eu fui militante integral – provavelmente era um militante 24 horas por dia – do Clube da Esquina. Algumas pessoas faziam outras coisas, eu fazia faculdade, mas estava ali; fui para Marazul e morei lá. Lembro muito da sensação do período. A gente estava numa casa que mais parecia uma colônia de férias, porque era uma casa com vários quartos e andares, num lugar com uma vista linda, num lugar lindo.

Você ficava lá um pouco isolado. Você saía da casa e estava na areia, o banho era num lugar cheio de árvores – isso é um pouco minha infância, essa coisa de pé no chão. A gente não tinha hora para acordar, depois resolvia o que ia comer, quer dizer, era solto. Acho que eu fui o cara que mais conduziu esse processo, porque naquele momento tinha que ser eu. Não é que "eu conduzi", mas eu estava ali. O máximo de programação que tinha nas coisas era isto: eu

When I first met him, I went to a party with him, where everyone was talking about him, and no one knew him. It was a party at maestro Erlon Chaves's house, where Dori Caymmi, Edu Lobo, Francis, several people from the music business were there, all those guys... When he started to play, people stopped, because it was a song that we were in love with. So, Clube da Esquina is something gathered around this music, this guy and his strength. And from then on, because of this intimacy, we created something that, at a given moment, was as if we all were one.

I was a full-time militant – I was probably a 24-hour militant – of Clube da Esquina. Some people did other things, I was in college, but I was there; I went to Mar Azul and lived there. I very much remember the feeling of the period. We were in a house that was more like a summer camp, because it was a house with several rooms and floors, in a place with a beautiful view, in a beautiful place.

The place was a little isolated. We would come out of the house, in the sand, and bathe in a place full of trees – this reminded me a bit of my childhood, this whole walking around barefoot thing. We woke up whenever we wanted, then we decided what we were going to eat, I mean, we were free. I think I was the guy who led this process the most because, at that moment, it had to be me. It's not that I was the "leader", but I was there. The clos-

enchendo o saco. O resto era ficar tocando, ficar conversando, ficar lendo sem programação; a gente sabia que estava fazendo algo.

Durante todo o processo do Clube da Esquina, a gente sabia que ia fazer um disco, que era um disco que ia significar alguma coisa. Existiam várias vertentes, a gente ouvia alguns discos, entre eles a gente ouvia o "Tommy", do The Who. Então tinha essa coisa de fazer uma coisa que significasse.

Num determinado momento, eu já comecei um pouco a exercer essa coisa que é fazer o disco como uma obra de arte – que é uma das poucas coisas que eu acho que sei fazer bem. Acho que ali começou essa história de ter noção do negócio da capa, da ordem das músicas. Ali eu me coloquei nesse papel de organizar, na medida do possível, a bagunça – fazendo bagunça também. E eu me lembro que um dia, em Belo Horizonte, na casa da família do Fernando Brant, o Bituca falou para mim: "Agora conduz o processo, você é o cara" – uma coisa assim – "De agora em diante, você dá as cartas". E o disco foi nascendo.

est thing I had in terms of a programmed routine or activity was: consistently annoying people. The rest was just playing, talking, and reading without planning; we knew we were doing something.

During the whole process of *Clube da Esquina*, we knew we were going to make an album, that it was an album that was going to mean something. There were several aspects, we listened to some records, among them we listened to "Tommy", by The Who. So there was this thing about doing something that meant something.

At a certain point, I already started to practice this thing which is to make the record a work of art – which is one of the few things I think I know how to do well. I think that was the beginning of this story of having an idea of the cover, of the order of the songs. There I put myself in this role of organizing, as much as possible, the mess – making a mess too. And I remember that one day, in Belo Horizonte, at Fernando Brant's family, Bituca said to me: "Now you lead the process, you are the man" – something like that – "From now on, you deal the cards". And the record was born.

BETO GUEDES

Beto Guedes em/in Marazul / Ronaldo Gorini

ALBERTO DE CASTRO GUEDES nasceu em Montes Claros (MG), em 13 de agosto de 1951. Filho de baianos de Riacho de Santana, é o caçula de oito filhos de Júlia de Castro Guedes e Godofredo Guedes, músico e compositor e a primeira influência musical de Beto Guedes. Aos oito, Beto Guedes já tocava pandeiro – seu primeiro instrumento – em um conjunto regional que o pai formara com parentes e amigos. Aos nove, mudou-se para Belo Horizonte. Nessa época, conheceu o amigo e parceiro musical Lô Borges.

No auge da beatlemania, em 1964, Beto e os amigos Márcio Aquino, Lô e Yé Borges montaram o The Beavers, grupo de versões de Beatles. A vida de Beto começou a mudar em 1969: sua música "Equatorial" (parceria com Lô e Márcio Borges) ganhou o quinto lugar no I Festival Estudantil da Canção de Belo Horizonte. Em 1972, mudou-se para Niterói com Lô e Milton Nascimento e participou da gravação do disco *Clube da Esquina*, no qual tocou baixo, guitarra, percussão e cantou.

Depois de tocar com o grupo 14 Bis e gravar participações em discos de Milton, em 1977, Beto lançou seu primeiro álbum solo *A Página do Relâmpago Elétrico*, sucesso de público e crítica. Até 1986, lançaria mais oito discos. Na década de 1990, faz apenas dois lançamentos e passa a se dedicar à mecânica e marcenaria, outro talento herdado do pai.

ALBERTO DE CASTRO GUEDES was born in Montes Claros (MG), on August 13, 1951. Son of "baianos" from Riacho de Santana, Bahia, he is the youngest of eight children of Júlia de Castro Guedes and Godofredo Guedes, musician and composer and the first musical influence of Beto Guedes. At eight, Beto Guedes was already playing the tambourine – his first instrument – in a regional music group that his father had formed with relatives and friends. At nine, he moved to Belo Horizonte. At that time, he met his friend and musical partner Lô Borges.

At the height of Beatlemania in 1964, Beto and friends Márcio Aquino, Lô, and Yé Borges created The Beavers, a group of Beatles cover songs. Beto's life began to change in 1969: his song "Equatorial" (in partnership with Lô and Márcio Borges) won fifth place at 1st. Belo Horizonte Student Song Festival. In 1972, he moved to Niterói with Lô and Milton Nascimento and participated in the recording of the album Clube da Esquina, in which he played bass, guitar, percussion, and recorded vocals.

After playing with the band 14 Bis and recording on Milton's records, in 1977, Beto released his first solo album *A Página do Relâmpago Elétrico* (*The Electric Lightning Page*), a success with both audience and critics. By 1986, he would release eight more albums. In the 1990s, he released only two and began to dedicate himself to mechanics

DEPOIMENTOS

Em 2001, lançou em DVD o grande show comemorativo de seus 50 anos realizado em Belo Horizonte, com Milton Nascimento, Jota Quest e Toni Garrido. Após seis anos de hiato, em 2004, Beto lançou seu novo disco com inéditas, *Em Algum Lugar.*

Em 2010, Beto grava o DVD *Outros Clássicos* no Palácio das Artes, onde revisita seus grandes sucessos.

Beto continua ativo tanto nas atividades de compositor como nas de marceneiro e artesão, dedicando-se à fabricação de guitarras de alta performance, nas quais continua compondo verdadeiros épicos.

POR BETO GUEDES

A paixão pelos Beatles foi realmente muito marcante. Eu lembro que o Lô trouxe um compacto e me deu. Eu lembro de "I Should Have Known Better". Eu escutei aquilo uma vez e não entendi nada do que estava acontecendo. Botei mais uma vez. Falei: "Nossa, que trem esquisito". Botei pela terceira vez. E aí sim, abriu minha cabeça. Eu fiquei mais fascinado. Nunca fiquei tão fascinado na vida com uma coisa como aquela.

Eu tinha construído a patinete que eu vendi para o Lô e mais tarde eu cismei de fazer um contrabaixo igual ao do Paul McCartney, um Rofner.

and carpentry, another talent inherited from his father.

In 2001, he released a DVD celebrating his 50th birthday. It was held in Belo Horizonte, with Milton Nascimento, Jota Quest and Toni Garrido. After a six-year hiatus, in 2004, Beto released his new album, *Em Algum Lugar* (*Somewhere*).

In 2010, Beto recorded the DVD *Outros Clássicos* (*Other Classics*) at Palácio das Artes, where he revisited his greatest hits.

Beto remains active both as a composer and as a carpenter and craftsman, dedicating himself to making high-performance guitars, on which he continues to compose true epics.

BY BETO GUEDES

My passion for the Beatles was really very remarkable. I remember that Lô brought a compact and gave it to me. I remember "I Should Have Known Better". I listened to that once and I didn't understand what was going on. I played it one more time. I said: "Wow, what a weird sound". I played it for the third time. And then yes, it opened my mind. I was more fascinated. I had never been so fascinated by anything in my life.

I had built the scooter that I sold to Lô and later I decided to make a double bass just like Paul McCartney, a Hofner. And I went on doing it. I built

E fui fazendo. Fiz o corpo. E quando chegou no braço, começou a complicar muito, porque fugia ao equipamento do meu pai. E braço de instrumento musical, de guitarra, de baixo, é uma coisa muito complicada de fazer se você não tem ferramentas adequadas. Mas eu me lembro que acabei fazendo. O meu pai, além de músico, fez um piano. Com aquele trabalhão todo para comprar a corda. Ele teve que fazer uma máquina com roda, com pedal de bicicleta para enrolar as cordas. Elas são, até certo ponto, cordas de aço liso. Depois elas são enroladas com cobre. E ele fez o molde, fez tudo. Não deve ter prestado. Aí cismou de fazer outro. E esse eu lembro que tocava. Eu não me lembro se o som era muito bom. Hoje em dia está lá só a parte que a gente chama de cepo, que é uma parte de ferro fundido pesadíssima.

Meu pai fez violão também. Para quem faz um piano, violão é mole. Então, resolvi fazer um instrumento de três cordas. Lembro que eu queria fazer uma coisa parecida com a cítara de "With You Without You". Era uma música do George Harrison no *Sgt. Pepper´s*. Aí eu queria fazer um instrumento que fizesse um som parecido com a cítara. Acabei fazendo um tal instrumento com três cordas. Depois de pronto, ficou uma droga. Eu ia jogar fora quando o Lô me pediu de presente. E eu dei para ele. Eu não sei se o Lô ainda o tem.

the body. And when it got to the arm, it started to get really complicated, because my father didn't have the equipment. And the neck is a complicated thing to make if you don't have the proper tools. But I remember that I ended up doing it. My father, in addition to being a musician, built a piano. With all that trouble to buy the strings. He had to make a machine with a wheel, with a bicycle pedal to wind the strings. They are, to some extent, smooth steel strings. Then they are wrapped with copper. And he made the mold, everything. It must not have been good. Then he decided to make another one. And this one I remember playing. I don't remember if the sound was very good. Today, there is only the part that we call the stump, which is a very heavy cast iron part.

My father made guitars too. For those who make pianos, guitars are easy. So, I decided to make a three-stringed instrument. I remember I wanted to do something similar to the sitar from "With You Without You". It was a George Harrison song on *Sgt. Pepper's*. Then I wanted to make an instrument that made a sound similar to the zither. I ended up making such an instrument with three strings. After it was ready, it sounded like crap. I was going to throw it away when Lô asked me for it as a gift. And I gave it to him. I don't know if Lô still has it.

It was a very nice experience at the house in

Foi uma experiência muito bacana essa da Casa do Marazul. Lembro que o Lô e o Milton mudaram para lá. Eles estavam compondo, terminando as músicas do Clube da Esquina. E eu não compus nada. Eu não compunha nessa época. Basicamente, o Lô me chamou de companhia mesmo, porque a gente era amigo. E eu ficava lá, curtindo o mar azul, a praia, aquelas manhãs maravilhosas de sol. Cada manhã de sol bonita naquele lugar! E fiquei acompanhando o trabalho deles. Ficava conversando, brincando. Aparecia o Ronaldo, o Marcinho. O Jacaré de Três Pontas também foi para lá uma época.

O Marcinho é praticamente meu irmão. De vez em quando, ele me chama de meu irmão. A gente é muito amigo, desde minha amizade de infância com o Lô. A gente se conhece há anos. Já escrevemos várias canções conhecidas. E é uma pessoa que eu gosto muito. Assim como o Murilo Antunes, meu parceiro também. Meu conterrâneo de norte mineiro. E o Fernando Brant, que é também nosso amigo de muitos anos e que está sempre fazendo música com a gente. É muito legal essa galera. Tenho muito carinho por todos eles e são meus eternos amigos.

O *Clube da Esquina* é a história dessa amizade, dessa convivência de longos anos com o Marcinho, com o Lô principalmente, com o Milton, o Ronaldo Bastos, e todos mais. Na verdade,

Mar Azul. I remember that Lô and Milton moved there. They were writing, and finishing the songs for *Clube da Esquina*. And I didn't write anything. I didn't compose at that time. Basically, Lô called me as his company, because we were friends. And I would stay there, enjoying the blue sea, the beach, those wonderful sunny mornings. Every beautiful sunny morning in that place! And I followed their work. He was talking, joking. Ronaldo, Marcinho appeared. Jacaré de Três Pontas also went there at once.

Marcinho is practically my brother. Every now and then, he calls me my brother. We are very good friends, since my childhood friendship with Lô. We've known each other for years. We've written several well-known songs. And he's a person I like a lot. Just like Murilo Antunes, pal too. My countryman from the north of Minas Gerais. And Fernando Brant, who is also our friend for many years and who is always making music with us. These guys are really cool. I have a lot of affection for all of them and they are my eternal friends.

Clube da Esquina is the story of this friendship, of this long-term relationship with Marcinho, with Lô mainly, with Milton, Ronaldo Bastos, and everyone else. In fact, it's a close-knit family where you don't see each other all the time. But we are always with the same affection for each other, the same friendship.

é uma família unida, que não se vê a toda hora. Mas estamos sempre com o mesmo carinho um pelo outro, a mesma amizade.

Eu participei porque Lô me convidou. Eu lembro que toquei bastante naquele disco. Toquei contrabaixo, bateria, guitarra, percussão. Acho que toquei em 20 faixas, das 21 do disco. O Milton me convidou para fazer um vocal no "Nada Será Como Antes", que foi uma coisa muito importante para mim.

Acho que o primeiro *Clube*, como um todo, é mais bonito para mim. E acho que, tecnicamente, algumas coisas do *Clube 2* contaram com alguma facilidade de poder botar mais instrumentos, de poder botar uma orquestra maior. Porque o primeiro *Clube* foi gravado em oito canais. Quer dizer, é pouca coisa. E acho que as pessoas também vestiram muito a camisa. Parecia que o disco era meu, do Wagner, de nós todos. Não parecia que era um disco do Lô e do Milton. A gente tomava aquilo como nosso. Acho que isso faz uma diferença.

I participated because Lô invited me. I remember playing a lot on that record. I played bass, drums, guitar, percussion. I think I played on 20 tracks out of the 22 on the record. Milton invited me to do vocals on "Nada Será Como Antes" ("Nothing Will Be Like Before"), which was a very important thing for me.

I think the first *Clube*, as a whole, is more beautiful for me. And I think that, technically, some things in *Clube 2* were easier to put in more instruments, we had a bigger orchestra. Because the first *Clube* was recorded on eight channels. I mean, it's not much. And I think people really made it work. It felt like the record was mine, Wagner's, all of us. It didn't look like it was a Lô and Milton's record. We saw it as ours. I think that makes a difference.

Wagner Tiso regendo / Acervo Pessoal

Wagner Tiso conducting / Personal Collection

WAGNER TISO VEIGA nasceu em Três Pontas, em 12 de dezembro de 1945. Vindo de uma família mineira com origens no Leste Europeu, seu pai, Francisco Ribeiro Veiga, era bancário. Sua mãe, Walda Tiso Veiga, professora de piano. O primeiro contato de Wagner com a música foi por meio das aulas de piano que a mãe ministrava ao mais velho de seus quatro irmãos. Ainda criança, adotou o acordeon como seu primeiro instrumento, o que o aproximou de outro menino acordeonista: Milton Nascimento.

Mais tarde, contudo, escolheria o piano como seu principal instrumento. A fim de estudar, no início dos anos 1960, mudou-se para Alfenas onde formou, com Milton e outros colegas, o W's Boys, um conjunto que animaria os bailes da cidade.

Anos depois, em Belo Horizonte, acompanhado do amigo Milton, montou o grupo Berimbau Trio. Nesse período ambos conheceram Marilton Borges e sua família – formava-se o embrião do Clube da Esquina. Os anos 1960 estavam terminando, quando Wagner foi trabalhar no Rio de Janeiro, onde mora até hoje.

No início dos anos 1970, montou a banda de rock progressivo Som Imaginário, que acompanhou Milton em diversos shows e discos. Um deles foi o *Clube da Esquina*, em que Tiso tocou órgão e arranjou músicas. Em 1978, lançou o primeiro disco solo. Sua obra inclui, hoje, mais de

WAGNER TISO VEIGA was born in Três Pontas, on December 12, 1945. Coming from a Minas Gerais family with origins in Eastern Europe, his father, Francisco Ribeiro Veiga, was a banker. His mother, Walda Tiso Veiga, a piano teacher. Wagner's first contact with music was through the piano lessons that his mother gave to the oldest of his four brothers. As a child, he adopted the accordion as his first instrument, which brought him closer to another boy accordionist: Milton Nascimento.

Later, however, he would choose the piano as his main instrument. In order to study, in the early 1960s, he moved to Alfenas where he formed, with Milton and other colleagues, the W's Boys, a group that would liven up the city's dances.

Years later, in Belo Horizonte, accompanied by his friend Milton, he created the group Berimbau Trio. During this period, they both met Marilton Borges and his family – the embryo of Clube da Esquina was formed. The 1960s were ending, when Wagner went to work in Rio de Janeiro, where he lives to this day.

In the early 1970s, he formed the progressive rock band Som Imaginário, which accompanied Milton on several shows and records. One of them was Clube da Esquina, where Tiso played the organ and arranged music. In 1978, he released his first solo album. His work today includes more than 30

30 álbuns, inúmeras trilhas para o cinema, TV e teatro e mais de 150 arranjos.

POR WAGNER TISO

O Milton eu conheci na época que eu ia para o colégio; eu passava sempre em frente ao alpendre dele. Isso diariamente. E, imediatamente, tinha um som: era o Bituca sentadinho no alpendre, nos degraus da escadinha, com as perninhas compridas... Ele botava uma gaita entre os joelhos, ali ele tocava a melodia, com a sanfoninha embaixo do braço ele se acompanhava. Eu achava aquilo muito fantástico. "Mas que jeito diferente, que cara estranho. Como é que ele consegue fazer isso?" Tocava umas coisas bonitas, tocando gaita e se acompanhando ao mesmo tempo. Ele inventou essa história. E eu sempre tive muita curiosidade: "Eu preciso conhecer esse cara".

Nós tínhamos um amigo em comum, e o Bituca estava ensaiando num conjunto vocal na casa da Quitéria – onde eu passava também e ouvia aquele som de conjunto vocal – e achava aquilo interessante. Até que o Dida, nosso amigo, que cantava nesse grupinho do Bituca, me levou com meu acordeon. Cheguei lá, devia ter 11 anos. Sentei lá, eles cantaram e eu comecei a acompanhar. O Bituca gostou daquilo, ele gostou do jeito que eu tocava, achou que combinava com o jeito

albums, countless soundtracks for film, TV and theater and more than 150 arrangements.

BY WAGNER TISO

I met Milton when I was going to school; I always passed in front of his porch. This was every day. And, immediately, there was a sound: it was Bituca sitting on the porch, on the steps of the stairs, with his long legs... He would put a harmonica between his knees, there he would play the melody, and with the accordion under his arm, he would accompany himself. I thought that was really fantastic. "But what a different way, what a strange guy. How can he do that?" He played some nice things, playing the harmonica and accompanying himself at the same time. He made up this story. And I was always very curious: "I need to meet this guy."

We had a friend in common, and Bituca was rehearsing in a singing group at Quitéria's house – where I also passed by and heard that vocal group sound – and found it interesting. Dida, our friend, who used to sing in this little group at Bituca, took me with my accordion. When I got there, I must have been 11 years old. I sat there, they sang and I started to follow along. Bituca liked that, he liked the way I played, he thought it suited the group's style, that whole thing. But then he confessed to

do grupo, aquela coisa toda. Mas aí ele me confessou: "Poxa, eu fiz uma promessa que jamais um Tiso iria tocar comigo, porque em Três Pontas dizem que só Tiso sabe tocar". Mas ele me aceitou naquele grupinho e formamos ali uma amizade. Naquele dia descobri coisas.

Depois, ele foi locutor da rádio. A gente ficava escolhendo discos e ouvindo as coisas de que mais gostava. Quando a gente ouviu Ray Charles ali, pela primeira vez, cantando "Stella by Starlight", a gente só faltou desmaiar. A gente olhava um para o outro e não acreditava. O Bituca falou assim "Tá vendo, homem também sabe cantar". Aquilo era muito interessante. Assim eu conheci o Bituca.

Fizemos amizade, eu fui para Alfenas, levei o Bituca, que foi morar lá em casa com a minha família, e ficamos lá, morando juntos. Fizemos o grupo W's Boys, em que ele era o crooner. Todo mundo começava com W, menos o guitarrista, o Dalton, que passou a chamar Walton, e o Bituca, que não queria chamar Wilton; achava feio e botou Milton Willer. Era o crooner, o Milton, e tocava aquele sininho. E ali a gente fez essa amizade para a vida toda. Depois, ele foi a Belo Horizonte. Ele viu um grupo de gente tocando muito bem. Quando voltou, ele falou: "Temos que ir para Belo Horizonte, que tem um pessoal lá que toca muito bem. A gente vai mostrar o que a gente sabe e ainda vai aprender muita coisa". Aí encarei. Chegamos jun-

me: "Wow, I made a promise that a Tiso would never play with me because in Três Pontas they say that only Tiso can play". But he accepted me in that little group and we formed a friendship there. I discovered things that day.

Then he was a radio announcer. We kept choosing records and listening to the things he liked the most. When we heard Ray Charles there, for the first time, singing "Stella by Starlight", we almost passed out. We looked at each other and couldn't believe it. Bituca said: "See, men can also sing". That was very interesting. So I met Bituca.

We made friends, I went to Alfenas, took Bituca, who went to live there with my family, and we stayed there, living together. We did the W's Boys group, in which he was the crooner. Everyone started with W, except for the guitarist, Dalton, who started to call him Walton, and Bituca, who didn't want to call him Wilton; he thought it was ugly and put Milton Willer. It was the crooner, Milton, and he rang that little bell. And there we made this friendship for life. Then he went to Belo Horizonte. He saw a group of people playing very well. When he came back, he said: "We have to go to Belo Horizonte, where there are people there who play very well. We will show what we know and will still learn a lot". Then I started. We got there together by bus. We arrived in Belo Horizonte, each one went to his own place, looking for their own place and we

tinhos lá, de ônibus. Chegamos lá em Belo Horizonte, foi cada um para o seu ladinho, procurar sua pensãozinha e ficamos lá. Ficamos fazendo, a princípio, bailinhos no Ponto dos Músicos.

A gravação do *Clube da Esquina* foi no Rio, na Odeon. Eu toquei a maioria das coisas no órgão. Para esse *Clube da Esquina*, os arranjos eram feitos ali no estúdio. Dava um tempo enorme para se fazer disco, não tinha esse problema que existe hoje, de hora de estúdio. A Odeon liberava o estúdio para você criar seu disco ali, mesmo porque, Milton, Caetano e muitos outros demoraram muito tempo para vender bem disco. Eles acreditavam no artista. Hoje acreditam no produto, mas eles acreditavam no artista.

Eu lembro que ficávamos ali, o Bituca já trazia as coisas dele praticamente prontas, aquelas coisas que o Bituca tinha nas vozes e no violão. Eu distribuía para o pessoal do grupo: "O baixo vai fazer isso". A mesma coisa com "O Trem Azul": "Quem vai solar? O Toninho sola aqui, o órgão entra aqui". A gente distribuía aquilo lá dentro do estúdio, porque não tinha orquestra. Os arranjos de base eram feitos em conjunto, isso que era uma maravilha! Você via que aqueles discos tinham um calor. Além de o som ser analógico, um som gostoso de ouvir, não tem aquela mixagem perfeita e agudinha de hoje, tem aquele calor humano de todo mun-

stayed there. In the beginning, we were playing at dances at Ponto dos Músicos.

The recording of *Clube da Esquina* was in Rio, at Odeon. I played most things on the organ. For this *Clube da Esquina*, the arrangements were made there in the studio. It took a long time to make an album, I didn't have this problem that exists today, of studio time. Odeon would let you use the studio to create your record there, even because Milton, Caetano, and many others took a long time to sell a record well. They believed in the artist. Today they believe in the product, but then they believed in the artist.

I remember that we used to stay there, Bituca already brought his things practically ready, those things that Bituca had in his vocals and guitar. I would distribute it to the people in the group: "The bass is going to do that". The same thing with "O Trem Azul" ("The Blue Train"): "Who will go solo? Toninho solos here, the organ comes in here". We distributed that inside the studio because there was no orchestra. The base arrangements were made together, oh, it was wonderful! You could see that those albums had a heat. In addition to the analog sound, a pleasant sound to listen to, it doesn't have that perfect and high-pitched mix of today, it has that human warmth of everyone being together making music because they are making music inside the studio.

do estar junto fazendo música, porque estão fazendo música dentro do estúdio.

Teve uma época, mais tarde, que os produtores me ligavam e falavam: "Wagner, eu quero que você bote cordas no arranjo". "Mas que arranjo? Eu quero saber que arranjo". "Não, já está pronta a base, não-sei-quem já fez os metais, o não-sei--quem fez o arranjo de percussão, e você vai botar cordas". Eu falei: "Então é a coisa mais fria do mundo; cada um chega ali, bota o seu e sai". Ali, não. No *Clube da Esquina* parecia um clube mesmo, funcionando. Todo mundo trabalhava junto, cada um chegava com suas ideias prontas; os compositores e os músicos participavam, davam ideias, todo mundo tocando junto, fazendo a coisa junta. Isso é que tem esse calor daquela fase.

Até o próprio *Minas*, em que eu fiz 80% das orquestrações, a gente fez no estúdio, lindo. É um disco que tem um calor humano impressionante. E foi quando eu me soltei como orquestrador realmente, "Trastevere" e outras coisas que a gente fez ali deram um campo para eu experimentar. Você já pensou poder experimentar em disco popular? Isso não é normal. Mas isso acontecia com a gente, isso acontecia essa época. O Bituca chegava, ficava horas no estúdio, repetindo a mesma música. Às vezes mudava: "Não, o Toninho vai tocar baixo nessa. Não, o Luiz, porque o Luiz...". Ficava ali, junto, fazendo música.

There was a time later on when the producers would call me and say, "Wagner, I want you to string the arrangement." "But what arrangement?" "No, the base is ready, I don't-know-who has done the brass, I-don't-know-who has done the percussion arrangement, and you're going to put strings." I said: "So it's the coldest thing in the world; each one arrives there, puts on their own and leaves". There, no. At *Clube da Esquina* it was like a real club, working. Everyone worked together, each one arrived with their ready-made ideas; composers and musicians participated, gave ideas, and everyone would play together, do things together. That's what brought this warmth from that phase.

Even *Minas*, in which I did 80% of the orchestrations, we did it in the studio, beautiful. It's a record that has impressive human warmth. And that's when I really loosened up as an orchestrator, "Trastevere" and other things we did there gave me a field to experiment. Have you ever thought you could try it on a popular record? This is not normal. But that happened to us, that happened back then. Bituca arrived, stayed in the studio for hours, repeating the same song. Sometimes he would change: "No, Toninho will play bass on this one. No, Luiz, because Luiz...". He was there, together, making music. It felt like you were on Levy's steps; that was what was wonderful. Then I orchestrated it, which for me was amazing.

Parecia que você estava na escadaria do Levy; isso é que era uma maravilha. Depois eu orquestrava aquilo, que para mim era uma maravilha.

E me dava esse campo: "Agora faça a orquestração que você quiser, porque o ambiente está aí". Orquestra é isso; é questão de colorir. Vamos colorir essa beleza. O processo de gravação hoje é totalmente diferente de 30 anos atrás. Na gravação do *Clube da Esquina 1*, antes de chegar no estúdio, a gente passava – nós éramos um pouco loucos, não podemos negar, a gente era um bocado doido – horas na casa do Bituca. Ele ligava um gravador e ficava cantando uma música a noite toda. Depois, a gente ia para o estúdio. Teve algumas músicas do Bituca que ele compôs a música improvisando, depois botaram a letra – não sei se foi o Marcinho, talvez... Ele ficava improvisando a noite toda, depois juntava tudo numa fita, num gravador. Uma vez ele chegou para mim e falou: "Tira daí a coisa, né?". Aí eu pegava aquilo, ficava ouvindo. Tinha uns compassos misteriosos, e aquilo dava uma dor de cabeça para distribuir para o grupo!

Eu acho que foi o grande experimento da música brasileira, no meu caso, porque não tinha regra. Acho que o grande experimento que me valeu para fazer as coisas que eu faço hoje foi esse momento de 1970 a 1975, quando a gente foi, inclusive, para os Estados Unidos fazer o disco do Wayne Shorter.

And it gave me this field: "Now make the orchestration you want, because the environment is there". Orchestra is this; it's a matter of coloring. Let's color this beauty. The recording process today is totally different from 30 years ago. In the recording of *Clube da Esquina 1*, before arriving at the studio, we would spend hours – we were a little crazy, we can't deny it, we were a little crazy – at Bituca's house. He would turn on a tape recorder and sing a song all night. Then we went to the studio. There were some songs by Bituca that he wrote the music while improvising, then they put the lyrics – I don't know if it was Marcinho, maybe... He would improvise all night, then he would put everything together on a tape, on a recorder. Once he came to me and said: "Get the thing out of there, huh?". Then I took it and kept listening. It had some mysterious beats, and it was a headache to distribute to the group!

I think it was a great experiment with Brazilian music, in my case, because there were no rules. I think the great experiment that helped me to do the things I do today was that moment from 1970 to 1975 when we even went to the United States to make the Wayne Shorter record.

TONINHO HORTA

Toninho Horta no/in Rio de Janeiro / Acervo Pessoal/ Personal Collection

DEPOIMENTOS

ANTÔNIO MAURÍCIO HORTA DE MELO nasceu em Belo Horizonte, no bairro Floresta, em 2 de dezembro de 1948. Filho de Prudente de Melo, mestre de obras, e Geralda Magela Horta de Melo, funcionária pública. Seu pai tocava violão e a mãe, violão e bandolim. O primeiro músico da família foi o avô materno, João Horta, funcionário da Central do Brasil, que montava uma banda em cada lugar em que morava. Paulo, um de seus cinco irmãos, foi quem mais o incentivou para música.

Aos 10 anos, Toninho começou a tocar violão e, aos 13, fez sua primeira composição, "Barquinho Vem". Aos 19 anos, iniciou a carreira de músico profissional, tocando na noite. Na adolescência, conheceu Milton Nascimento, Márcio e Lô Borges e Beto Guedes. Aos dois últimos, ensinou harmonia. Mas, foi a partir do Festival Estudantil da Canção de Belo Horizonte, em 1969, que começou a união musical do grupo. No final dos anos 1960, foi para o Rio de Janeiro, onde trabalhou com artistas como Elis Regina. Em 1972, organizou arranjos de base, tocou guitarra, baixo e percussão no disco *Clube da Esquina*.

Após 10 anos nos EUA, em 1999 retornou ao Brasil com uma carreira internacional consolidada. Hoje se dedica ao seu selo Minas Records e a publicação do *Livrão da Música Brasileira*, com-

ANTÔNIO MAURÍCIO HORTA DE MELO was born in Belo Horizonte, in the Floresta neighborhood, on December 2, 1948. Son of Prudente de Melo, master builder, and Geralda Magela Horta de Melo, civil servant. His father played the guitar and his mother played the guitar and mandolin. The first musician in the family was his maternal grandfather, João Horta, an employee at Central do Brasil, who set up a band in every place he lived. Paulo, one of his five brothers, was the one who most encouraged him in music.

At the age of 10, Toninho started playing the guitar, and at 13, he wrote his first song, "Barquinho Vem" ("Come, Little Boat"). At age 19, he began his career as a professional musician, playing at nightclubs. As a teenager, he met Milton Nascimento, Márcio and Lô Borges and Beto Guedes. To the last two, he taught harmony. But it was from the Festival Estudantil de Canção ('Student Song Festival') of Belo Horizonte, in 1969, that the musical union of the group began. In the late 1960s, he moved to Rio de Janeiro, where he worked with artists such as Elis Regina. In 1972, he did base arrangements, and played guitar, bass, and percussion on the album *Clube da Esquina*.

After 10 years in the USA, in 1999 he returned to Brazil with a consolidated international career. Today he dedicates himself to his Minas Records label and the publication of *Livrão da Música Bra-*

pilação de cerca de 700 partituras, abrangendo desde Carlos Gomes até compositores contemporâneos.

POR TONINHO HORTA

O Milton era baixista. Já era compositor, mas também era baixista. O Bituca foi lá em casa, eu tinha 15 anos, ele 19, 20. Isso seis, sete anos antes do *Clube* acontecer. Eu fazia música com Marcinho Borges. O Lô era menino, jogava botão, usava calça curta. Mas com a orelha desse tamanho aqui, ó! Ficava ouvindo a gente tocar.

Até com quase 30 anos de idade, morando no Rio de Janeiro, eu tinha bala, revistinha e quase não bebia. Lembro que o Marcinho falou, eu com 27 anos, não vou esquecer: "Você é a pessoa mais pura que eu conheço". "Que é isso, Marcinho!" É porque eu sempre fui muito natural, as coisas sempre foram muito para o lado da emoção, da verdade. Tanto que a minha música reflete um pouco essa liberdade de ritmo, de estilos. Eu posso fazer tanto bossa nova, quanto a coisa mais puxada para o pop rock ou hip hop ou jazz.

Em 70 teve o registro do "Durango Kid", uma música minha e do Fernando, que na época eu não tinha aprovado a letra. O Fernando sempre foi craque, mas me assustei demais. Assim como a letra do "Manuel, o Audaz", me assustei com a

sileira (The Big Book of Brazilian Music), a compilation of around 700 scores, ranging from Carlos Gomes to contemporary composers.

BY TONINHO HORTA

Milton was a bass player. He was already a songwriter, but he was also a bassist. Bituca went to my house, I was 15, he was 19, 20. That was six, seven years before the *Clube* took place. I made music with Marcinho Borges. Lô was a boy, played marbles, wore short pants. But with an ear this size, oh! He would listen to us play.

Even when I was almost 30 years old, living in Rio de Janeiro, I had candy, magazines and almost didn't drink. I remember Marcinho saying, I am 27 years old, I will not forget: "You are the purest person I know". "What do you mean, Marcinho?" It's because I've always been very natural, things have always been very emotional, true. So much so that my music reflects this freedom of rhythm, of styles. I can do both Bossa Nova and more pop-rock or hip-hop or jazz.

In 1970 there was the record of "Durango Kid", a song by Fernando and I, which at the time I had not approved the lyrics. Fernando has always been an ace, but I was too scared. Just like the lyrics of "Manuel, o Audaz" ("Manuel, the Audacious") I was scared by the lyrics of "Durango Kid": "This

letra do "Durango Kid": "Esse jornal é o meu revólver / Esse jornal é meu sorriso..." Mas, o Milton cantou divinamente, um arranjo do pessoal do Som Imaginário. Não participei dessa gravação. Era o segundo registro meu que o Bituca tinha feito.

Dois anos depois é que aconteceu o convite pela EMI. O Ronaldo Bastos era ligado à área de produção e foi uma das pessoas mais importantes nesse projeto. Ele ajudou a convencer a EMI a fazer um álbum duplo, porque era muita riqueza musical. Naquela época, na América, tinha muita gente fazendo álbuns duplos. E o Ronaldo é aquariano, sempre pensou na frente. Batalhou pra conseguir gravar aquele LP, que foi assim uma coisa maravilhosa, o *Clube da Esquina*.

Daí a pouco, quando pintou oportunidade do Milton gravar, eu fiquei já sabendo do convite: "O Milton vai gravar e quer você". Não sei se ele mesmo falou ou se foi o Ronaldo. "Vai estar todo mundo." Paulo Moura, Wagner Tiso, todo mundo. Então quem estava com o Milton esse tempo todo, desde o meio dos anos 60, as pessoas que tinham mais amizade e, obviamente, musicalidade, quem tinha um recado musical para dar, o Milton chamou. Agora, da preparação do repertório, eu me lembro que eles ficaram numa praia em Marazul, em Piratininga, durante um mês. O Ronaldo falou: "Não é possível que você não vá

newspaper is my revolver / This newspaper is my smile..." But Milton sang divinely, an arrangement by the guys from Som Imaginário. I did not participate in this recording. It was the second record of mine that Bituca had made.

Two years later, the invitation by EMI took place. Ronaldo Bastos was linked to the production area and was one of the most important people in this project. He helped convince EMI to do a double album because it was so musically rich. At that time, in America, there were a lot of people making double albums. And Ronaldo is an Aquarius, he always thought ahead. He struggled to record that LP, which was such a wonderful thing, *Clube da Esquina*.

After a while, when Milton had the opportunity to record, I already heard about the invitation: "Milton is going to record and wants you". I don't know if he said it himself or if it was Ronaldo. "Everyone will be there." Paulo Moura, Wagner Tiso, everyone. So whoever was with Milton all this time, since the mid-60s, the people who were the more friends with him and, obviously, musicality, whoever had a musical message to give, Milton called. Now, from the preparation of the repertoire, I remember that they stayed on a beach in Mar Azul, in Piratininga, for a month. Ronaldo said: "You cannot possibly *not* stay there one day". I was supposed to participate, at least they called me. In this house, they made

ficar lá nenhum dia". Era para eu ter participado, pelo menos eles me chamaram. Nessa casa eles fizeram todas as composições do *Clube*, o Lô e o Milton, principalmente.

Aconteceu que eu estava gravando, não sei se com a Gal ou com a Elis. Eu já era um músico de estúdio. Depois que gravei com a Elis – já estava no Rio de Janeiro desde o fim dos anos 60, sempre viajava com o Lô Borges. Viajávamos pela Útil ou pela Cometa para o Rio, sempre de ônibus. A gente sempre dormia um no ombro do outro, cada hora um dormia. Viajamos de trem no Vera Cruz. Isso já na época do show do *Clube*.

Da preparação do disco não pude participar. Mas o Ronaldo falou: "Você vai, nem que for no último dia". Aí no último dia da casa, lá em Piratininga, cheguei com o Ronaldo, ele no fusquinha branco, que era o Manuel, o pré-Manuel. Fiquei lá com o pessoal algumas horas, nem cheguei a dormir lá. "O pessoal está indo embora amanhã." Então foi uma coisa muito rápida. Eu me lembro, já no estúdio, gravando. Era tanta gente para gravar, que tinha o Lô, o Beto, o Milton, o Wagner, aí chamaram o Robertinho de percussão, não sei se o Luiz Alves estava, mas eram muitos, Nelson Angelo, Tavito, e deve ter mais gente que eu estou esquecendo.

A coisa mais característica da gravação foi a liberdade que todo mundo tinha. Porque o

all the songs of the *Clube*, especially Lô and Milton.

I happened to be recording, I don't know if with Gal or Elis. I was already a studio musician. After I met Elis – I had been in Rio de Janeiro since the end of the 60s, I always traveled with Lô Borges. We traveled by Útil or by Cometa to Rio, always by bus. We always slept on each other's shoulders, we took turns sleeping every hour. We traveled by train in Vera Cruz. This was already at the time of the *Clube*'s show.

I was not able to participate in the preparation of the record. But Ronaldo said: "You will, even if it is on the last day". Then on the last day of the house, there in Piratininga, I arrived with Ronaldo, he in the white VW, called Manuel, the pre-Manuel. I stayed there with them for a few hours, I didn't even sleep there. "The people are leaving tomorrow." So it was a very quick thing. I remember, already in the studio, recording. There were so many people to record, there were Lô, Beto, Milton, Wagner, then they called Robertinho, a percussionist, I don't know if Luiz Alves was there, but there were many, Nelson Angelo, Tavito, and there must be more people than I'm forgetting.

The most characteristic thing about recording was the freedom that everyone had. Because Wagner was already considered the great conductor of the group, his mother was a classical pianist. He started making arrangements with Paulo Moura,

Wagner já era considerado o grande maestro da turma, a mãe dele era pianista clássica. Ele começou a fazer uns arranjos com o Paulo Moura, aprender arranjos no Rio de Janeiro. Era mais velho um pouco, já da geração do Milton, batendo a idade, cinco anos mais velho que eu. O Wagner era a pessoa que queria organizar o trabalho, fazer o contexto final, dar aquele retoque para todos os arranjos e orquestrações. Eu participei muito dos arranjos de base. Por exemplo, chegava o Milton de manhã, falava assim: "A música é essa". Quem estava ali na hora, quem acordava cedo estava ali. Quem acordava tarde não estava ali. Então o pessoal que estava dizia: "Vamos lá passar uma música". E gente dava ideia aqui, outro dava ideia ali, daí a pouco a música estava pronta. Aí chegava mais outro no finalzinho, pegava um badulaque, começava a falar: "Eu vou tocar percussão nisso".

Então, várias vezes já cheguei e a coisa já estava pronta. Aí eu pegava um caxixi, fazia uma percussão. Quando chegava antes, ajudava a organizar. Muitas vezes o pessoal acordava tarde. Quando eles passavam no hall desse prédio, onde tinha o estúdio da EMI, no início da Rio Branco, no Rio, acho que era no quarto andar, tinha aquele café, que servia um chopinho maravilhoso. Aí não dava para resistir. O pessoal que acordava tarde já ficava por ali mesmo. "Cadê o

learning arrangements in Rio de Janeiro. He was a little older, already from Milton's generation, beating his age, five years older than me. Wagner was the person who wanted to organize the work, make the final context, and give that final touch to all the arrangements and orchestrations. I participated a lot in the base arrangements. For example, Milton would arrive in the morning, he would say: "This is the song". Whoever was there on time, whoever woke up early was there. Those who woke up late were not there. So the people who were there said: "Let's go play a song". And people would give ideas here, others would give ideas there, after a while the song was ready. Then another one arrived at the end, picked up something to beat on, and started to say: "I'm going to play percussion on this".

So several times I arrived and the thing was already done. Then I would take a caxixi, play percussion. When he arrived earlier, he helped organize. People often woke up late. When they passed in the hall of this building, where there was the EMI studio, at the beginning of Rio Branco, in Rio, I think it was on the fourth floor, there was that cafe, which served a wonderful draft beer. You can't resist it. People who woke up late were already there. "Where are the people?" "Down there drinking." He would record a song and go down to have a beer. Then, whoever was already there, went up. So the interesting thing is that it never coincided. If you

DEPOIMENTOS

pessoal?" "Está lá embaixo tomando." Gravava uma música e descia para tomar um chopinho. Aí, quem já estava lá, subia. Então, o interessante é que nunca coincidia. Se você pegar a ficha técnica de cada música, não coincide. Às vezes, eu atacava de baixo, faltava guitarra, eu tocava. Era tudo muito espontâneo. Ajudei a organizar essa coisa da base, fazer as introduções, os finais. A minha contribuição foi muito mais em cima disso, já que eu não participei da criação do repertório. Foi uma coisa muito livre, e acho que resultou numa coisa muito original. Tem músicas que o Beto toca bateria, tem outra que outro está no teclado. O *Clube da Esquina* foi uma felicidade total. O repertório todo de alto nível musical, e com aquela pulsação da juventude, que na época todo mundo estava aí com vinte e poucos anos. O Lô e o Beto com a influência do rock, de Beatles e sei lá quem mais, Rolling Stones; a parte do pop rock que eu peguei, James Taylor, mais light, Emerson, Lake and Palmer, Creem, aquelas bandas, Almond Brothers.

take the technical sheet of each song, it doesn't match. Sometimes, I played bass, if there was no one at guitar, I played guitar. It was all very spontaneous. I helped organize this base thing, do the intros, and the endings. My contribution was much more on top of that since I didn't participate in the creation of the repertoire. It was a very free thing, and I think it turned out to be a very original thing. There are songs that Beto plays the drums, there are others that another is on the keyboard. *Clube da Esquina* was complete happiness. The entire repertoire was of high-level music, and with that pulsation of youth, at the time everyone was there in their early twenties. Lô and Beto with the influence of rock, Beatles and I don't know who else, Rolling Stones; the pop-rock part I got, James Taylor, was lighter, Emerson, Lake and Palmer, Creem, those bands, Allman Brothers.

Alaíde Costa em/in São Paulo, em/in 1967
Acervo Pessoal/Personal Collection

ALAÍDE COSTA

Cantora e compositora, **ALAÍDE COSTA SILVEIRA** nasceu em 1935, no Rio de Janeiro. Filha de Erminio Silveira e Manuela Costa, inicia sua carreira de cantora em concursos de calouros no rádio, incentivada por seu irmão mais novo. Em 1957, gravou seu primeiro 78 rpm pela Odeon, com a canção "Tarde Demais".

Ouvindo-a, João Gilberto procurou atraí-la para o movimento musical que estava sendo formado, conseguindo que, em 1958, gravasse músicas da bossa nova no seu primeiro LP, *Gosto de Você (I Like You)*. Na mesma época, participou de vários shows de bossa nova no Rio de Janeiro.

Casando-se em 1962, mudou-se para São Paulo, onde, dois anos mais tarde, recebeu verdadeira consagração no show *O Fino da Bossa,* realizado no Teatro Paramount, cantando "Onde Está Você?", música das mais marcantes em seu repertório, que lhe valeu um contrato por dois anos com a TV Record.

Em 1972, é convidada por Milton Nascimento para gravar a canção "Me Deixa em Paz" no álbum *Clube da Esquina.*

POR ALAÍDE COSTA

O Milton eu conheci por intermédio de um amigo que tinha o apelido de Virgílio Jacaré. O Virgílio Jacaré, na época do João Sebastião Bar,

Singer and songwriter Alaíde Costa Silveira was born in 1935, in Rio de Janeiro. Daughter of Erminio Silveira and Manuela Costa, she began her singing career in contests on the radio, encouraged by her younger brother. In 1957, she recorded her first 78 rpm for Odeon, with the song "Tarde Demais" ("Too Late").

After listening to her, João Gilberto tried to attract her to the musical movement that was being formed, getting her to record Bossa Nova songs in 1958 on her first LP, *Gosto de Você* (*I Like You*). At the same time, she participated in several Bossa Nova shows in Rio de Janeiro.

She got married in 1962 and moved to São Paulo, where, two years later, she received real acclaim in the show *O Fino da Bossa*, performed at the Paramount Theater, singing "Onde Está Você?" ("Where Are You?"), one of the most remarkable songs in her repertoire, which earned her a two-year contract with TV Record.

In 1972, she was invited by Milton Nascimento to record the song "Me Deixe em Paz" ("Leave Me in Peace") on the album *Clube da Esquina*.

BY ALAÍDE COSTA

I met Milton through a friend who had the nickname Virgílio Jacaré. Virgílio Jacaré, at the time of the João Sebastião Bar, which was a very famous bar here in São Paulo.

DEPOIMENTOS

que foi um bar muito famoso aqui em São Paulo.

O Virgílio falou assim: "Alaíde, eu quero te apresentar um moço que apareceu lá no João, que tocou e tem umas músicas maravilhosas e não sei o quê". Eu falei: "Tudo bem". Ele levou o Milton à minha casa, isso já em 1965. Aí o Milton cantou aquelas coisas maravilhosas, não tinha "Travessia" ainda. Ele cantou "Pai Grande" e uma infinidade de músicas, eu fiquei apaixonada. Mas eu também passava períodos muito grandes sem gravar.

E não tive oportunidade de gravar o Milton naquela época. Daí, perdemos o contato. Quando foi em 1970, 1971, por aí, ele chegou num programa de televisão, *O Almoço com as Estrelas*, do Airton Rodrigues. Eu estava no programa e ele também. Ele se apresentou, logo depois o Airton falou assim: "Eu vou chamar uma pessoa que a gente gosta muito", aí me chamou. Eu entrei e cantei, ele pediu que o Milton permanecesse em cena. Eu comecei a cantar e o Milton nem conhecia a música. Quando terminou o programa, ele falou assim: "Olha, eu vou te convidar pra cantar essa música no meu próximo disco". Que era o *Clube da Esquina*.

O tempo passou, passou e ele não me chamava e nada. Eu falei: "Ele esqueceu da promessa". Um belo dia, a Odeon ligou para mim, para que eu aparecesse, que tinha uma sucursal aqui

Virgílio said: "Alaíde, I want to introduce you to a young man who showed up at João's and played, who has wonderful songs and so on". I said, "Okay". He took Milton to my house, back in 1965. Then Milton sang those wonderful things, there was no "Travessia" ("Crossing") yet. He sang "Pai Grande" ("Big Father"), he sang a multitude of songs, I was in love. But I would also spend very long periods without recording.

And I didn't have the opportunity to record Milton at that time. Then we lost contact with each other. When it was about 1970, 1971, he appeared on a television program, *O Almoço com as Estrelas*, hosted by Airton Rodrigues. I was on the show and so was he. He introduced himself, then Airton said: "I'm going to call a person that we really like", then he called me. I went in and sang, he asked Milton to remain on stage. I started singing and Milton didn't even know the song. When the program was over, he said: "Look, I'm going to invite you to sing this song on my next record". He was talking about *Clube da Esquina*.

Time passed by, but he didn't call me or anything. I said, "He forgot his promise." One fine day, Odeon called me, they had an office here in São Paulo, so I went there and they said: "Look, you're supposed to go to Rio, here is your flight ticket, to record with Milton Nascimento". I went. I arrived and recorded "Me Deixe Me Em Paz" with him, which I

em São Paulo, aí eu fui e falaram: "Olha, é pra você ir pro Rio dia x, a passagem está aqui, pra gravar com o Milton Nascimento". Eu fui. Cheguei e gravei "Me Deixa em Paz" com ele, que eu acho que foi assim, um grande sucesso do *Clube da Esquina*. No Estúdio estava o Wagner Tiso, que fez o arranjo. Estavam ele, o Wagner Tiso... Quem mais, hein? O pessoal do Som Imaginário.

"Me Deixa em Paz" foi música de carnaval, porque antigamente, eu acho que os compositores tinham muito acesso ao carnaval. Então as músicas tristes, elaboradas e tudo mais, entravam pelo carnaval. Agora você imagine o "Me Deixa em Paz": "Se você não me queria..." era assim, com uma alegria. E daí eu falei assim: "Eu vou cantar essa música, mas eu vou cantar do meu jeito". E foi assim que o Milton me ouviu cantando e gostou.

Vieram coisas, músicas, diferenciadas do que estava acontecendo naquela época. Eu acho que foi uma inovação porque naquela época estava muito aquela coisa de sambão, inclusive, era tudo sambão, sambão, sambão. E vinha também, logo depois do iê-iê-iê. Então, um estilo assim, completamente diferente do que vinha acontecendo. Eu não saberia como qualificar, eu só sei que para mim soou tudo assim divinamente maravilhoso e diferente.

think was a great success for *Clube da Esquina*. In the studio, there was Wagner Tiso, who arranged the song. There he was, Wagner Tiso. Who else could it be, huh? The people from Som Imaginário.

"Me Deixa em Paz" ("Leave Me in Peace") was a Carnival song, because in the old days, I think songwriters had a lot of access to Carnival. So the sad songs, elaborate songs, and all that entered the Carnival. Now can you imagine "Me Deixa em Paz" ("Leave Me in Peace"): the lyrics are "If you didn't want me..." it was like that, sad, but with joy. And then I said: "I'm going to sing this song, but I'm going to sing it my way". And that's how Milton heard me singing it and he liked it.

He came up with other sounds, other songs that were different from what was happening at that time. I think it was an innovation, because at that time there was a lot of that *sambão* thing, it was all *sambão, sambão, sambão*. And it came too, right after the *iê-iê-iê* (Brazilian 60's rock'n'roll). So, a style like that, completely different from what was happening. I wouldn't know how to qualify it, I just know that to me it all sounded so divinely wonderful and different.

Nelson Angelo

Rubinho Batera

Luiz Alves

Tavito

Robertinho Silva

NELSON ANGELO

NELSON ANGELO CAVALCANTI MARTINS nasceu em Belo Horizonte (MG), no dia 15 de junho de 1949. Filho de mineiros de Ponte Nova, seu pai, Nelson Vieira Martins, era médico. Sua mãe, Heloísa Cavalcanti Martins, dona de casa.

Cresceu admirando a mãe tocar piano e as irmãs, violão. Aos 10 anos, passou a estudar violão, que é considerado por ele seu primeiro instrumento, ainda que antes tivesse flertado com o tamborim. Seu primeiro contato com o Clube da Esquina aconteceu entre 1962 e 1963, quando conheceu Márcio Borges e Milton Nascimento, em Belo Horizonte.

A partir daí, foi conhecendo a turma, aprofundando sua amizade. Em 1966, aos 16 anos, mudou-se para o Rio de Janeiro e tirou a cartei-

NELSON ANGELO CAVALCANTI MARTINS was born in Belo Horizonte (MG), on June 15, 1949. Son of mineiros from Ponte Nova, his father, Nelson Vieira Martins, was a doctor. His mother, Heloísa Cavalcanti Martins, a housewife.

He grew up admiring his mother playing the piano and his sisters playing the guitar. At age 10, he started studying guitar, which he considers his first instrument, although he had previously experimented with the tambourine. His first contact with Clube da Esquina took place between 1962 and 1963, when he met Márcio Borges and Milton Nascimento, in Belo Horizonte.

From there, he got to know the gang, and became friends. In 1966, at 16, he moved to Rio de Janeiro and got his musician's license from the Or-

ra da Ordem dos Músicos. Multi-instrumentista, Nelson toca violão, percussão, piano e baixo. No disco *Clube da Esquina* tocou diversos instrumentos, com destaque para o baixo. Durante sua trajetória profissional conviveu com Tom Jobim, Vinicius de Moraes e Raul Seixas, entre outros grandes nomes da música brasileira.

POR NELSON ANGELO

O Bituca já tinha feito sucesso no Festival da Canção e com um LP na Codil, com o Tamba Trio e arranjos do Luiz Eça – onde tinha "Travessia", "Morro Velho", e outras músicas dele. Então a EMI-Odeon o contratou. Mas antes mesmo do *Clube da Esquina*, ainda houve alguns trabalhos que o Milton gravou: uma música minha com o Ronaldo Bastos, chamada "Quatro Luas", o "Aqui, Oh!", do Toninho Horta, "Sunset Marquis" dele, e muitas outras coisas. Aí os discos começaram a surgir. Os trabalhos começaram a acontecer vindos daquela efervescência. Era material que não acabava mais. E o Milton, com sua facilidade vocal, sempre gostou muito de interpretar obras de outras pessoas. As nossas, as americanas, inglesas, latino-americanas, enfim. Então isto tudo foi mantido dentro da estética que vinha rolando, comandada por ele.

Houve uma generosidade muito grande por

der of the Musicians of Brazil. A multi-instrumentalist, Nelson plays guitar, percussion, piano, and bass. On the album *Clube da Esquina*, he played several instruments, especially the bass. During his professional career, he lived with Tom Jobim, Vinicius de Moraes, and Raul Seixas, among other big names in Brazilian music.

BY NELSON ANGELO

Bituca had already been successful at the Festival da Canção and with an LP released by Codil, with the Tamba Trio and arrangements by Luiz Eça – with "Travessia" ("Crossing"), "Morro Velho" ("Old Hill"), and other songs of his. So EMI-Odeon signed him. But even before *Clube da Esquina*, there were still some works that Milton recorded: a song by me with Ronaldo Bastos, called "Quatro Luas" ("Four Moons"), "Aqui, Oh!"("Here, Oh!"), by Toninho Horta, "Sunset Marquis" by him, and many other things. Then the albums started to surface. The work began to show up from that effervescent moment. There was neverending material. And Milton, with his ease regarding his vocals, always liked to interpret other people's works. Ours, the Americans, English, Latin Americans, in short. So this was all kept within the aesthetic that had been going on, commanded by him.

There was great generosity on the part of

parte do Milton, que misturou sua própria carreira com a dos amigos convidados. O Milton sempre valorizou muito a sonoridade humana. Eram muitas pessoas cantando. E nunca houve censura de nada, nem de ninguém. Mas sempre com muito cuidado para aquilo sair bonito e musical. No disco *Clube da Esquina*, eu toquei muita percussão, guitarra e fiz coro. Já no *Clube da Esquina 2*, fiz arranjos, toquei piano, violão, guitarra, tem músicas de minha autoria e parcerias com o Bituca.

O LP *Clube da Esquina* foi um disco do Milton muito importante, assim como vários outros. Foi numa fase em que o Milton andou passando uns tempos em Belo Horizonte, convivendo muito com as composições do Lô e do Beto, inclusive fazendo parcerias com o Márcio, com o Fernando. Tudo naquele universo da garotada, que até então não havia participado formalmente. E houve um grande entusiasmo da parte do Milton em trazer o Lô e o Beto para a cena. Então ele os convidou e começou-se a fazer ali o disco.

A tecnologia daquele tempo, se comparada à de hoje, parece a lamparina e a luz elétrica. O estúdio da Odeon era no centro da cidade, no Edifício São Borja; um prédio antigo. Era grande, mas não tinha muito recurso de *playback*. Você chegava, juntava logo uma turma, as orquestras iam lá para dentro. Todo dia tinha a orquestra da casa que comparecia. Que beleza! Às vezes

Milton, who mixed his own career with that of his invited friends. Milton always valued the human sound a lot. There were many people singing. And there was never any censorship of anything or anyone. But always with great care so that it came out beautiful and musical. On the album Clube da Esquina, I played a lot of percussion, guitar and was in the choir. On Clube da Esquina 2, I made arrangements, played piano, acoustic guitar, electric guitar, there are songs of my own and partnerships with Bituca.

The Clube da Esquina LP was a very important Milton record, as were several others. It was at a time when Milton spent some time in Belo Horizonte, working with Lô and Beto's songs, as well as partnerships with Márcio, with Fernando. It was all about the universe of those young boys, who until then had not formally participated in the scene. And there was great enthusiasm on Milton's part to bring Lô and Beto to the scene. So he invited them and the album began to be made there.

The technology of that time, compared to today, was like the gas lamp compared to electric lights. The Odeon studio was in the city center, in the São Borja; an old building. It was big but didn't have much of a playback feature. You arrived, organized the group right away, and the orchestra was in the studio. Every day the house orchestra was there. What a beauty!

a gente gravava cordas e metais junto do violão, junto das vozes... Você podia gravar apenas duas vezes; depois, passaram para quatro. Então, era todo mundo ali, ao vivo e em cores. Se alguém errasse, parava tudo e começava de novo.

A gravação do disco *Clube da Esquina* foi nessa época de poucos recursos. Cada um fazia um pouco do arranjo. Participava um pouco daquela história. E os arranjos para orquestra foram escritos pelo Wagner Tiso e pelo Eumir Deodato. Você chegava ali e tinha um monte de instrumento: violão, viola, guitarras, violões de corda de aço. A gente levava os instrumentos da gente também. Aí você olhava para tudo que era canto e tinha instrumento de percussão. E o som estava rolando. E nada era muito ensaiado; é claro que, para falar "gravando", a gente já tinha tocado a música muitas e muitas vezes antes, mas às vezes também não.

A gente sentava de frente um para o outro, ouvia aquilo ali, olhava, olhava... E na segunda passada já estava todo mundo tocando, invertendo o acorde, fazendo outro som, buscando o efeito no instrumento. Foi um trabalho coletivo maravilhoso que aconteceu. Aí vinha a facilidade do Milton com aquele vozeirão! E foi assim, e com outras coisas mais, que surgiu o LP *Clube da Esquina*.

O que você poderia chamar de ensaio era

Sometimes we would record strings and brass with the guitar, and with the vocals. You could only record twice; later we could do four. So everybody was there, live. If someone made a mistake, they stopped everything and started again.

The recording of the album Clube da Esquina was at a time when we didn't have many resources. Everybody did a little bit of the arrangement. I was a part of that story. And the orchestra arrangements were written by Wagner Tiso and Eumir Deodato. We would arrive there and there would be a lot of instruments: guitar, viola, guitars, steel string guitars. We took our instruments too. Then we looked around and there were percussion instruments everywhere. And the music was playing. And nothing was very rehearsed; of course, to say "recording", we had already played the song many, many times before, but sometimes we had not.

We would sit facing each other, listening, we would look at each other... And on the second round, everyone was already playing, inverting chords, creating new sounds, trying to create effects on their instruments. It was wonderful collective work that took place. Then came Milton's ease with that big voice! And it was like this, and with other things, that the *Clube da Esquina* LP came about.

What you would call a rehearsal, a lot of it was just the time we spent together, because the

muito a nossa convivência, porque os discos receberam sempre todo o apoio das pessoas. Os amigos letristas sempre participaram muito das produções – o Marcinho, o Ronaldo, o Fernando –, em todo disco que ia ser gravado. Por exemplo, no *Minas*, no *Geraes*. Tínhamos vários encontros: vários Bigodoaldo's, vários Maletas... As pessoas se encontravam e diziam: "Porque essa música vai ser assim; vai abrir...". Aí o Milton: "Não, vamos ver se a gente coloca um coral fazendo uma coisa ali". Aí o outro dizia: "Vamos emendar essa música aqui com aquela outra". E o tempo passava.

records always received full support of our people. Lyricist friends always participated a lot in the productions – Marcinho, Ronaldo, Fernando – in every album that was going to be recorded. For example, in *Minas*, in *Geraes*. We had several meetings: several at Bigodoaldo's, several at the Maleta gallery... People would meet and say: "Because this song is going to be like this; it's going to open..." Then Milton: "No, let's see if we can put a choir doing something there". Then someone else would say: "Let's splice this song here with that other one". And time would be spent doing this.

TAVITO

LUÍS OTÁVIO DE MELO CARVALHO, o **TAVITO**, nasceu em Belo Horizonte (MG), em 26 de janeiro de 1948. Cresceu sob a influência da

LUÍS OTÁVIO DE MELO CARVALHO, known as **TAVITO**, was born in Belo Horizonte (MG), on January 26, 1948. He grew up under the in-

grande discoteca de música erudita do pai. Começou a tocar violão em 1961. Em 1965, conheceu Vinicius de Moraes, que o convidou para participar de um show em Belo Horizonte, tocando com Baden Powell. Na capital mineira, foi jurado de um festival da prefeitura em que estava inscrita a música "Clube da Esquina". Foi quando a ouviu pela primeira vez, chegando a gravá-la posteriormente, já com o Som Imaginário.

Em meados dos anos 1960, passeando de madrugada pela cidade com amigos, deparou-se com rapazes tocando violão dentro de um carro. Pediram para ouvir e foram bem recebidos: tratava-se de Marilton Borges e Milton Nascimento, que logo se tornaram amigos.

Em 1968, foi para o Rio de Janeiro profissionalizar-se, deu aulas de violão, reencontrou Milton e ingressou no Som Imaginário.

Depois desse grupo, lançou-se em carreira solo e passou a dedicar-se à composição de *jingles*.

Em 2011, retoma as atividades com os colegas veteranos do Som Imaginário, se apresentando por todo o Brasil.

Em 26 de fevereiro de 2019, o inesquecível Tavito veio a falecer, vitimado pela infecção decorrente do tratamento de um câncer na língua.

fluence of his father's big classical music club. He started playing the guitar in 1961. In 1965, he met Vinicius de Moraes, who invited him to participate in a concert in Belo Horizonte, playing with Baden Powell. In the capital of Minas Gerais, he was a judge at a city festival in which the song "Clube da Esquina" was competing. That's when he heard it for the first time, and even recorded it later, with Som Imaginário.

In the mid-1960s, strolling through the city with friends at night, he came across some young men playing guitar in a car. They asked to listen and were well received: they were Marilton Borges and Milton Nascimento, and soon became friends.

In 1968, he went to Rio de Janeiro for school, gave guitar lessons, met Milton again, and joined Som Imaginário.

After this group, he launched a solo career and began to dedicate himself to writing jingles.

In 2011, he got back together with fellow Som Imaginário bandmates, performing around Brazil.

On February 26, 2019, the unforgettable Tavito died, victim of an infection resulting from the treatment of cancer of the tongue.

IN MEMORIAM

(Depoimento tomado em 2009, pela equipe do Museu do Clube da Esquina / Museu da Pessoa)

Eu conheci o Milton da maneira mais bela que se pode imaginar conhecer um compositor desse nível. Belo Horizonte era uma cidade muito boa, uma cidade maravilhosa. Você saía de madrugada e andava normalmente na rua. Não tinha medo de coisa nenhuma. Era uma maravilha. Eu e um amigo meu, o Cláudio Castilho, estávamos passeando de madrugada, fazendo coisa nenhuma, aquelas bobagens de adolescente. Nós estávamos na Praça do Cruzeiro, que hoje é a Praça Milton Campos, que era a última coisa de Belo Horizonte. Belo Horizonte acabava ali, e às vezes a gente ficava olhando para a cidade embaixo.

Aí nós ouvimos o som saindo de um carro parado, que estava com as portas abertas. Era o Marilton em seu carro, com o Bituca tocando violão. E eu, nessa altura, já tocava violão, já estava enfurnado com música. Então, cheguei e perguntei: "A gente pode ouvir?" "Claro, bicho, pode entrar." Entramos no carro e eu fiquei ouvindo o Bituca até umas seis horas da manhã. Eu lembro que ele tocou "Tarde". E eu nunca tinha ouvido "Tarde". Foi antes de ele gravar. Ele tocava baixo na época. O Bituca era baixista.

Depois disso, eu fui vê-lo tocar porque fiquei

IN MEMORIAM

(Testimony taken in 2009, by the staff of the Clube da Esquina Museum / Museu da Pessoa}

I got to know Milton in the most beautiful way you can imagine getting to know a songwriter of this level. Belo Horizonte was a very good city, a wonderful city. You would go out in the middle of the night and walk normally on the street. I wasn't afraid of anything. It was wonderful. Me and a friend of mine, Cláudio Castilho, were walking around at dawn, doing nothing, just teenagers goofing around. We were at Praça do Cruzeiro, which today is Praça Milton Campos, which was the last thing in Belo Horizonte. Belo Horizonte ended there, and sometimes we would be there, appreciating the city view.

Then we heard the sound coming out of a stopped car, which had its doors open. It was Marilton in his car, with Bituca playing the guitar. And I, at that time, was already playing the guitar, I was already immersed in the music. So I arrived and asked, "Can we listen?" "Of course, *bicho*, you can come in." We got in the car and I listened to Bituca until about six o'clock in the morning. I remember he played "Tarde" ("Afternoon"). And I had never heard "Tarde" ("Afternoon"). It was before he recorded it. He played bass at the time. Bituca was a bass player.

enlouquecido com as harmonias dele. Aquilo pirou a minha cabeça. A primeira vez que eu ouvi o Bituca eu pirei, um monte de gente pirou. Eu fiquei muito louco ouvindo aquilo. E fui vê-lo tocar contrabaixo num lugar chamado Canecão. Nunca esqueci disso. Ele tocava com os dedões assim, com aqueles dedos estranhos dele.

Depois disso, eu só vim a encontrá-lo no Rio, quando a gente fez o Som Imaginário. Bom, encontrei com ele em Belo Horizonte mais vezes. A gente tinha um grupo vocal e ele adorava o nosso grupo vocal. Nós gravamos o disco do Milton Nascimento e o Som Imaginário, que é do show do Teatro Opinião. Aquele show foi um espetáculo. Acho que ficou três meses no Teatro Opinião, depois ficou um mês na Sucata, depois mais um mês não sei onde. Ele não saía de cartaz. Era espetacular. Era um grupo muito heterogêneo. Tinha um lado muito jazzista.

O Wagner, o Luiz e o Robertinho eram músicos da noite, que tocavam mesmo aquela coisa. E tinha roqueiros como eu. O Zé Rodrix também era meio roqueiro. E na percussão era o Naná Vasconcelos. Apesar de ele nunca ter sido do grupo, ele é que tocava com a gente.

Então eu tenho momentos extraordinários. Vi o Bituca tocar em primeira mão uma música como "Cravo e Canela", por exemplo, que é uma coisa que a gente não esquece mais, porque é completamen-

After that, I went to see him play because I went crazy over his harmonies. That blew my mind. The first time I heard Bituca I freaked out, a lot of people freaked out. I got really crazy listening to that. And I went to see him play the bass at a place called Canecão. I never forgot that. He played with his thumbs like that, with those weird fingers of his.

After that, I only came to meet him again in Rio, when we made Som Imaginário. Well, I met him in Belo Horizonte more times. We had a singing group and he loved it. We recorded Milton Nascimento's album and Som Imaginário, which is from the Teatro Opinião show. That show was an amazing spectacle. I think he stayed three months at Teatro Opinião, then he played at Sucata for a month, then another month I don't know where. They never pulled him off the theater. It was spectacular. It was a very diverse group. He had a very jazzy side.

Wagner, Luíz, and Robertinho were night musicians, who really played that thing. And there were rockers like me. Zé Rodrix was also a bit of a rocker. And on drums it was Naná Vasconcelos. Although he was never part of the group, he would play with us. So I have extraordinary moments. I saw Bituca play first-hand a song like "Cravo e Canela" ("Clove and Cinnamon"), for example, which is something we will never forget, because it's completely different from anything I've ever heard. It was one of

te diferente de tudo que eu já tinha ouvido. Era daquelas coisas que você fala assim: "Pô, você não achava que esse acorde não ficava melhor, não?". E ele respondia: "Não, não fica não. Bom é aquele que eu faço mesmo". E você vai ver, bicho, e é "imexível". Você não pode mexer nada. A música do Milton é completamente pronta. Ele faz no violão e ela está feita. É igual ao Tom. O Tom também é assim. Não mexe em nada, não inventa, porque é aquilo. E completamente novo. Eu tive muita alegria com essa fase da minha vida. Eu aprendi muito. Eu acho que a principal coisa que eu tive do Som Imaginário foi muito aprendizado. Aprendi muito. O Fredera era um guitarrista muito bom. Ele gostava de rock 'n' roll também, gostava de jazz, gostava de música brasileira como eu, que gosto de tudo. Ele era muito bom e me ensinou muito. Eu era mais novo e aprendi muita coisa com aquele povo. O Wagner é um grande amigo meu, que eu adoro até hoje. Enfim, eu tive muita alegria com o Som Imaginário. Só tenho coisa boa para contar.

Eu tenho uma grande emoção com o Clube da Esquina. Eu estava aqui no Rio e fui chamado para ser jurado de um Festival lá em Belo Horizonte. O Eduardo Curi na época me chamou para ser jurado do Festival da Prefeitura que foi lá no Instituto de Educação. Nesse festival tinha Beto Guedes, Lô Borges, Milton Nascimento, Momento 4... E eu julgando esse povo. Agora você imagina

those things where you would suggest: "Gee, don't think this chord fits better here?". And he would reply: "No, no, no. The way I do it is good." And you'll see, man, and it's "unchangable". You cannot change anything. Milton's music is completely ready. He writes it on the guitar and it's done. He's like Tom. Tom is like that too. Don't change anything, don't invent, because it is what it is. And it was completely new. I was very happy with this phase of my life. I learned a lot. I think the main thing I got from Som Imaginário was a lot of learning. I learned a lot. Fredera was a very good guitar player. He liked rock'n'roll too, he liked jazz, he liked Brazilian music like me, I like everything. He was very good and taught me a lot. I was younger and learned a lot from those people. Wagner is a great friend of mine, who I adore to this day. Anyway, I had a lot of joy with Som Imaginário. I only have good things to say.

I have had a great emotional experience with Clube da Esquina. I was here in Rio and I was called to be a judge at a Festival there in Belo Horizonte. Eduardo Curi at the time called me to be a judge at the City Hall Festival that was there at the Education Institute. In this festival there was Beto Guedes, Lô Borges, Milton Nascimento, Momento 4... And I was there judging these people. Now can you imagine that? Eduardo Conde won. At this festival I heard the song "Clube da Esqui-

DEPOIMENTOS

isso. Quem ganhou foi o Eduardo Conde. Nesse festival eu fiquei conhecendo a música "Clube da Esquina", a primeira. É a coisa mais bonita do mundo. "Noite chegou outra vez", eu não conheço nada mais bonito do que isso. Pode ter igual, mas mais bonito não tem. Essa música me emocionou demais. Eu tive o prazer, a honra de gravá-la no disco do Milton e do Som Imaginário. Aquele violão quem toca sou eu. Deveria ser o Lô, mas o Lô não foi, aí eu acabei tendo que tocar a música. Então, o Clube da Esquina é uma coisa presente na minha vida no sentido afetivo e no sentido produtivo. O Clube da Esquina levou minha vida para adiante. O que o Clube da Esquina fez por mim? Muito. O que eu fiz pelo Clube da Esquina? Pouco.

O Clube da Esquina é uma coisa que levantou a vida de muita gente; que pegou muita gente e colocou num nível, que passou a ser o meu nível. Porque antes o nível era outro. O nível não era desse grau de sofisticação e de coisa popular. Porque o que me interessa muito em música é ela ser inteligente, mas que o povo goste. Eu não gosto de coisas muito herméticas. Quer dizer, adoro as coisas herméticas, mas eu gosto quando tem muita gente para dividir isso. Eu acho que a arte é maior à medida que você diz para várias pessoas e o Clube da Esquina é isso. Conseguiu um grau intelectual muito bom da música. Tem uns letristas espetaculares, uns poetas,

na", the first one. It's the most beautiful thing in the world. "Noite chegou outra vez." ("Night Has Come Again"), I don't know anything more beautiful than that. There might be something equivalent, but no more beautiful. This song moved me so much. I had the pleasure, the honor of recording it on Milton and Som Imaginário's albums. That guitar I play. It should have been Lô, but Lô wasn't there, so I ended up having to play the song. So, *Clube da Esquina* is something that is present in my life in an affective and productive sense. *Clube da Esquina* took my life forward. What did *Clube da Esquina* do for me? A lot. What did I do for *Clube da Esquina*? Very little.

Clube da Esquina is something that elevated the lives of many people; that took a lot of people and put them on the next level, which became my level. Because before it, the level was another. The level wasn't that sophisticated and popular. Because what interests me a lot in music is if it's smart but liked by the people. I don't like things that are too airtight. I mean, I love the hermetic stuff, but I like it when there are a lot of people to share it with. I think art is greater when you reach different people and *Clube da Esquina* is that. It achieved a very good intellectual level musically. There are spectacular lyricists, poets, Márcio Borges, Fernando Brant. And it achieved a very intelligent musicality within an extremely popular context. You can

o Márcio Borges, o Fernando Brant. E conseguiu uma musicalidade muito inteligente dentro de um contexto extremamente popular.

Você pode escrever o que eu estou falando: um dos maiores fenômenos da música brasileira é "Travessia".

É uma música harmonicamente sofisticadíssima e que todo mundo canta. Se você for numa favela de Manaus, as pessoas vão saber. É um fenômeno. Não é uma coisa que acontece toda hora. E, como essa, tem várias outras produzidas nessa época, que são músicas densas, complicadas, e que o povo aceita como se fosse um pagode. Eu acho lindo isso.

O Clube da Esquina, como movimento, talvez tenha sido das coisas mais importantes, junto com a Bossa Nova. E talvez tenha sido a coisa mais importante que esse país já viu musicalmente. Eu acho. Não por ter estado perto, não por participar, mas justamente por ter podido acompanhar isso, por ter tido a sorte divina de estar nesse nicho, por estar vendo as pessoas de perto e vendo o prosseguimento dessa obra. Às vezes, a gente se pergunta por que não fez o furor de uma Tropicália, por exemplo. É justamente por isso: porque é mineiro, não é baiano, é diferente. Mineiro é assim. Mineiro faz a coisa mais quietinho, mais direitinho.

write down what I'm talking about: one of the biggest phenomena of Brazilian music is "Travessia" ("Crossing").

It is harmonically sophisticated music that everyone sings. If you go to a favela in Manaus, people will know it. It's a phenomenon. It's not something that happens all the time. And like this, there are several others produced at that time, which are dense, complicated songs, and that the people accept as if it were a *pagode* (popular samba). I think this is beautiful.

Clube da Esquina, as a movement, was perhaps one of the most important things, along with Bossa Nova. And it was perhaps the most important thing this country has ever seen musically, I think. Not because I was close, not because I participated, but precisely because I was able to follow it because I had the luck to be in this niche, because I was seeing people up close and seeing the continuation of this work. Sometimes, we wonder why it didn't make a big fuss like Tropicália, for example. This is exactly why: because it's from Minas, not from Bahia, it's different. *Mineiros* are like that. *Mineiros* do things more quietly, more neatly.

RUBINHO BATERA

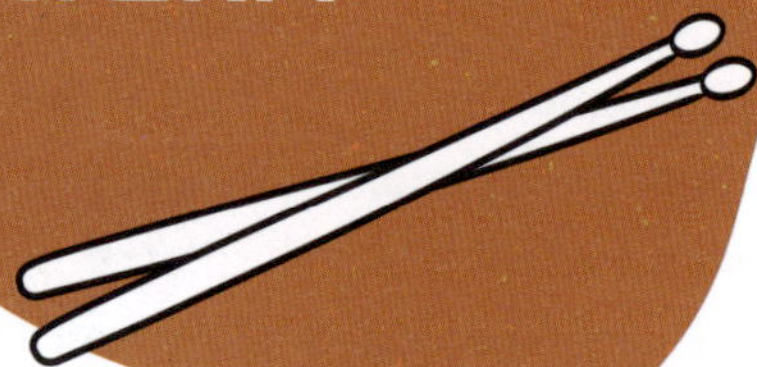

RUBENS MOREIRA FILHO nasceu em Caeté (MG), em 9 de agosto de 1948. É baterista. Tocou no Gemini 7, um grupo musical que tocava em bailes e clubes de Belo Horizonte, como o Automóvel Clube e o Iate Tênis Clube. Conheceu Márcio Borges e Milton Nascimento por intermédio de outro membro do Gemini 7, Marilton Borges. Em 1972, Rubinho Batera, como é conhecido pelos amigos, participou da gravação do primeiro disco *Clube da Esquina*. Trabalhou cinco anos com Edu Lobo, com quem gravou quatro discos.

POR RUBINHO BATERA

Eu já conhecia o Milton, porque com grupo de música a gente conhece todos os músicos. A gente, inclusive, já tinha tocado com o Milton

RUBENS MOREIRA FILHO was born in Caeté (MG), on August 9, 1948. He is a drummer who played for Gemini 7, a musical group that played at dances and clubs in Belo Horizonte, such as the Automóvel Clube and the Iate Tênis Clube. He met Márcio Borges and Milton Nascimento through another member of Gemini 7, Marilton Borges. In 1972, Rubinho Batera, as he is known by his friends, participated in the recording of the first *Clube da Esquina* album. He worked five years with Edu Lobo, with whom he recorded four albums.

BY RUBINHO BATERA

I already knew Milton, because with a music group we know all the musicians. We had even

esporadicamente em outros lugares, mas tudo muito na brincadeira, nada profissional. Ele já morava aqui no Rio, já tinha feito sucesso com aquela música no Festival. Então ele me chamou para gravar o *Clube da Esquina*. Eu me lembro que foi uma alegria tão grande, que eu, que andava doente, no outro dia já estava em pé e ótimo.

Aí, vim para o Rio. Lembro que cheguei de avião no Santos Dumont e a gravação era na Odeon. Eu não conhecia o Rio de Janeiro ainda. Era minha primeira vez, eu era garotinho. Vi uma rapaziada com violão, carregando instrumento, e resolvi perguntar onde era a Odeon. Eles falaram: "Aqui mesmo". Quando eu fiquei sabendo, era o pessoal dos Mutantes com quem eu tinha conversado. Aquilo tudo para mim foi uma inovação. Era um incentivo. Eu me lembro que cheguei no estúdio, muito acanhado, não conhecia ninguém. Só conhecia o Milton e o Wagner Tiso, que também era meu amigo e já tínhamos gravado juntos. E aí, participei do disco.

Moramos juntos em Copacabana. Acho que o Milton tinha alugado um apartamento em Copacabana. Moramos eu, o Milton, o Lô Borges, o Beto Guedes e, se não me engano, o Flávio Venturini também estava. A gente morou durante a gravação. Foi um mês, um mês e pouco. Eu devia ter uns 20, 21 anos. Quando acabou a gravação,

played with Milton sporadically in other places, but it was all just messing around, nothing professional. He already lived here in Rio, he had already been successful with that song at the Festival. So he asked me to record *Clube da Esquina*. I remember that it was such a joy, that I, who was sick, the other day was up and feeling great.

Then I came to Rio. I remember that I arrived by plane at Santos Dumont (airport) and the recording was at Odeon. I didn't know Rio de Janeiro yet. It was my first time, I was a little boy. I saw a couple with guitars, carrying an instrument, and I decided to ask where Odeon was. They said, "Right here." When I found out, it was the Mutantes who I spoke to! All of this was very new to me. It was an incentive. I remember arriving at the studio, I was very shy, I didn't know anyone. I only knew Milton and Wagner Tiso, who was already my friend and we had already recorded together. So, I was invited to record on the album.

We lived together in Copacabana. I think Milton had rented an apartment in Copacabana. Milton, Lô Borges, Beto Guedes lived there and, if I'm not mistaken, Flávio Venturini was there too. We lived during the recording. It was a month, a month or so. I must have been 20, 21 years old. When the recording was over, everyone said: "Stay in Rio." But I didn't adopt the lifestyle. Didn't like it. I went back to Belo Horizonte, I went back to

todo mundo falou: "Continua no Rio". Mas eu não adotei o convívio. Não gostei. Voltei para Belo Horizonte, voltei para o Gemini 7 para fazer baile, naturalmente.

Nessa época do *Clube da Esquina*, quando eles me chamaram, já estavam com tudo certo para fazer a gravação. Só me chamaram mesmo para gravar. Eu me lembro que eu e o Robertinho gravamos a bateria. Mas quando eu não estava na bateria, estava na percussão; e quando eu estava na bateria, ele estava na percussão. Então, teve uma música que eu achei esquisito o jeito do Robertinho tocar e falei: "Robertinho, não é assim não". E ele: "Ih, bicho. Lá em Minas Gerais não toca assim não? Fica calado". E a gente começou a rir disso. Teve que parar a gravação porque a gente ficou rindo. Uma história interessante.

Aquele disco foi uma glória para o Brasil. Foi um dos melhores discos produzidos aqui. Música boa, músicos bons. Foi uma coisa tão elaborada, tão bem feita, que ficou até hoje. Para mim, foi uma glória ter participado disso. Foi um prazer, uma honra. Porque o Milton Nascimento já era muito considerado na época. E ser chamado para trabalhar com o Milton Nascimento é uma glória. E esse disco, musicalmente, arrebentou mesmo. E o meio musical até hoje toca, até hoje fala disso. Inclusive, uma opinião minha, poderiam armar uma outra gravação do *Clube da Esquina*, com

Gemini 7 to play at parties, naturally.

At the time of *Clube da Esquina*, when they called me, they were already in the right place to record. They just called me to record. I remember that Robertinho and I recorded the drums. But when I wasn't on drums, I was on percussion; and when I was on drums, he was on percussion. So, there was a song that I thought was weird the way Robertinho plays and I said: "Robertinho, it's not like that." And he said: "Oh, man. We don't play like that in Minas Gerais, do we? Be quiet." And we started laughing about it. We had to stop recording because we were laughing. An interesting story.

That record was a glorious moment for Brazil. It was one of the best records produced here. Good music, good musicians. It was such an elaborate thing, so well done, that it stayed until today. For me, it was a glory to have participated in this. It was a pleasure, an honor. Because Milton Nascimento was already highly regarded at the time. And to be called to work with Milton Nascimento is an honor. And that record, musically, really rocked. And it's still played among musicians, and to this day it's still talked about. Also, in my opinion, they could set up another recording of *Clube da Esquina*, with everyone who participated before. I think it would be the most successful with another formation.

Clube da Esquina is a movement because it practically changed the way you listen to mu-

todo mundo que participou antes. Acho que daria o maior sucesso com outra formação.

O Clube da Esquina é um movimento, porque praticamente mudou o modo de você ouvir música. Porque o Milton Nascimento conseguiu passar para as pessoas um modo diferente da música fluir. O negócio foi tão bonito! O Milton propôs um negócio e fez uma coisa diferente de todo mundo. É isso que eu acho que foi a diferença de tudo. A crítica só falava bem. No aspecto de vendagem, eu não sei como é que foi, mas acho que deve ter vendido muito. A crítica sempre elogiou. Sempre falaram muito, muito bem. Elogiavam também o trabalho dos músicos. E foi um negócio tão bem elaborado, que há muito tempo eu não vejo no Brasil.

Eu gosto de todas as músicas do disco. Não tem uma específica. Tudo é ótimo ali. Tudo é bem gravado. Eu me lembro que a gente gravava de um jeito que muita gente não fazia. O Milton era muito assim: "Olha, não gostei disso. Então, acho que a rapaziada tá meio cansada. Hoje eu não vou..." Isso era um cuidado que ele tinha. "Aquilo não ficou bom, vamos deixar pra amanhã, gente?" A gente parava, no dia seguinte a gente fazia e ele gostava. Então, foi um trabalho muito bem realizado. Nessa gravação do disco aconteceu muito disso. Acho que isso influiu muito no trabalho do Milton.

Na época do apartamento no Rio, a gente

sic. Because Milton Nascimento managed to give people a different way of making the music flow. It was so beautiful! Milton proposed a task and did something different from everyone else. That's what I think was the difference in everything. The reviews were just wonderful. In terms of sales, I don't know how it went, but I think it must have sold a lot. Critics have always praised it. They always spoke very, very well of it. They also praised the work of the musicians. And it was very well-crafted work which I haven't seen in Brazil for a long time.

I like all the songs on the record. There is no specific one. Everything is great there. Everything is well recorded. I myself I remember that we recorded in a way that a lot of people didn't. Milton was very much like that: "Look, I didn't like that. So, I think the guys are a little tired. Today I won't..." He cared about that kind of thing. "That wasn't good, shall we leave it for tomorrow, guys?" We'd stop, the next day we'd do it and he liked it. So, it was a job very well done. A lot of that happened. I think this influenced Milton's work a lot.

At the time of the apartment in Rio, we only talked about music. We'd go to the studio, then go back to the apartment and just think about music: "Tomorrow we're going to record this one. That's how it is." All our thinking led to that. It was very interesting. And everyone made fun of me because I

só falava de música. A gente ia para o estúdio, depois voltava para o apartamento e só pensava em música: "Amanhã nós vamos gravar essa. É assim." Era um pensamento levado a isso. Era muito interessante. E todo mundo me gozava muito, porque eu estava a fim de ir embora para Belo Horizonte. Estava gostando de fazer o trabalho, mas ao mesmo tempo sentia saudades do grupo que eu tocava. Essas coisas bobas de garoto. Então me gozavam muito: "Vamos prender o Rubinho no quarto".

wanted to leave for Belo Horizonte. I was enjoying doing the work, but at the same time, I missed the group I played with. Such silly boy things. So they teased me a lot: "Let's lock Rubinho in the room."

LUIZ ALVES

LUIZ CARLOS DE CARVALHO ALVES nasceu no Rio de Janeiro (RJ), no bairro de Botafogo, em 5 de outubro de 1944. Seu pai era cunhador da Casa da Moeda e tocava violão. Seu tio Fernan-

LUIZ CARLOS DE CARVALHO ALVES was born in Rio de Janeiro (RJ), in the neighborhood of Botafogo, on October 5, 1944. His father was the minter of the National Mint and played the guitar.

do Careca era baterista e o influenciou bastante musicalmente. Aos 15 anos, formou um grupo e começou a tocar em bailes. Motivado pelo tio, em 1962, aos 18 anos, começou a tocar baixo na boate Arpège, no Rio de Janeiro. Conheceu os irmãos Borges ao se apresentar no Teatro Marília, em Belo Horizonte.

Na boate Drink, no Rio de Janeiro, conheceu Robertinho Silva e Wagner Tiso. Logo depois foi apresentado a Milton Nascimento, a quem acompanhou como membro do grupo Som Imaginário. Participou das gravações do primeiro disco *Clube da Esquina* e do álbum *Milagre dos Peixes* de Milton Nascimento. Recentemente, fez os shows *Tambores de Minas* e *Crooner*, excursionando com Milton Nascimento pela Europa.

POR LUIZ ALVES

Minha convivência com o Clube da Esquina foi mais profissional, mas a gente fez amizade. Ao longo desses anos, eu fui várias vezes a Belo Horizonte. Vira e mexe encontrava o Milton. Voltei a trabalhar com ele em outras épocas e, há pouco tempo, eu fiz aquele *Tambores de Minas*. Eu fiz esse show, o *Crooner*. Também viajamos.

Fomos para a Europa, eu, o Toninho Horta, o Wagner, o Robertinho. Fizemos com o Milton a excursão pela Europa. Foi um envolvimento

His uncle Fernando Careca was a drummer and influenced him a lot musically. At age 15, he formed a group and began playing at dances and balls. Motivated by his uncle, in 1962, at the age of 18, he started playing bass at the Arpège nightclub, in Rio de Janeiro. He met the Borges brothers while performing at Teatro Marília, in Belo Horizonte.

At the Drink nightclub, in Rio de Janeiro, he met Robertinho Silva and Wagner Tiso. Soon after, he was introduced to Milton Nascimento, whom he accompanied as a member of the group Som Imaginário. He participated in the recordings of the first *Clube da Esquina* album and the *Milagre dos Peixes* album by Milton Nascimento. Recently, he performed the shows *Tambores de Minas* and *Crooner*, touring Europe with Milton Nascimento.

BY LUIZ ALVES

My experience with *Clube da Esquina* was more professional, but we became friends. Over the years, I went to Belo Horizonte several times. We'd occasionally find Milton. I went back to work with him at other times and, not long ago, I did that one *Tambores de Minas*. I also played this show, ***Crooner***. We travel too.

We went to Europe, me, Toninho Horta, Wagner, Robertinho. We did the European tour with Milton. It was a more professional involvement, but

mais profissional, mas a amizade ficou. Somos amigos até hoje. A gente se ama.

Acho que o Clube da Esquina foi um marco na música brasileira. Era uma época que não estava acontecendo nada no Brasil em termos de música. Estava tudo parado e foi uma coisa nova, uma inovação mesmo diante da música brasileira.

Assim como tem a concepção da música da Bossa Nova, antes da Bossa Nova e depois da Bossa Nova, também tem a do Clube da Esquina: o antes e o depois na música brasileira.

Eu vejo o Clube da Esquina como um movimento muito forte, mas acho que tinha que ter uma dimensão maior. Eu acho que a mídia deveria divulgar mais. Foi um movimento musical-político. As letras do Márcio eram muito boas, assim como as do Ronaldo. O próprio Ronaldo é um poeta também. Surgiram grandes músicos e grandes escritores.

Acho que tinha que ter um empurrão maior em cima disso, como tiveram os baianos. Eu não sei por que esse movimento, que também foi um movimento forte, não aconteceu muito. Eu não sei se é porque o mineiro é meio quieto. É isso aí.

the friendship remained. We are friends to this day. We love each other.

I think that *Clube da Esquina* was a milestone in Brazilian music. It was a time when nothing was happening in Brazil in terms of music. Everything was at a standstill and it was something new, an innovation even in the face of Brazilian music.

Just as there is the concept of Bossa Nova music, before Bossa Nova and after Bossa Nova, there is also that of Clube da Esquina: the before and after in Brazilian music.

I see Clube da Esquina as a very strong movement, but I think it should have a larger dimension. I think the media should show it more. It was a musical-political movement. Márcio's lyrics were very good, as were Ronaldo's. Ronaldo himself is a poet, too. Great musicians and great writers emerged.

I think there has to be a bigger push on top of that like the *baianos* had. I don't know why this movement, which was also a strong movement, didn't happen as much. I don't know if it's because the *mineiro* is kind of quiet. That's it.

ROBERTINHO SILVA

ROBERTO DA SILVA nasceu no bairro de Realengo, no Rio de Janeiro (RJ), em 1941. Descobriu a percussão logo na infância e foi o primeiro músico da sua família. Seu primeiro instrumento foi o tambor, que tocava num terreiro aos oito anos. Autodidata, perto dos 12 anos, começou a aprender bateria, apoiado no método do baterista norte-americano Gene Krupa. Também aprendeu a tocar trompete.

Em 1965, quando tocava na boate Drink, no Rio de Janeiro, conheceu Wagner Tiso, que o introduziu à harmonia e à sonoridade da música mineira. Pouco depois, conheceu Milton Nascimento, de quem foi um dos percussionistas mais constantes. Em 1969, gravou o primeiro disco

ROBERTO DA SILVA was born in the neighborhood of Realengo, in Rio de Janeiro (RJ), in 1941. He discovered percussion in his childhood and was the first musician in his family. His first instrument was the drums, which he played in a *terreiro* at the age of eight. Self-taught, around the age of 12, he began to learn drums, supported by the method of American drummer Gene Krupa. He also learned to play the trumpet.

In 1965, while playing at a nightclub called Drink, in Rio de Janeiro, he met Wagner Tiso, who introduced him to the harmony and sound of Minas Gerais music. Shortly after, he met Milton Nascimento, and became one of his most frequent percussionists. In 1969, he recorded his first album

com Milton no Estúdio Odeon. Em 1971, participou da gravação do primeiro disco *Clube da Esquina*. Entre 1970 e 1973, integrou o grupo Som Imaginário e nesse período foi um dos mais requisitados músicos brasileiros, tendo trabalhado com nomes de peso como Gilberto Gil, Toninho Horta, João Donato, entre outros.

A partir de 1974, consolidou uma carreira internacional e tocou com grandes nomes do jazz mundial. Hoje, dedica-se à pesquisa de ritmos regionais brasileiros, a projetos musicais com seus filhos e ao Centro de Percussão Alternativo Robertinho Silva, escola de música que criou em 1997.

POR ROBERTINHO SILVA

Eu lembro que em 1962, se não me falha a memória, eu tinha um amigo, um saxofonista chamado Carlinhos, e o irmão dele era colecionador de disco, bossa nova e jazz. Ele falou assim: "Olha, meu irmão está com um disco novo aí, de uns músicos de Belo Horizonte. Tem o Wagner Tiso, o Nivaldo Ornellas, o Pascoal Meirelles de bateria, o Paulo Braga. Enfim, grandes músicos de Belo Horizonte". E eu falei: "Que caramba! Mas que música interessante! O pessoal toca muito bem". Tem uma valsa muito linda nesse disco, então quando eu conheci o Wagner falei: "Você que

with Milton at Estúdio Odeon. In 1971, he participated in the recording of the first *Clube da Esquina* album. Between 1970 and 1973, he was part of the group Som Imaginário and during this period he was one of the most sought-after Brazilian musicians, having worked with important names such as Gilberto Gil, Toninho Horta, João Donato, among others.

From 1974, he consolidated an international career and played with great names in world jazz. Today, he is dedicated to researching Brazilian regional rhythms, to musical projects with his children, and to the Robertinho Silva Alternative Percussion Center, a music school he created in 1997.

BY ROBERTINHO SILVA

I remember that in 1962, if my memory serves me correctly, I had a friend, a saxophonist named Carlinhos, and his brother was a record collector of Bossa Nova, and Jazz. He said: "Look, my brother has a new record there, by some musicians from Belo Horizonte. There's Wagner Tiso, Nivaldo Ornellas, Pascoal Meirelles on drums, Paulo Braga. Anyway, great musicians from Belo Horizonte." And I said, "What the hell! But what an interesting song! The people play very well." There is a very beautiful waltz on this record, so when I met Wagner I said: "Are you Wagner Tiso, the author of that

é o Wagner Tiso, o autor daquela valsa?" Ele falou: "Pois é, sou eu mesmo". Eu lembro que na boate do Cauby Peixoto, a Boate Drink, havia um grande movimento ali, era um point dos músicos da noite de Copacabana. E o Wagner, um dia, à noite, chegou com um rapaz. Eu perguntei: "Esse é quem?" "É um amigo meu lá de Três Pontas, compositor, toca violão." Eu falei: "Legal, prazer e tchau". Era o Milton Nascimento. É que ali circulava muito músico, então toda hora a gente era apresentado: "Esse aqui é fulano, chegou do Paraná. Esse aqui é de São Paulo..." E ficava por isso mesmo.

Então, o Wagner foi me dizendo quem era o Milton, que era um compositor que estava morando em São Paulo, que as pessoas já estavam conhecendo. A Elis Regina tinha gravado "Canção do Sal". Em 1969, eu gravo o primeiro disco com o Milton, no estúdio Odeon. É um disco chamado *Milton*, que tem uma capa com umas casinhas. Eu não me lembro muito dos detalhes, eu gravo esse disco com o Milton e aí a gente não se viu mais.

Eu estava ensaiando com uma banda de baile, liderada pelo trombonista Raul de Souza, que está radicado na França, e que morou muito tempo nos Estados Unidos. Era conhecido, na época da Bossa Nova, como Raulzinho do Trombone. Um dia tocou o telefone. Atenderam e falaram assim: "Tem um tal de Milton aí." Eu falei: "Milton? Como é que pode?" Eu só tinha um amigo cha-

waltz?" He said, "Yes, that's me." I remember that at Cauby Peixoto's nightclub, at the Drink club, there was a lot of movement there, it was a meeting point for musicians at night in Copacabana. And Wagner, one day, at night, arrived with a guy. I asked, "Who is this?" "A friend of mine from Três Pontas, a composer, he plays the guitar." I said, "Cool, nice to meet you, bye." It was Milton Nascimento. It's just that a lot of musicians circulated there, so we were always introduced: "This one is so-and-so, he arrived from Paraná. This one is from São Paulo..." And that was it.

So, Wagner was telling me who Milton was, that he was a songwriter who was living in São Paulo, that people were already getting to know him. Elis Regina had recorded "Canção do Sal" ("Song of the Salt"). In 1969, I recorded my first album with Milton, at the Odeon studio. It's a record called *Milton*, which has a cover with little houses. I don't remember much of the details, I recorded this album with Milton and then we didn't see each other again.

I was rehearsing with a dance band, led by trombonist Raul de Souza, who is based in France and has lived in the United States for a long time. He was known, at the time of Bossa Nova, as Raulzinho do Trombone. One day, he rang the phone. They answered and said: "There's a certain Milton there." I said, "Milton? How come?" I only

mado Milton. Falei: "Como é que o Milton vai me descobrir aqui? Não vejo esse cara há muito tempo. Será que aconteceu alguma coisa?" Aí: "Alô!" Ele falou: "Tudo bem? Aqui é o Milton". Eu falei: "Milton, o Otávio?" Ele respondeu: "Não, aqui é o Milton Nascimento". Eu falei: "Oi, tudo bem?" Ele continuou: "Estamos trabalhando no Teatro Opinião e precisamos de um baterista. Não quer vir tocar comigo?" Eu disse: "Ih, cara, não posso. Eu estou numa banda de baile aqui, boa pra caramba, com o Raul de Souza, o Raulzinho do trombone. Eu posso até arrumar um baterista pra você, mas não posso não. A banda dele é muito boa".

O engraçado foi que logo depois, quando eu fiz 25 anos de carreira, o jornal *O Globo* procurou a gente pra fazer uma matéria com o título "25 anos de Travessia." E o Milton falou assim na matéria: "Pois é, quando convidei ele pra tocar comigo, ele me esnobou dizendo que estava muito bem fazendo baile". Esnobei não! Falei a verdade. Eu não aceitei o trabalho porque tinha me comprometido com essa banda. Depois, foram quase 30 anos desse trabalho meu com o Milton.

Através da música, toquei com todos os compositores de Minas Gerais, toda a safra na época: Beto Guedes, Lô Borges, todos os compositores. Então, eu fui premiado. Fui o baterista. Eu vou até dizer de novo, que isso tudo foi através do Wagner. Foi com a convivência com o

had one friend named Milton. I said: "How is Milton going to find me here? I haven't seen this guy in a long time. Did something happen?" Then: "Hello!" He said, "Are you okay? This is Milton." I said: "Milton, Otávio?" He replied: "No, this is Milton Nascimento." I said, "Hi, how are you?" He continued: "We are working at Teatro Opinião and we need a drummer. Don't you want to play there with me?" I said, "Oh, man, I can't. I'm in a dance band here, really good, with Raul de Souza, Raulzinho from the trombone. I might even be able to get you a drummer, but I can't. His band is really good."

The funny thing was that soon after, when I celebrated 25 years of being a musician, the newspaper O Globo came to us to do an article with the title "25 years of 'Travessia' ('Crossing')". And Milton said this in the article: "Well, when I invited him to play with me, he snubbed me saying he was doing very well playing at dances." It wasn't a snub! I just told him the truth. I didn't take the job because I had a commitment to this band. Then, it was almost 30 years of my work with Milton.

Through music, I played with all the songwriters from Minas Gerais, the entire generation: Beto Guedes, Lô Borges, all the composers. So, I was awarded. I was the drummer. I'll even say it again, this was all through Wagner. It was through Wagner that I met Milton, who recorded first with him. Then everyone came, and the jobs all landed on

Wagner que eu conheci o Milton, que gravei a primeira vez com ele. Daí veio todo mundo e caiu de uma vez para mim. Eu costumo dizer que caí de paraquedas no *Clube da Esquina*. Foi por acaso. E até hoje sou taxado como mineiro, não só no Brasil, mas em qualquer lugar do mundo. As pessoas acham que eu moro em Belo Horizonte. E até hoje eu nunca morei em Belo Horizonte.

OUTROS PERSONAGENS

EUMIR DEODATO

Nascido no Rio de Janeiro, Brasil, de origem italiana e portuguesa, **EUMIR DEODATO** começou sua carreira tocando acordeão aos 12 anos. Pouco tempo depois, ele começou a es-

me. I usually say that I parachuted into *Clube da Esquina*. It was by chance. And to this day I am seen as a *mineiro*, not only in Brazil, but anywhere in the world. People think I live in Belo Horizonte. And until today I have never lived in Belo Horizonte.

OTHER CHARACTERS

EUMIR DEODATO

Born in Rio de Janeiro, Brazil, of Italian and Portuguese origins, **EUMIR DEODATO** began his career playing the accordion at age 12. Shortly after, he began to study piano, as well as orchestration, arranging and conducting. According to his official biography, "Eumir, strictly self-taught, immersed himself in theory books while spending countless nights

DEPOIMENTOS

tudar piano, bem como orquestração, arranjos e regência. Segundo sua biografia oficial, "Eumir, estritamente autodidata, mergulhou nos livros de teoria enquanto passava noites incontáveis sentado atrás de orquestras, observando cuidadosamente como cada parte era tocada. Sua primeira orquestração veio aos 17 anos, quando organizou e conduziu sua primeira sessão de gravação, com uma orquestra de 28 instrumentos. Não demorou muito para que Deodato se tornasse um dos arranjadores mais ativos e respeitados na cena carioca da música, gravando com artistas como Milton Nascimento, Marcos Valle, Elis Regina e Antonio Carlos Jobim."

Amplamente considerado como um dos músicos mais respeitados e requisitados no mundo da música, Eumir Deodato já acumulou 16 discos de platina como arranjador, artista ou produtor, com vendas combinadas de mais de 25 milhões de discos, apenas nos EUA. Sua discografia inclui coletâneas e todo o seu trabalho como produtor, arranjador e tecladista ultrapassa 450 álbuns.

A turma de Milton e Lô teve a sorte de poder contar com a excelência de sua escrita musical, talentosa e inovadora. A parte atonal do arranjo de "Um Girassol da Cor de Seu Cabelo" tornou-se parte integrante da canção e até hoje

sitting behind orchestras, carefully observing how each part was played. His first orchestration came at age 17 when he organized and conducted his first recording session, with a 28-piece orchestra. It didn't take long for Deodato to become one of the most active and respected arrangers in the Rio de Janeiro music scene, recording with artists such as Milton Nascimento, Marcos Valle, Elis Regina, and Antonio Carlos Jobim."

Widely regarded as one of the most respected and sought-after musicians in the music world, Eumir Deodato has amassed 16 platinum records as an arranger, artist, or producer, with combined sales of over 25 million records in the US alone. His discography includes compilations and all his work as a producer, arranger and keyboardist exceed 450 albums.

Milton and Lô's group was fortunate to be able to count on the excellence of his musical writing, talent and innovation. The atonal part of the arrangement of "Um Girassol da Cor de Seu Cabelo" ("A Sunflower the Color of Your Hair") became an integral part of the song and to this day electrifies the crowds, when repeated live on the stages of life.

eletriza as multidões, quando repetida ao vivo nos palcos da vida.

PAULO MOURA (15/07/1932 – 12/07/2010)

PAULO MOURA nasceu em 15 de julho de 1932, na Cidade de São José do Rio Preto, interior do Estado de São Paulo, filho de Pedro Gonçalves de Moura e de Cesarina Cândida de Moura. Quando conheceu Wagner Tiso, em 1966, Paulo Moura já era um consagrado músico, regente, compositor e instrumentista espetacular. Cada vez mais próximo e amigo do pianista mineiro, Paulo convidou Wagner para integrar o quarteto do baterista Edison Machado, em substituição a Osmar Milito, de mudança para Los Angeles.

Em 1969, a gravadora Equipe lançou o disco *Paulo Moura e Quarteto,* com Wagner Tiso, Luiz Alves e Pascoal Meirelles. Mais tarde o quarteto virou hepteto e Robertinho Silva entrou no lugar de Pascoal. Wagner, Luiz Alves, Paulo Moura e Robertinho Silva. Estava aí formada a sólida base instrumental do antológico disco duplo, *Clube da Esquina*, que Milton e Lô iriam gravar, quase 3 anos depois desse feliz encontro.

Então, já bastante amigo dos mineiros e da turma carioca do Clube, foi muito natural a par-

PAULO MOURA (07/15/1932 - 07/12/2010)

PAULO MOURA was born on July 15, 1932, in the city of São José do Rio Preto, in the state of São Paulo, to Pedro Gonçalves de Moura and Cesarina Cândida de Moura. When he met Wagner Tiso, in 1966, Paulo Moura was already a renowned musician, conductor, composer, and spectacular instrumentalist. As he got closer and became a friend of the pianist from Minas Gerais, Paulo invited Wagner to join the drummer Edison Machado's quartet, replacing Osmar Milito, who was moving to Los Angeles.

In 1969, the label Equipe released the album *Paulo Moura e Quarteto*, with Wagner Tiso, Luiz Alves, and Pascoal Meirelles. Later, the quartet became a septet and Robertinho Silva replaced Pascoal. Wagner, Luiz Alves, Paulo Moura and Robertinho Silva. It was there that the solid instrumental basis of the anthological double album, *Clube da Esquina* was formed, which Milton and Lô would record, almost 3 years after that happy meeting.

So, already quite a friend of the *mineiros* and the club's *carioca* gang, it was very natural for Paulo Moura to participate, in 1972, as conductor of the orchestra that colored those songs, destined to become unforgettable and a living part of the affective memory of the Brazilian people.

DEPOIMENTOS

ticipação de Paulo Moura, em 1972, como regente da orquestra que coloriu aquelas canções, destinadas a se tornarem inesquecíveis e parte viva do acervo afetivo do povo brasileiro.

Em 1973, Paulo Moura ainda conduziu a grande orquestra sinfônica que acompanhou Milton Nascimento no show gravado ao vivo, primeiro no Teatro João Caetano, Rio de Janeiro, e um pouco mais tarde na reinauguração do Theatro Municipal de São Paulo.

Paulo Moura faleceu no dia 12 de julho de 2010.

CAFI
(20/02/1950 – 01/01/2019)

CARLOS DA SILVA ASSUNÇÃO FILHO, o **CAFI**, nasceu em Recife (PE) em 20 de fevereiro de 1950. Membro de uma tradicional família pernambucana, seus pais eram muito ligados às artes e à política. Pela sua casa, durante sua infância, passaram personalidades como Miguel Arraes, Paulo Mendes Campos e Fernando Sabino. Influenciado pelo tio colecionador de fotografias, Cafi iniciou sua vida profissional fotografando os quadros que ele próprio pintava na adolescência.

Em 1968, conheceu Ronaldo Bastos que o

In 1973, Paulo Moura also conducted the great symphony orchestra that accompanied Milton Nascimento in the live recorded show, first at the João Caetano Theater, Rio de Janeiro, and a little later at the reopening of the Municipal Theater of São Paulo.

Paulo Moura passed away on July 12, 2010.

CAFI
(02/20/1950 – 01/01/2019)

CARLOS DA SILVA ASSUNÇÃO FILHO, known as **CAFI**, was born in Recife (PE) on February 20, 1950. A member of a traditional Pernambuco family, his parents were very connected to the arts and politics. During his childhood, personalities such as Miguel Arraes, Paulo Mendes Campos, and Fernando Sabino passed through his house. Influenced by his photography-collecting uncle, Cafi began his professional life by photographing the paintings he himself painted as a teenager.

In 1968, he met Ronaldo Bastos who introduced him to the rest of the Clube da Esquina gang. At that time, he began to work with his new friends, signing the photographs of several album covers, including the emblematic album cover of *Clube da Esquina*, from 1972, with the two boys.

Later, with Ronaldo Bastos, Cafi founded "Nu-

apresentou para o restante da turma do Clube da Esquina. Nessa época, ele começou a trabalhar com os novos amigos, assinando as fotografias de diversas capas de discos, inclusive a emblemática capa do álbum *Clube da Esquina*, de 1972, com os dois meninos.

Mais tarde, com Ronaldo Bastos, Cafi fundou a Nuvem Cigana, produtora especializada em poesia e artes visuais. A partir de então, realizou trabalhos para grandes nomes da música brasileira e hoje é reconhecido por seus trabalhos com capas de discos.

A respeito da lendária capa, Cafi disse: "Escolhi a foto dos dois meninos porque acho que tinha um sentimento. Era uma questão de resistência, porque todo mundo estava exilado. A Gal, de uma certa maneira, era porta-voz dos baianos que estavam em Londres. E o Bituca era uma resistência também política e cultural aqui muito forte; o Bituca cantando descalço, assumindo certas posturas, sem camisa, isso na época era uma coisa chocante".

vem Cigana", a production company specializing in poetry and visual arts. Since then, he has worked for big names in Brazilian music and is now recognized for his work with album covers.

Regarding the legendary cover, Cafi said: "I chose the photo of the two boys because I think there was a feeling. It was a question of resistance because everyone was in exile. Gal, in a certain way, was the spokesperson for the *baianos* who were in London. And Bituca was also a very strong political and cultural resistance here; Bituca singing barefoot, assuming certain postures, shirtless, that at the time was a shocking thing".

Muro pichado, homenagem ao Clube da Esquina / Cristiano Quintino

Graffiti wall, homage to Clube da Esquina / Cristiano Quintino

FAIXA A FAIXA

TRACK BY TRACK

Márcio Borges revisa uma composição / Acervo Pessoal

Márcio Borges revises a composition / Personal Collection

FICHA TÉCNICA

MÚSICOS:

Milton Nascimento - vocais nas faixas 1, 2, 4, 5, 6, 7, 9, 13, 14, 15, 16, 17, 18, 20 e 21; backing vocals nas faixas 10, 11, 12 e 19; violão nas faixas 2, 4, 7, 11, 13, 14, 15, 17, 18 e 21; e piano nas faixas 2, 5 e 16

Lô Borges - vocais nas faixas 3, 6, 8, 10, 11, 12 e 19; backing vocals nas faixas 8, 17, 19 e 20; violão nas faixas 1 e 10; guitarra elétrica nas faixas 3, 5, 9, 11 e 19; percussão nas faixas 13 e 15; e piano nas faixas 8 e 12

Beto Guedes - vocais nas faixas 4, 15 e 20; backing vocals nas faixas 3, 8, 10, 12 e 19; baixo elétrico nas faixas 1, 3, 9, 12 e 15; guitarra elétrica nas faixas 7, 17, 19 e 20; violão de 12 cordas na faixa 5; e percussão nas faixas 6, 9, 13 e 18

Tavito - violão de 12 cordas na faixa 1; guitarra elétrica nas faixas 6, 8, 12, 18 e 20; violão nas faixas 7 e 9; percussão na faixa 14; e backing vocals na faixa 9

Wagner Tiso - backing vocals na faixa 10; órgão nas faixas 1, 2, 3, 7, 8, 11, 13, 14, 17, 18, 19 e 21; piano acústico nas faixas 6, 7, 9, 13, 14, 20 e 21; e piano elétrico na faixa 17

Toninho Horta - backing vocals nas faixas 8 e 10; violão na faixa 6; guitarra elétrica nas faixas 1, 3 e 21; baixo elétrico nas faixas 5, 7, 19 e 20; e percussão nas faixas 2, 4, 15, 17 e 18

CREDITS

MUSICIANS:

Milton Nascimento - vocals on tracks 1, 2, 4, 5, 6, 7, 9, 13, 14, 15, 16, 17, 18, 20, and 21; backing vocals on tracks 10, 11, 12 and 19; guitar on tracks 2, 4, 7, 11, 13, 14, 15, 17, 18 and 21; and piano on tracks 2, 5 and 16

Lô Borges - vocals on tracks 3, 6, 8, 10, 11, 12, and 19; backing vocals on tracks 8, 17, 19, and 20; guitar on tracks 1 and 10; electric guitar on tracks 3, 5, 9, 11 and 19; percussion on tracks 13 and 15; and piano on tracks 8 and 12

Beto Guedes - vocals on tracks 4, 15, and 20; backing vocals on tracks 3, 8, 10, 12, and 19; electric bass on tracks 1, 3, 9, 12, and 15; electric guitar on tracks 7, 17, 19 and 20; 12-string guitar on track 5; and percussion on tracks 6, 9, 13 and 18

Tavito - 12 - string guitar on track 1; electric guitar on tracks 6, 8, 12, 18, and 20; guitar on tracks 7 and 9; percussion on track 14; and backing vocals on track 9

Wagner Tiso - backing vocals on track 10; organ in tracks 1, 2, 3, 7, 8, 11, 13, 14, 17, 18, 19, and 21; acoustic piano on tracks 6, 7, 9, 13, 14, 20 and 21; and electric piano on track 17

Toninho Horta - backing vocals on tracks 8 and 10; guitar on track 6; electric guitar on tracks 1, 3, and 21; electric bass on tracks 5, 7, 19, and 20; and percussion on tracks 2, 4, 15, 17 and 18

Raul de Souza - trombone

Robertinho Silva - bateria nas faixas 3, 10, 13, 14 e 20; e percussão nas faixas 2, 6, 7, 9, 17, 18 e 21

Luiz Alves - baixo duplo nas faixas 2, 5 e 7; baixo elétrico nas faixas 6, 11, 13, 14, 17, 18 e 21; e percussão nas faixas 1, 6, 7 e 9

Nelson Angelo - guitarra elétrica nas faixas 4, 8, 11, 12 e 15; percussão 7, 9, 13 e 18; e piano na faixa 17

Rubinho Batera- bateria nas faixas 4, 5, 12, 15, 19 e 21; e percussão na faixa 1

Alaíde Costa - vocal na faixa 13

Paulo Moura - condução de orquestra nas faixas 5, 8 e 16

Eumir Deodato - arranjo das faixas 8, 11 e 16

Gonzaguinha - backing vocals na faixa 10

PRODUÇÃO DE ESTÚDIO:

Paulo Moura - condução

Jorge Teixeira, Nivaldo Duarte e Zilmar de Araújo - engenharia de gravação

Cafi - fotografia e layout

Gaya - direção musical

Eumir Deodato, Wagner Tiso - orquestração

Juvena Pereira - fotografia

Milton Miranda - direção de produção

Milton Nascimento - supervisão musical

Raul de Souza - trombone

Robertinho Silva - drums on tracks 3, 10, 13, 14, and 20; and percussion on tracks 2, 6, 7, 9, 17, 18 and 21

Luiz Alves - double bass on tracks 2, 5, and 7; electric bass on tracks 6, 11, 13, 14, 17, 18, and 21; and percussion on tracks 1, 6, 7 and 9

Nelson Angelo - electric guitar on tracks 4, 8, 11, 12, and 15; percussion on 7, 9, 13, and 18; and piano on track 17

Rubinho Batera- drums on tracks 4, 5, 12, 15, 19, and 21; and percussion on track 1

Alaíde Costa - vocals on track 13

Paulo Moura - orchestra conducting on tracks 5, 8 and 16

Eumir Deodato - arrangement of tracks 8, 11 and 16

Gonzaguinha - backing vocals on track 10

STUDIO PRODUCTION:

Paulo Moura - conductor

Jorge Teixeira, Nivaldo Duarte, and Zilmar de Araújo - recording engineering

Cafi - photography and layout

Lindolfo Gaya - musical direction

Eumir Deodato, Wagner Tiso - orchestration

Juvena Pereira - photography

Milton Miranda - production director

Milton Nascimento - music supervision

FAIXA A FAIXA

LADO A

1 - TUDO QUE VOCÊ PODIA SER

Interpretação: Milton Nascimento
Composição: Lô Borges e Márcio Borges
Duração: 2:56

Por Chris Fuscaldo

Um "mundo ficção" dentro do universo da verdade. Fantasia e realidade. "Tudo Que Você Podia Ser" abre o LP *Clube da Esquina* juntando uma melodia visceral de um menino de 19 anos que não fazia ideia do que era escala ou progressão com uma letra tão poética quanto engajada de seu irmão, um rapaz seis anos mais velho. O menino era Lô Borges, que estava prestes a entrar em estúdio com Milton Nascimento, para gravar o álbum que mudou a sua vida, e já tinha o hábito de começar tudo pela melodia e só depois convidar os letristas para dividir a composição. O rapaz, Márcio Borges: cinéfilo, leitor voraz, um militante sempre à beira de ser capturado pela truculência da ditadura.

TRACK BY TRACK

A-SIDE

1 - TUDO QUE VOCÊ PODIA SER (EVERYTHING YOU COULD BE)

Vocals: Milton Nascimento
Composition: Lô Borges and Márcio Borges
Duration: 2:56

By Chris Fuscaldo

A "fictional world" within the universe of truth. Fantasy and reality. "Tudo Que Você Podia Ser" ("Everything You Could Be") opens the LP *Clube da Esquina*, joining a visceral melody of a 19-year-old boy who had no idea what scale or progression was with lyrics as poetic as engaged by his brother, a boy six years older. The boy was Lô Borges, who was about to enter the studio with Milton Nascimento, to record the album that changed his life, and he was already in the habit of starting everything with the melody and only then inviting the

O jovem Lô compôs a melodia no dia em que conheceu Paulinho da Viola, que passou pela casa da família Borges, em Belo Horizonte. Isso é apenas uma informação que o próprio Lô fornece de vez em quando, em entrevistas que dá, mas o encontro com o sambista não mudou muito a história. Autodidata e desprovido de teoria musical, ele escolheu um acorde e ficou procurando uma "ligação" que o ajudasse a passear pelo braço do violão a partir dele. Sua inspiração, na verdade, foi Milton Nascimento. Sua criação ficou a cara do grande amigo Bituca.

Naquele momento, funcionário da agência de publicidade Standard BH, Márcio escreveu a letra em sua mesa de trabalho – dias antes do seu casamento com Duca Leal – inspirado pelo filme *Viva Zapata*. No longa, sob direção de Elia Kazan, Marlon Brando incorpora o lavrador guerrilheiro mexicano que morre baleado depois de ser traído. "Com sol e chuva você sonhava / Que ia ser melhor depois / Você queria ser o grande herói das estradas / Tudo que você queria ser", diz os primeiros versos, totalmente embriagados de uma ficção que, por ser o compositor, ele próprio, um "subversivo", traduzia-se de certa forma em realidade.

O novo parceiro de Milton mais o melhor amigo de Milton, juntos, em uma composição com mensagens que o tocavam, afinal, ele mesmo se sentia pressionado pelas ameaças da di-

lyricists to share the composition. The boy, Márcio Borges: cinephile, voracious reader, a militant always on the verge of being captured by the brutal dictatorship.

The young Lô wrote the melody on the day he met Paulinho da Viola, who visited the Borges family's house in Belo Horizonte. This is just information that Lô himself provides from time to time, in interviews he gives, but the meeting with the sambista did not change the story much. Self-taught and devoid of musical theory, he chose a chord and was looking for a "connection" that would help him walk down the fretboard from it. His inspiration, in fact, was Milton Nascimento. His creation suited his great friend Bituca perfectly.

At that moment an employee of the advertising agency Standard BH, Márcio wrote the lyrics at his desk – days before getting married to Duca Leal – inspired by the film *Viva Zapata*. In the film, directed by Elia Kazan, Marlon Brando portrays the Mexican guerrilla farmer who is shot dead after being betrayed. "With sun and rain you would dream / That it would be better later / You wanted to be the great hero of the roads / Everything you wanted to be", say the first verses, completely intoxicated with a fiction that, as the songwriter himself was a "subversive", translated in a way into reality.

Milton's new partner plus Milton's best friend, together, in a composition with messages that

tadura, além de ter sempre carregado o peso que, em um país racista, sua cor lhe conferia. Tinha que ser ele a gravar. E, no estúdio, "Tudo Que Você Podia Ser" virou a faixa de abertura com Bituca soltando a voz em uma dinâmica crescente: no primeiro minuto, o vocal acompanha o violão e a percussão. Dali em diante, entram mais elementos percussivos, além de baixo e violão de 12 cordas. Em 1m22s, chegam os outros instrumentos e a voz de Milton vai ganhando cada vez mais força: quando canta "Ou nada" é explosivo!

Lô toca violão de nylon com palheta, algo incomum, já que a pecinha era mais usada em gravações de música folk, para tocar violão de aço. O beatlemaníaco Beto Guedes assumiu o baixo nesse registro, fornecendo um ar moderno. Tavito toca violão de 12 cordas, Toninho Horta fica com a guitarra, Wagner Tiso pontua a canção com seu órgão, tudo isso acompanhado por Luiz Alves e Rubinho na percussão. Como definiu Milton em entrevista a Charles Gavin para o programa *O Som do Vinil*, "É a sonoridade que os ingleses (de hoje) tentam perseguir".

Subversivamente doce, "Tudo Que Você Podia Ser" é mais uma canção sobre América Latina, mais uma composição cujo pilar foi a amizade, mais uma com arranjo repleto de ambiência e mais uma obra-prima do trio que deu nome, som e sentido ao *Clube da Esquina*.

touched him, after all, he himself felt pressured by the threats of the dictatorship, in addition to having always carried the weight of his skin color in a racist country. It had to be him recording. And, in the studio, "Tudo Que Você Podia Ser" ("Everything You Could Be") became the opening track with Bituca releasing his voice in a growing dynamic: in the first minute, the vocal accompanies the guitar and the percussion. From then on, more percussive elements enter, in addition to bass and 12-string guitar. In 1m22s, the other instruments arrive and Milton's voice gains more and more strength: when he sings "Ou nada", it's explosive!

Lô plays a nylon guitar with a pick, something unusual since the piece was mostly used in folk music recordings, to play steel guitar. Beatlemaniac Beto Guedes took over the bass on this record, providing a modern feel. Tavito plays the 12-string guitar, Toninho Horta plays the guitar, Wagner Tiso punctuates the song with his organ, all accompanied by Luiz Alves and Rubinho on percussion. As defined by Milton in an interview with Charles Gavin for the program *O Som do Vinil*, "It is the sound that the English (today) try to pursue".

Subversively sweet, "Tudo Que Você Podia Ser" ("Everything You Could Be") is another song about Latin America, another composition whose pillar was friendship, another one with an arrangement full of ambiance, and another masterpiece

Chris Fuscaldo é pesquisadora musical, cantautora (álbum *Mundo Ficção*), jornalista (jornais *O Globo* e *Extra*, revistas *Rolling Stone Brasil*, *OutraCoisa* etc.), fundadora e diretora da Garota FM Books. Mestra e doutora em Literatura, Cultura e Contemporaneidade, é imortal da Academia Niteroiense de Letras. Autora dos livros *Discobiografia Legionária* (LeYa, 2016), *Discobiografia Mutante: Álbuns Que Revolucionaram a Música Brasileira* (Garota FM Books, 2018) e *Viver É Melhor Que Sonhar – Os Últimos Caminhos de Belchior* (Sonora, 2021), assinou a curadoria do museu virtual *O Ritmo de Gil*, lançado em 2022 no Google Arts & Culture.

of the trio that gave name, sound, and meaning to *Clube da Esquina*.

Chris Fuscaldo is a music researcher, singer-songwriter (album *Mundo Ficção*), journalist (newspapers *O Globo* and *Extra*, *Rolling Stone Brasil*, *OutraCoisa* magazines, etc.), founder and director of Garota FM Books. Master and PhD in Literature, Culture, and Contemporaneity, she is immortal of the Niteroiense Academy of Letters. Author of the books *Discobiografia Legionária* (LeYa, 2016), *Discobiografia Mutante: Albums that Revolutionized Brazilian Music* (Garota FM Books, 2018), and *Viver é Melhor que Sonhar – Os Últimos Caminhos de Belchior* (*To Live is Better than to Dream*) (Sonora, 2021), signed the curatorship of the museum virtual *The Rhythm of Gil*, launched in 2022 on Google Arts & Culture.

2 - CAIS

Interpretação: Milton Nascimento
Composição: Milton Nascimento e Ronaldo Bastos
Duração: 2:45

Por Leonardo Lichote

Em poesia que é voz de poeta,
que é voz de fazer nascimento –
O verbo tem que pegar delírio
("Uma didática da invenção", Manoel de Barros)

O arpejo do violão finca seus pés por um segundo sobre o chão do longo acorde do órgão quando a voz de Milton Nascimento se lança a bordo dos versos saveiros de Ronaldo Bastos: "Para quem quer se soltar/ Invento o cais". Nesse exato instante, começa a se materializar no vazio o cais que dá nome à segunda faixa de *Clube da Esquina*. O desenho se completa em menos de três minutos — um intervalo de tempo curtíssimo mesmo para uma canção, mais ainda se levarmos em conta o que se constrói ali.

Ao fim dos 2'45", nos deparamos com a grandeza do cais, uma figura precisamente definida, acabada, ao mesmo tempo em que é, em

2 - CAIS (PIER)

Vocals: Milton Nascimento
Composition: Milton Nascimento and Ronaldo Bastos
Duration: 2:45

By Leonardo Lichote

In poetry that is the voice of a poet,
that is the voice of giving birth -
The verb has to catch delirium
("A didactics of invention", Manoel de Barros)

The guitar arpeggio puts its feet for a second on the floor of the long chord of the organ when the voice of Milton Nascimento launches itself aboard the verses of Ronaldo Bastos: "For those who want to loosen up / I invent the pier". At that exact moment, the pier that gives name to the second track of *Clube da Esquina* begins to materialize in the void. The drawing is completed in less than three minutes — a very short time span even for a song, even more so if we take into account what is built there.

At the end of 2'45", we are faced with the grandeur of the pier, a precisely defined figure, finished, at the same time that it is, in essence, a sketch, a beginning. "Beginning of the walk / To the edge of

essência, um esboço, um início. "Começo do caminhar/ Pra beira de outro lugar", como escreveu Gilberto Gil para melodia de João Donato. Ou como cantou Caymmi, que paira soberano sobre o oceano de Gil e de Bastos: "O bem do mar é o mar é o mar/ Que carrega com a gente pra gente pescar".

"Cais" não é apenas um dos momentos mais impressionantes de *Clube da Esquina* e da obra de Milton — plena de momentos impressionantes. "Cais" é um dos exemplares mais iluminados da potência da canção brasileira, portanto da canção, ponto. Como "Águas de Março" ou "Construção" ou "Coração Vagabundo", ela condensa mundos que só cabem ali.

E "Cais" chega nesse lugar (de partida) não por dizer muito — e sim por dizer tudo em seus poucos versos. Como sintetiza Marcos Lacerda no livro *Hotel Universo — A Poética de Ronaldo Bastos*, "Cais" tem "a invenção como o tema". "Dizer tudo" aí, portanto, é menos firmar certezas do que criar as condições para que se entenda tudo, para que se vislumbre o horizonte o que se abre frente ao cais. O mistério, enfim.

A canção afirma não apenas o cais, a lua nova, o amor, o mar, o sonhador que inventa em seus versos. Ela afirma a força da invenção, motor da poesia — portanto, da leitura mais funda da existência. Como Manoel de Barros, autor do

another place", as Gilberto Gil wrote to João Donato's melody. Or as Caymmi sang, which hovers over the ocean of Gil and Bastos: "The good thing about the sea is the sea is the sea / Which carries us for us to fish".

"Cais" ("Pier") is not only one of the most impressive moments of *Clube da Esquina* and Milton's work — full of impressive moments. "Cais" ("Pier") is one of the most enlightened examples of the power of the Brazilian song, therefore, of the song in general, period. Like "Águas de Março" ("Waters of March") or "Construção" ("Construction") or "Coração Vagabundo" ("Vagabond Heart"), it condenses worlds that only fit there.

And "Cais" ("Pier") arrives at this place (from the start) not because it says a lot — but because it says everything in its few verses. As Marcos Lacerda summarizes in the book *Hotel Universo — A Poética de Ronaldo Bastos* ("Universe Hotel - The Poetics of Ronaldo Bastos"), "Cais" ("Pier") has "invention as the theme". "To Say Everything" there, therefore, is less to establish certainties than to create the conditions for understanding everything, for a glimpse of the horizon that opens up in front of the pier. The mystery, at last.

The song affirms not only the pier, the new moon, love, the sea, the dreamer who invents in his verses. It affirms the power of invention, the engine of poetry – therefore, of the deepest reading of ex-

poema do qual foi extraída a epígrafe desse texto, já cravou numa frase, desvelando o núcleo de seu ofício e de seu olhar: "Noventa por cento do que eu escrevo é invenção, só dez por cento é mentira".

Quando se escreve aqui que "Cais" "diz tudo", a afirmação não se refere apenas ao que está posto em sua letra. Afinal, canção não é poema, seco na página do livro — Chico Buarque disse certa vez que, na canção, a música "molha" a letra. Em "Cais", a melodia e a harmonia de Milton, seu canto, o arranjo, tudo ali sustenta e amplifica o que aparece nos versos. No centro de tudo, há uma aparente irregularidade no pulso que sugere uma flutuação livre da voz. É engano, porém. Sob a suposta incerteza, há uma rigidez formal e rítmica no pulso que aponta para o absoluto da Beleza, da Natureza — um absoluto que, em vez de aprisionar, permite a liberdade mais funda.

A banalidade das circunstâncias em torno da canção não desmente as alturas que ela alcança. Pelo contrário, reforça a presença do divino cotidiano, ao alcance de quem sabe capturá-lo (Gil, Caymmi, Manoel e, claro, Milton e Bastos). Vamos às circunstâncias: a dupla fez "Cais" para Nana Caymmi, numa espécie de desagravo às vaias que ela recebeu ao defender "Saveiros" no Festival Internacional da Canção de 1966; o mar que inspirou os versos do letrista foi o de Arraial do Cabo, onde ele passava temporadas na época; quando rece-

istence. As Manoel de Barros, author of the poem from which the epigraph of this text was extracted, already stuck in a sentence, revealing the core of his craft and his look: "Ninety percent of what I write is invention, only ten percent is a lie".

When it is written here that "Cais" ("Pier") "says it all", the statement does not refer only to what is written in its lyrics. After all, a song is not a poem, dry on the page of the book — Chico Buarque once said that, in the song, the music "wets" the lyrics. In "Cais" ("Pier"), Milton's melody and harmony, his singing, the arrangement, everything there sustains and amplifies what appears in the verses. At the center of it all is an apparent irregularity in the pulsation that suggests a free-floating voice. It's a mistake, though. Underneath the supposed uncertainty, there is a formal and rhythmic rigidity in the wrist that points to the absolute of Beauty, of Nature — an absolute that, instead of imprisoning, allows the deepest freedom.

The banality of the circumstances surrounding the song does not belie the heights it reaches. On the contrary, it reinforces the presence of the divine everyday, within the reach of those who know how to capture it (Gil, Caymmi, Manoel and, of course, Milton and Bastos). Let's go to the circumstances: the duo made "Cais" ("Pier") for Nana Caymmi, in a kind of apology for the boos she received when defending "Saveiros" ("Sloops") at the 1966 Inter-

beu a melodia, Bastos tomou a proposta de Milton como uma espécie de teste, daí talvez tenha vindo o mote da invenção ("Acho que eu me inventei compositor fazendo 'Cais'", diz o poeta em depoimento a Ruy Godinho no livro *Então, Foi Assim?*).

É ilustrativo que Bastos, que fez a letra de "Cais" com cerca de 20 anos, sempre se refira à canção dizendo que não tinha maturidade para escrevê-la. "Eu nem sabia o que era o cais", brinca. O que ele aponta, de maneira anedótica aí, é que anunciar o mistério e defender uma postura frente a ele, como faz "Cais", não é decifrá-lo. Hoje, aos 74 anos, do outro lado de telefone ele ri ao ouvir a pergunta se agora já sabe o que é o cais: "Não, e provavelmente nunca vou saber. Acho até que é melhor assim".

O repórter e crítico musical Leonardo Lichote trabalhou em *O Globo* e hoje é colaborador de veículos como *Folha de S. Paulo*, *Piauí*, *Traços*, *Amarello* e *El País*. Foi um dos criadores da coleção *Cadernos de Música*, faz parte do time de editores da revista eletrônica *Resenhas miúdas* e é um dos idealizadores e curadores da Semana Caymmi, evento anual realizado em Rio das Ostras.

national Song Festival; the sea that inspired the lyricist's verses was that of Arraial do Cabo, where he spent seasons at the time; when he received the melody, Bastos took Milton's proposal as a kind of test, hence perhaps the motto for the invention ("I think I invented myself as a composer doing "Cais" ("Pier")", says the poet in a statement to Ruy Godinho in the book *Então, Foi Assim? (So, Was That?)*).

It is illustrative that Bastos, who wrote the lyrics for "Cais" ("Pier") when he was around 20 years old, always refers to the song saying that he was not mature enough to write it. "I didn't even know what the pier was," he jokes. What he anecdotally points out here is that announcing the mystery and defending a stance towards it, as "Cais" ("Pier") does, is not deciphering it. Today, at the age of 74, on the other end of the phone he laughs when asked if he now knows what the pier is: "No, and I probably never will. I think it's even better that way."

Reporter and music critic Leonardo Lichote worked at *O Globo* and is now a contributor to vehicles such as *Folha de S. Paulo*, *Piauí*, *Traços*, *Amarello* and *El País*. He was one of the creators of the *Cadernos de Música collection*, is part of the team of editors of the electronic magazine *Resenhas* miúdas and is one of the creators and curators of Caymmi Week, an annual event held in Rio das Ostras.

3 - O TREM AZUL

Interpretação: Lô Borges
Composição: Lô Borges e Ronaldo Bastos
Duração: 4:05

Por Charles Gavin

Muita gente sabe que o *Clube da Esquina* é um disco que contém vários caminhos e influências estéticas. Nele temos poesia e literatura, a música do estado de Minas Gerais, a música dos discos anteriores que Milton Nascimento gravou antes de 1972, a Bossa Nova, a MPB, o Tropicalismo, a música hispano-americana e o rock, via Beatles. Há quem diga – e não estará totalmente errado – que há até rock progressivo no *Clube*.

Com tantas informações estéticas, não é de se estranhar a quantidade de músicos, poetas e artistas que fizeram parte do álbum e nem poderia ser diferente. No caso de "O Trem Azul", composta por Lô Borges e Ronaldo Bastos, interpretada por Lô, temos que centrar nossas atenções na figura do jovem de 18/19 anos, fanático por Beatles, que iniciava sua vida artística naquele ano de 1972. É bom lembrar que, além do *Clube*, Lô gravaria o seu primeiro álbum, homônimo, no mesmo ano, trazendo a mitológica

3 - O TREM AZUL (THE BLUE TRAIN)

Vocals: Lô Borges
Composition: Lô Borges and Ronaldo Bastos
Duration: 4:05

By Charles Gavin

Many people know that *Clube da Esquina* is a record that contains several paths and aesthetic influences. In it, we have poetry and literature, the music of the state of Minas Gerais, the music from previous albums that Milton Nascimento recorded before 1972, Bossa Nova, MPB, Tropicalismo, Hispanic-American music, and rock, via the Beatles. Some say – and they won't be completely wrong – that there's even progressive rock at *Clube*.

With so much aesthetic information, it is not surprising the number of musicians, poets, and artists who were part of the album and it couldn't be any different. In the case of "O Trem Azul" ("The Blue Train"), written by Lô Borges and Ronaldo Bastos, and performed by Lô, we have to focus our attention on the figure of the young man aged 18/19, a Beatles fanatic, who began his artistic life in that year of 1972. It is worth remembering that, in addition to the *Clube*, Lô would record his first

foto do tênis como capa, entrando para a história como "Disco do Tênis".

No *Clube*, Lô e Beto Guedes eram os mais jovens e os mais influenciados pelo rock que descendia de Beatles e seus colegas ingleses. As melodias e estruturas que compunham eram diretamente inspiradas nas composições de John Lennon e Paul McCartney. Lô chega a dizer que até tentou tocar canções da Bossa Nova e de Dorival Caymmi, mas não teve sucesso. Mas quando mencionamos a banda de Liverpool que fez a cabeça dos jovens – que formariam o grupo Beavers – não falamos só da Beatlemania inicial, estamos nos referindo ao que fizeram a partir de 1965, com a trinca de álbuns *Rubber Soul*, *Revolver* (1966) e *Sgt. Pepper's Lonely Heart's Club Band* (1967). Obras mais complexas, com pilares até do que poderia ser chamado de "rock progressivo", que influenciaram tanto a Tropicália como o próprio *Clube da Esquina*.

Lô esteve no meu programa *O Som do Vinil* em 2007. Quando perguntei a ele sobre as diferenças entre sua musicalidade e a de Milton Nascimento, algo que dá um charme especial ao disco, ele admitiu que "o negócio dele era Beatles", que tirava todas as canções de ouvido – meio de trabalho dele como compositor até hoje. A influência dos Beatles não pegou tanto Milton Nascimento, dez anos mais velho, e foi justamente essa diferença

O DISCO

album, the same name, in the same year, featuring the mythological picture of the tennis shoes as the cover, going down in history as "the Tennis Shoe Record".

At Clube, Lô and Beto Guedes were the youngest and the most influenced by the rock that descended from the Beatles and their English colleagues. The melodies and structures they composed were directly inspired by the compositions of John Lennon and Paul McCartney. Lô goes so far as to say that he even tried to play Bossa Nova and Dorival Caymmi songs, but was unsuccessful. But when we mention the band from Liverpool that got into the heads of young people - who would form the group Beavers - we are not just talking about the initial Beatlemania, we are referring to what they did from 1965, with the trio of albums *Rubber Soul*, *Revolver* (1966) and *Sgt. Pepper's Lonely Heart's Club Band* (1967). These were more complex works, with pillars of what could be called "progressive rock", which influenced both Tropicália and *Clube da Esquina* itself.

Lô was on my show *O Som do Vinil* in 2007. When I asked him about the differences between his musicality and that of Milton Nascimento, something that gives a special charm to the record, he admitted that "his thing was Beatles", which all songs by ear - his medium of work as a songwriter to this day. The influence of the Beatles did not

de idade que possibilitou a Bituca ter uma bagagem mais extensa que o jovem Lô. E valorizá-lo por conta da influência que trazia. Maturidade.

Lô também lembra do clima coletivo de criação e gravação das canções. "Era como se fosse uma cooperativa criativa", formada por músicos ótimos e letristas sensacionais, ao dispor dos compositores. "Os letristas fazendo a letra ali, na hora, os arranjos criados ali. Praticamente não teve ensaio, era tudo assim: você apresentava a canção e aquele bando de músicos supertalentosos, à disposição da gente, começavam a intervir na música de maneira muito criativa."

Sobre "O Trem Azul", Lô enfatizou na entrevista: "Foi um show de bola de vários caras. Tem momentos lindos do Robertinho Silva na bateria, era legal porque essa música é uma típica balada Beatles, com os acordes soltos. Tem o Toninho Horta com o solo de guitarra, tem a assinatura dele. Eu ficava vendo o Beto (Guedes) tocar o contrabaixo...".

Lô Borges se orgulha da versão que "O Trem Azul" recebeu de Tom Jobim, que a gravou em 1989. Ela fez parte do álbum-tributo *Cais*, em homenagem às composições com letra de Ronaldo Bastos, e no álbum *Antônio Brasileiro*, de Jobim, em 11 de dezembro de 1994, três anos após a morte do maestro. Segundo ele, Tom Jobim adorava a canção e fez questão de preservar a melodia do

affect Milton Nascimento, ten years his senior, so much, and it was precisely this age difference that allowed Bituca to have a more extensive background than the young Lô. And to value him because of the influence he brought. Maturity.

Lô also remembers the collective atmosphere of creating and recording the songs. "It was like a creative cooperative", formed by great musicians and sensational lyricists, available to the composers. "The lyricists writing the lyrics there, on the spot, the arrangements created there. There was practically no rehearsal, it was all like this: you presented the song and that bunch of super talented musicians, at our disposal, started to intervene in the music in a very creative way ."

About "O Trem Azul" ("The Blue Train"), Lô emphasized in the interview: "It was a great job done by several guys. There are beautiful moments of Robertinho Silva on drums, it was cool because this song is a typical Beatles ballad, with loose chords. There's Toninho Horta with the guitar solo, it has his signature. I used to watch Beto (Guedes) play the bass...".

Lô Borges is proud of the version that "O Trem Azul" ("The Blue Train") received from Tom Jobim, who recorded it in 1989. It was featured on the tribute album *Cais* (*Pier*), in homage to compositions with lyrics by Ronaldo Bastos, and on the album Antônio Brasileiro, by Jobim, on December 11,

solo de Toninho Horta, através do uso de suas vocalistas de apoio. A versão de "Cais" tem letra em português e a que está registrada em *Antônio Brasileiro* chama-se "Blue Trane", em inglês. Nada mau para uma "balada *beatle* composta e gravada por um jovem de 19 anos".

Charles Gavin é músico, pesquisador e apresentador. Nasceu em São Paulo e vive no Rio de Janeiro. Integrou o Ira! e Titãs, com quem gravou 16 álbuns. Como pesquisador, produz projetos de recuperação de nossa memória cultural. Apresentou e produziu programas nas rádios Eldorado FM SP, Globo FM RJ e Rádio Cidade FM RJ. Desde 2007, apresenta e dirige *O Som do Vinil*, programa exibido pelo Canal Brasil. Atualmente, Gavin se dedica a outra paixão, o futebol, participando da bancada de debatedores do Redação SporTV.

1994, three years after the conductor's death. According to him, Tom Jobim loved the song and insisted on preserving the melody of Toninho Horta's solo, through the use of his backing vocalists. The version of "Cais" ("Pier") has lyrics in Portuguese and the one recorded in *Antônio Brasileiro* is called "Blue Train", in English. Not bad for a "Beatle ballad written and recorded by a 19-year-old".

Charles Gavin is a musician, researcher and presenter. He was born in São Paulo and lives in Rio de Janeiro. Joined Ira! and Titãs, with whom he recorded 16 albums. As a researcher, he produces projects to recover our cultural memory. He presented and produced programs on radio stations Eldorado FM SP, Globo FM RJ and Rádio Cidade FM RJ. Since 2007, he has presented and directed *O Som do Vinil*, a program aired by Canal Brasil. Currently, Gavin is dedicated to another passion, football, participating in the panel of debaters of *Redação SporTV*.

4 - SAÍDAS E BANDEIRAS Nº 1

Interpretação: Beto Guedes e Milton Nascimento
Composição: Milton Nascimento e Fernando Brant
Duração: 0:45

Por Alexandre Matias

"O que vocês diriam dessa coisa que não dá mais pé?", cantarolam juntos Milton e Beto sobre uma intrincada base instrumental que mistura bossa nova, folk, jazz, música andina, rock psicodélico, MPB e um ar barroco característico das Minas Gerais. A primeira vez que esta canção surge no disco é quase como uma vinheta, com parcos 45 segundos que perguntam ao ouvinte se a alternativa à estagnação da cidade não seria a vida na estrada. Uma microcanção que cresce em sua segunda vinda, mas não tanto quanto sua influência.

(Continua em "Saídas e Bandeiras n°2")

4 - SAÍDAS E BANDEIRAS (DEPARTURES AND FLAGS Nº 1)

Vocals: Beto Guedes and Milton Nascimento
Composition: Milton Nascimento and Fernando Brant
Duration: 0:45

By Alexandre Matias

"What would you say about this thing that doesn't work anymore?", Milton and Beto sing together over an intricate instrumental base that mixes Bossa Nova, folk, jazz, Andean music, psychedelic rock, MPB and a baroque air characteristic of Minas Gerais. The first time this song appears on the record, it's almost like a vignette, with a meager 45 seconds that asks the listener if the alternative to the stagnation of the city wouldn't be life on the road. A micro song that grows on its second coming, but not as much as its influence.

(Continued in "Departures and Flags N°2")

5 - NUVEM CIGANA

Interpretação: Milton Nascimento

Composição: Lô Borges e Ronaldo Bastos

Duração: 3:00

Por Bento Araujo

"Se você deixar o coração bater sem medo". No Brasil de 1972, esse era o conselho mais importante. O sol, o vento, o pó da estrada e os caminhos de inúmeras possibilidades. Aquilo que não se pode pesar ou cujo peso não é significativo. Sim, a imponderável herança do Clube da Esquina ganha tom de divino em "Nuvem Cigana", canção de Lô Borges e Ronaldo Bastos.

Nuvem Cigana era, antes de tudo, o nome de um fundamental coletivo carioca de poetas e manifestação pública que Bastos liderou. O grupo se caracterizou por uma poesia urbana, caótica e popular, na época também chamada de "marginal", mas diferente da escola poética paulistana, mais modernista e concretista. Quando o pessoal do Clube chegou ao Rio de Janeiro, no início da década de 1970, aconteceu o encontro da poesia original dos mineiros com a poesia já estabelecida do Nuvem Cigana. Foi

5 - NUVEM CIGANA (GYPSY CLOUD)

Vocals: Milton Nascimento

Composition: Lô Borges and Ronaldo Bastos

Duration: 3:00

By Bento Araujo

"If you let your heart beat without fear". In Brazil in 1972, this was the most important advice. The sun, the wind, the dust of the road, and the paths of countless possibilities. That which cannot be weighed, or whose weight is not significant. Yes, the imponderable heritage of *Clube da Esquina* takes on a divine tone in "Nuvem Cigana" ("Gypsy Cloud"), a song by Lô Borges and Ronaldo Bastos.

Nuvem Cigana was, above all, the name of a fundamental carioca collective of poets and public manifestation that Bastos led. The group was characterized by urban, chaotic, and popular poetry, at the time also called "marginal", but different from the poetic school of São Paulo, more modernist and concrete. When the staff of the Club arrived in Rio de Janeiro, in the early 1970s, the original poetry of the *mineiros* met the already-established poetry of Nuvem Cigana. It was the spark that gave rise to the texts of the mythical LP of 1972.

a centelha que deu origem aos textos do mítico elepê de 1972.

O início de "Nuvem Cigana", a música, é sublime: as guitarras de Lô Borges e Beto Guedes em prosa tímida, o baixo tocado por Toninho Horta pontuando a voz abençoada de Milton Nascimento, abrindo alas para as orquestrações cinematográficas de Eumir Deodato e Wagner Tiso.

Como se não bastasse o impacto musical, surge a poesia de Ronaldo Bastos, um dos pilares do "power-trio" de poetas do Clube, ao lado de Márcio Borges e Fernando Brant. Metáforas e imagens comoventes, num mix alegórico de liberdades e angústias tão fundamentais no contexto daquele período, como demonstra o trecho abaixo.

Se você quiser, eu danço com você
Meu nome é nuvem, pó, poeira, movimento
O meu nome é nuvem, ventania, flor de vento
Eu danço com você o que você dançar

A composição tem força de hino, daqueles jovens que partiam em busca do sonho na boleia de um caminhão, sem um destino específico, mas com o desejo de viver e conhecer boa parte do imenso território nacional.

Entre o quinteto fantástico (Milton Nascimento, Lô Borges, Márcio Borges, Fernando Brant e Ronaldo Bastos), havia uma espécie

At the beginning of "Nuvem Cigana" ("Gypsy Cloud"), the music is sublime: the guitars of Lô Borges and Beto Guedes in shy prose, the bass played by Toninho Horta punctuating the blessed voice of Milton Nascimento, paving the way for the cinematographic orchestrations of Eumir Deodato and Wagner Tiso.

As if the musical impact were not enough, the poetry of Ronaldo Bastos appears as one of the pillars of the Club's "power-trio" of poets, alongside Márcio Borges and Fernando Brant. Metaphors and moving images, in an allegorical mix of freedoms and anxieties so fundamental in the context of that period, as shown in the excerpt below.

If you want, I'll dance with you
My name is cloud, dust, dust, motion
My name is cloud, wind, flower of wind
I dance with you what you dance

The composition has the force of an anthem, of those young people who left in search of their dream on the back of a truck, without a specific destination, but with the desire to live and know a good part of the immense national territory.

Among the fantastic quintet (Milton Nascimento, Lô Borges, Márcio Borges, Fernando Brant, and Ronaldo Bastos), there was a kind of common purpose, but no manifesto, flag, syncretisms, or

de intuito em comum, mas nada de manifesto, bandeira, sincretismos e ideologismos. Isso acaba colocando o Clube de Esquina distante de outro "movimento" ao qual é constantemente comparado, a Tropicália. Como dizia Caetano Veloso, em alguns aspectos o Clube era o oposto da Tropicália. "Eu danço com você o que você dançar" anula qualquer exibicionismo estético tropicalista em prol de uma timidez intuitiva, típica dos mineiros, atentos às convergências casuais dos encontros. Milton, por sua vez, nunca alimentou essa suposta "rivalidade" entre os baianos e os mineiros, criada por setores específicos do público e da imprensa. Para ele o Clube nunca foi algo dos "mineiros", já que havia músicos e poetas de toda parte do país envolvidos no projeto.

No livro de Sergio Cohn, *Nuvem Cigana: Poesia & Delírio no Rio dos Anos 70*, uma declaração de Ronaldo Bastos resume o seu encontro com Milton Nascimento e toda aquela filosofia: "Tínhamos interesses em comum, que iam além da arte. Éramos ligados no Cinema Novo, na Bossa Nova, mas, antes de tudo, estávamos procurando mudar o mundo. Não tinha uma teoria exata por trás disso, nem um programa, nem nada, mas havia um desejo e um encontro". Ronaldo parece celebrar esse encontro na letra de "Nuvem Cigana", principalmente no

ideologisms. This ends up putting Clube de Esquina away from another "movement" to which it is constantly compared, Tropicália. As Caetano Veloso said, in some respects, the Club was the opposite of Tropicália. "I dance with you what you dance" cancels any tropicalist aesthetic exhibitionism in favor of an intuitive shyness, typical of Minas Gerais, attentive to the casual convergences of encounters. Milton, in turn, never nurtured this supposed "rivalry" between Bahians and Minas Gerais, created by specific sectors of the public and the press. For him, the Club was never something for the "mineiros", since there were musicians and poets from all over the country involved in the project.

In Sergio Cohn's book, *Nuvem Cigana: Poesia & Delírio no Rio dos Anos 70* (*Nuvem Cigana: Poetry & Delirium in 1970's Rio de Janeiro*) a statement by Ronaldo Bastos summarizes his meeting with Milton Nascimento and all that philosophy: "We had common interests that went beyond art. We were connected to Cinema Novo, to Bossa Nova, but, above all, we were looking to change the world. I didn't have an exact theory behind it, or a program, or anything, but there was a desire and a meeting." Ronaldo seems to celebrate this meeting in the lyrics of "Nuvem Cigana" ("Gypsy Cloud"), especially in the passage "I live in any part of your heart", which closes the stanza below.

trecho "Eu vivo em qualquer parte de seu coração", que encerra a estrofe abaixo.

Se você deixar o sol bater nos seus cabelos verdes
Sol, sereno, ouro e prata, sai e vem comigo
Sol, semente, madrugada
Eu vivo em qualquer parte de seu coração

Energia, vitalidade, vontade e agitação, tão veementes e comuns aos jovens de qualquer geração, é o que salta da letra de Ronaldo Bastos em "Nuvem Cigana". Uma declaração de infinitas possibilidades, que continua dialogando com o jovem de hoje. O que se escuta aqui é o que ainda cativa milhares de fãs deste álbum ao redor do planeta, mesmo 50 anos depois.

Bento Araujo é escritor, publisher e podcaster. Foi editor da *Poeira Zine*, uma publicação impressa e independente. Seus textos foram publicados nos jornais *Estadão* e *Folha de SP*, e nas revistas *Bizz* e *Rolling Stone*, entre outras. Desde 2009 produz o podcast *Poeiracast*, um dos mais longevos do Brasil. É autor da série de livros bilíngues *Lindo Sonho Delirante*, com três volumes vendidos em mais de 40 países. Ele nasceu, cresceu e continua vivendo em São Paulo.

If you let the sun hit your green hair
Sun, serene, gold and silver, come out and come with me
sun, seed, dawn
I live in any part of your heart

Energy, vitality, will, and agitation, so vehement and common to young people of any generation, are what jump out of Ronaldo Bastos' lyrics in "Nuvem Cigana" ("Gypsy Cloud"). A statement of infinite possibilities, which continues to dialogue with today's youth. What you hear here is what still captivates thousands of fans of this album around the planet, even 50 years later.

Bento Araujo is a writer, publisher, and podcaster. He was the editor of *Poeira Zine*, an independent print publication. His texts were published in the newspapers *Estadão* and *Folha de SP*, and in the magazines *Bizz* and *Rolling Stone*, among others. Since 2009 he has produced the *Poeiracast* podcast, one of the longest-lived in Brazil. He is the author of the bilingual book series *Lindo Sonho Delirante (Beautiful Delusional Dream)*, with three volumes sold in over 40 countries. He was born, grew up, and continues to live in São Paulo.

O DISCO

6 - CRAVO E CANELA

Interpretação: Lô Borges e Milton Nascimento
Composição: Milton Nascimento e Ronaldo Bastos
Duração: 2:32

Por Marcos Sabino

Em 1973, eu, com 14 anos, frequentava compulsivamente as lojas de discos de Niterói e conhecia alguns vendedores, que nessa época tinham que ser conhecedores de música, e não simplesmente balconistas. Eram eles que indicavam aos "discófilos", como eu, as novidades que eram lançadas no mercado. Os LPs, que ficavam organizados nas estantes de vendas, geralmente tinham um exemplar para amostragem da capa do encarte e eram eles que tocavam nos sistemas de som das lojas e serviam como atrativo para os compradores que, muitas vezes, entravam na loja por gostar daquela canção que estava sendo executada.

Fui apresentado ao disco *Clube da Esquina* numa dessas incursões sonoras na Sabiá Discos (loja tradicional do centro de Niterói). Um vendedor, que era conhecido pelo apelido de Bom Ca-

6 - CRAVO E CANELA (CLOVE AND CINNAMON)

Vocals: Lô Borges and Milton Nascimento
Composition: Milton Nascimento and Ronaldo Bastos
Duration: 2:32

By Marcos Sabino

In 1973, at the age of 14, I compulsively frequented record stores in Niterói and knew some salespeople, who at that time had to be music experts, and not simply clerks. They were the ones who indicated to "discophiles", like me, the novelties that were launched on the market. The LPs, which were organized on the sales shelves, usually had a sample copy of the booklet cover and it was they that played on the sound systems of the stores and served as an attraction for buyers who often entered the store because they liked that song being played.

I was introduced to the album *Clube da Esquina* in one of those sound incursions to Sabiá Discos (traditional store in downtown Niterói). A salesman, known by the nickname of Bom Cabelo,

belo, me disse que acabara de chegar um disco do Milton Nascimento. Um LP duplo, o que não era comum na época, em se tratando de discos brasileiros, mas que não estava na estante ainda. Eu enchi o saco dele até que fosse ao estoque pegar um exemplar para me mostrar. Depois de muito insistir, consegui que o vendedor me apresentasse o LP, com a promessa de não pedir para ouvir, já que só poderia comprar depois que fosse liberado para venda.

Aquela capa com dois meninos me impactou demais. Um novo artista cantando com o Milton, o Lô Borges, que ainda não era conhecido... claro que não resisti e pedi que ele falasse com o dono da loja para liberar para mim a venda, algo que seria impossível sem a ajuda do meu amigo Bom Cabelo. Corri no consultório do meu pai, que ficava na Amaral Peixoto 459, e fisguei do velho os cruzeiros, que não foram poucos, para comprar o LP. Peguei o ônibus Santa Rosa e fui correndo para casa ouvir o disco.

Uma das faixas que mais me emocionou foi "Cravo e Canela". Interpretada pela dupla, com o violão suingado de Toninho Horta, além de nomes como Tavito, Wagner Tiso, Luiz Alves (baixo e percussão), Robertinho Silva, Beto Guedes também na percussão... é uma dessas canções em que o Milton impõe toda sua mineiridade. Com letra do niteroiense Ronaldo Bastos e frases de

told me that a Milton Nascimento record had just arrived. A double LP, which was not common at the time, when it came to Brazilian records, but that wasn't on the shelf yet. I bugged him until he went to the storage room to get a copy to show me. After much insistence, I managed to get the seller to introduce me to the LP, with a promise not to ask to listen to it, since I could only buy it after it was released for sale.

That cover with two boys had a huge impact on me. A new artist singing with Milton, Lô Borges, who wasn't known yet... of course I couldn't resist and asked him to talk to the store owner to release the sale for me, something that would be impossible without the help of my friend Bom Cabelo. I ran to my father's office, which was at Amaral Peixoto 459, and got the money from my old man, which was not a little, to buy the LP. I took the Santa Rosa bus and ran home to listen to the record.

One of the tracks that moved me the most was "Cravo e Canela" ("Clove and Cinnamon"). Performed by the duo, with the swinging guitar by Toninho Horta, in addition to names like Tavito, Wagner Tiso, Luiz Alves (bass and percussion), Robertinho Silva, Beto Guedes also on percussion.

With lyrics by Ronaldo Bastos from Niteroi and phrases of great poetic beauty such as: "The dance of the wind / The womb of the night / And

muita beleza poética como: "A dança do vento / O ventre da noite / E o sol da manhã... / A chuva cigana / A dança dos rios".

A canção traz elementos rítmicos e melodiosos que, em poucos segundos, nos remetem às montanhas das Gerais e à encosta do Marazul, em Niterói, onde Milton, Lô e Beto viveram na época que compuseram a maior parte das músicas do LP. Dos tambores mineiros e elementos do mineiro-pau, dos Bumbas meu Boi e dos Calangos. Com melodia fácil e complexa ao mesmo tempo, cheia de brasilidade e referências do rock progressivo e jazz. Fala das morenas, dos temperos, dos cheiros de cravo, da cor de canela. Há algo mais Milton que isso?

Ao ser convidado para escrever sobre essa faixa, viajei no tempo. Mesmo sabendo o quanto a música de Milton me influenciou, eu não tinha percebido que essa canção talvez tenha servido de inspiração para que eu tivesse, em 1975, composto "Reluz". Na letra, eu falo em flor de cravo e canela, uso frases como "Te espero mais livre a cada manhã", menciono o cheiro suave do hortelã.

"Cravo e Canela" é uma das muitas canções do Milton que nos remetem a um tempo cristalizado em nossas mentes e nos nossos corações, onde até o aroma do momento, visitado no passado, podemos sentir.

Marcos Sabino é cantor, compositor, produtor e agi-

the morning sun... / The gypsy rain / The dance of the rivers".

The song brings rhythmic and melodious elements that, in a few seconds, take us to the mountains of Gerais and the slopes of Marazul, in Niterói, where Milton, Lô and Beto lived at the time they composed most of the songs on the LP. Of the drums from Minas and elements of the mineiro-pau, the Bumbas meu Boi and the Calangos. With an easy and complex melody at the same time, full of Brazilianness and references to progressive rock and jazz. He talks about the women, the spices, the smells of cloves, the color of cinnamon. Is there anything more Milton than that?

When I was asked to write about this track, I traveled back in time. Even knowing how much Milton's music influenced me, I had not realized that this song may have served as an inspiration for me to have, in 1975, composed "Reluz". In the lyrics, I talk about clove and cinnamon flowers, I use phrases like "I hope you are freer every morning", I mention the soft scent of mint.

"Cravo e Canela" ("Clove and Cinnamon") is one of many Milton songs that take us back to a time crystallized in our minds and hearts, where even the aroma of the moment, visited in the past, we can feel it.

Marcos Sabino is a singer, songwriter, producer

tador cultural. Apareceu ao grande público em 1982 com o seu grande hit, "Reluz". Teve seis músicas em trilhas sonoras de novelas, vendeu mais de dois milhões de álbuns e possui mais de 25 milhões de visualizações em plataformas de *streaming*. Além disso, foi presidente da Fundação de Arte de Niterói por duas vezes e vereador em sua cidade.

LADO B

7 - DOS CRUCES

Interpretação: Milton Nascimento
Composição: Carmelo Larrea
Duração: 5:22

Por Zeca Azevedo

Clube da Esquina, o álbum de 1972 de Milton Nascimento e Lô Borges analisado pelo livro que você tem em mãos agora, tem apenas duas canções que não foram criadas especialmente para ele. Uma é "Me Deixa em Paz", samba escrito por Monsueto e por Ayrton Amorim e lançado em 1951 por Linda Batista. Outra é "Dos Cruces", bolero espanhol composto por Carmelo Larrea e gravado pela primeira vez pelo cantor Jorge Gallarzo em

and cultural agitator. He appeared to the general public in 1982 with his big hit, "Reluz". He had six songs on soap opera soundtracks, has sold more than two million albums and 25 million views on streaming platforms. In addition, he was president of the Fundação de Arte de Niterói twice and city councilor.

B-SIDE

7 - DOS CRUCES (TWO CROSSES)

Vocals: Milton Nascimento
Composer: Carmelo Larrea
Duration: 5:22

By Zeca Azevedo

Clube da Esquina, the 1972 album by Milton Nascimento and Lô Borges, analyzed by the book you now have in your hands, has only two songs that were not created especially for it. One is "Me Deixa em Paz" ("Leave me in Peace"), a samba written by Monsueto and Ayrton Amorim and released in 1951 by Linda Batista. Another is "Dos Cruces" ("Two Crosses"), a Spanish bolero composed by

THE ALBUM

1952. "Me Deixa em Paz" entrou no álbum porque Milton ouviu Alaíde Costa cantá-la ao vivo em um programa de TV. Desconheço a razão para a inclusão de "Dos Cruces", mas posso perscrutá-la.

Como todos os expoentes da MPB nascidos na década de 1940, entre eles Chico Buarque e Caetano Veloso (estes possuem conhecimento enciclopédico das canções e dos artistas da Era do Rádio – ambos ganharam muitos automóveis Gordini do programa *Essa Noite Se Improvisa* da TV Record nos anos 1960 por conta deste talento), Milton Nascimento teve amplo contato com a música na juventude a partir do rádio. O repertório musical transmitido pelas emissoras daquela época era dominado pelo samba, mas incluía generosas porções de ritmos de outros países latinos. Suponho que Milton (que certamente conhece o cancioneiro da Era do Rádio como Chico e Caetano) ouviu "Dos Cruces" pelo rádio nos anos 1950 e apaixonou-se por ela a ponto querê-la em *Clube da Esquina*.

"Me Deixa em Paz" e "Dos Cruces" representam dois pilares da arte sincrética que Milton Nascimento engendrou: o samba e a música latina. O estilo musical de Milton, que surpreendeu os músicos contemporâneos a ele pela originalidade, tem outras fontes de inspiração, entre elas os Beatles, a música sacra e, segundo declara Márcio Borges no livro *Os Sonhos Não Envelhecem*, "as toa-

Carmelo Larrea and first recorded by singer Jorge Gallarzo in 1952. "Me Deixa em Paz" ("Leave me in Peace") was included in the album because Milton heard Alaíde Costa sing it live on a TV show. I don't know the reason for the inclusion of "Dos Cruces" ("Two Crosses"), but I can scrutinize it.

Like all MPB exponents born in the 1940s, among them Chico Buarque and Caetano Veloso (these have an encyclopedic knowledge of the songs and artists of the Radio Era - both won many Gordini cars from the program *Essa Noite Se Improvisa* on TV Record in the 1960s because of this talent), Milton Nascimento had extensive contact with music in his youth through the radio. The musical repertoire broadcast by broadcasters at that time was dominated by samba, but included generous portions of rhythms from other Latin countries. I suppose that Milton (who certainly knows the songbook of the Radio Era as Chico and Caetano) heard "Dos Cruces" ("Two Crosses") on the radio in the 1950s and fell in love with it to the point that he wanted it in *Clube da Esquina*.

"Me Deixa em Paz" ("Leave me in Peace") and "Dos Cruces" ("Two Crosses") represent two pillars of the syncretic art that Milton Nascimento engendered: samba and Latin music. Milton's musical style, which surprised contemporary musicians due to its originality, has other sources of inspiration, including the Beatles, sacred music and, as stated by Márcio Bor-

das e o congado que ouvia em criança, o gemido do carro de boi, o som do vento andaluz raspando em areias escaldantes, Yma Sumac (e sua extensão de cinco oitavas!), Miles Davis, Coltrane, Miklos Rozsa, Dimitri Tionkim [sic], os hollywoodianos grandiosos".

A parte que me cabe deste latifúndio fonográfico é "Dos Cruces", expressão do sangue latino de Milton Nascimento em *Clube da Esquina*. É a primeira canção no idioma espanhol a figurar em um LP do autor de "Cais". Alguns álbuns de Milton expuseram ao ouvinte brasileiro a música mais comovente e aguerrida da América Latina: *Geraes* (1976), *Clube da Esquina 2* (1978) e *Sentinela* (1980) incluem composições de Violeta Parra, Pablo Milanés e Silvio Rodriguez. A partir dos anos 1980, a quantidade de canções latinas nos LPs de Milton decresceu, mas em 1986 foi publicado *Corazón Americano*, disco que registra apresentação ao vivo dele com Mercedes Sosa e Leon Gieco na Argentina.

No álbum *Crooner*, de 1999, Milton canta "Frenesi" com acompanhamento musical que convida à dança do tipo "dois pra lá, dois pra cá", mas "Dos Cruces" é um tipo de bolero que dispensa o pulso rítmico cubano próprio deste gênero musical. Na releitura de "Dos Cruces" de *Clube da Esquina*, violões tocados por Milton e por Tavito acompanham o vocal solene, adequa-

ges in the book *Os Sonhos Não Envelhecem (Dreams Don't Get Old)*, "the tunes and the *congado* I heard as a child, the wail of the ox cart, the sound of the Andalusian wind scraping across scorching sands, Yma Sumac (and her five-octave range!), Miles Davis, Coltrane, Miklos Rozsa, Dimitri Tionkim [sic] , the grandiose Hollywoodians".

My part of this large phonographic estate is "Dos Cruces" ("Two Crosses"), an expression of Milton Nascimento's Latin blood in *Clube da Esquina*. It is the first song in the Spanish language to appear on an LP by the author of "Cais" ("Pier"). Some of Milton's albums exposed the most moving and fierce music in Latin America to the Brazilian listener: *Geraes* (1976), *Clube da Esquina* 2 (1978) and *Sentinela (Sentinel)* (1980) include compositions by Violeta Parra, Pablo Milanés and Silvio Rodriguez. From the 1980s onwards, the number of Latin songs on Milton's LPs decreased, but in 1986 *Corazón Amcricano* (*American Heart*) was published, a record that records his live performance with Mercedes Sosa and Leon Gieco in Argentina.

On the album *Crooner*, from 1999, Milton sings "Frenesi" ("Frenzy") with musical accompaniment that invites to dance like "two steps to the left, two to the right", but "Dos Cruces" ("Two Crosses") is a type of bolero that do away with the Cuban rhythmic pulse typical of this genre. In the reinterpretation of "Dos Cruces" ("Two Crosses")

THE ALBUM

do à dor que perpassa a letra da canção: "Sevilha tinha de ser / Com sua lua prateada / Testemunha do nosso amor / Sob a noite silenciosa / Nós nos amávamos, você e eu / Com um amor sem pecado / Mas o destino quis / Que vivêssemos separados". No refrão, que requer vocalização ao estilo árabe (que moldou a música da Espanha e, por extensão, a da América Latina), Milton eleva a voz para acentuar a fatalidade da letra: "Estão cravadas duas cruzes / Na montanha do esquecimento / Por dois amores que morreram / Sem haver se compreendido". Aos três minutos e quarenta segundos da gravação, a percussão surge com força não para aderir ao ritmo sedutor do bolero, mas para intensificar o caráter trágico de "Dos Cruces".

No contexto de *Clube da Esquina*, "Dos Cruces" representa o infortúnio e transcende a mensagem de luto por um amor para refletir o espírito do tempo em que o álbum foi concebido: o governo Médici, momento mais cruel da ditadura militar. As duas cruzes cravadas no monte do esquecimento assinalam os túmulos do respeito aos direitos humanos e da liberdade no Brasil.

Zeca Azevedo, produtor cultural e colecionador de discos, sobretudo de soul music, escreveu para os sites ***Rock Press*****,** ***Sul 21*** **e** ***Célula Pop*** **e para a revista** ***Rolling Stone Brasil*****. Teve alguns**

by *Clube da Esquina*, guitars played by Milton and Tavito accompany the solemn vocals, suited to the pain that permeates the lyrics of the song: "Seville had to be / With its silver moon / Witness of our love / Under the silent night / We loved each other, you and I / With a sinless love / But fate wanted / That we lived apart. In the chorus, which requires Arabic-style vocalization (which shaped the music of Spain and, by extension, that of Latin America), Milton raises his voice to accentuate the fatality of the lyrics: "Two crosses are nailed / On the mountain of oblivion / For two loves that died / Without having understood each other". At three minutes and forty seconds into the recording, the percussion emerges with force not to adhere to the seductive rhythm of the bolero, but to intensify the tragic character of "Dos Cruces" ("Two Crosses").

In the context of *Clube da Esquina*, "Dos Cruces" ("Two Crosses") represents misfortune and transcends the message of mourning for love to reflect the spirit of the time in which the album was conceived: the Medici government, the cruelest moment of the military dictatorship. The two crosses nailed to the Mount of Oblivion mark the tombs of respect for human rights and freedom in Brazil.

Zeca Azevedo, a cultural producer and record collector, especially soul music, wrote for the web-

de seus textos incluídos nos livros *1979, O Ano Que Ressignificou a MPB* **e** *100 Grandes Álbuns do Rock Gaúcho*, **ambos editados em 2022. Durante alguns anos, produziu e apresentou o programa** *Discofilia* **na webradio Mínima FM.**

8 - UM GIRASSOL DA COR DO SEU CABELO

Interpretação: Lô Borges
Composição: Lô Borges e Márcio Borges
Duração: 4:13

Por Marcelo Costa

Notas dramáticas de piano preenchem o ambiente. A voz doce e frágil de Lô Borges irrompe acompanhada do som agudo de um violoncelo sugerindo tensão. O personagem da letra, apaixonadamente devotado a um amor que ele ainda tem dúvidas se vingará, questiona: "Você ainda quer morar comigo?" A oitava faixa do álbum *Clube da Esquina* é daquelas canções clássicas que muita gente não entende como alcançou tal posto, tamanha a inventividade do arranjo orquestral, que não facilita para o ouvinte apressado, mas premia o ouvido atento.

sites Rock Press, Sul 21, and Célula Pop and for the magazine *Rolling Stone Brasil*. He had some of his texts included in the books 1979, *O Ano Que Ressignificou a MPB* (*1979, The Year that Re-signified MPB*) and *100 Grandes Álbuns do Rock Gaúcho* (*The 100 Greatest Gaucho Rock Albums*) both published in 2022. For a few years, he produced and presented the *Discofilia* program on the web radio Mínima FM.

8 - UM GIRASSOL DA COR DO SEU CABELO (A SUNFLOWER THE COLOR OF YOUR HAIR)

Vocals: Lô Borges
Composition: Lô Borges and Márcio Borges
Duration: 4:13

By Marcelo Costa

Dramatic piano notes fill the room. Lô Borges' sweet and fragile voice breaks out accompanied by the high sound of a cello suggesting tension.

Composta por Lô Borges no piano que ainda continua no mesmo lugar, na casa dos pais dele, no bairro de Santa Tereza, em Belo Horizonte, "Um Girassol da Cor do Seu Cabelo" é das faixas que mais se beneficiaram do espírito livre e coletivo da produção em Niterói, no Rio de Janeiro, que rendeu o clássico *Clube da Esquina*. Beto Guedes (que participa de 20 das 21 canções do álbum) empunhou o contrabaixo, que se destaca animadamente no final roqueiro da canção, e ainda participa do coro ao lado de Toninho Horta e do próprio Lô, que toca piano. Wagner Tiso toca o órgão meio fantasmagórico que assombra a partir do verso "sol girassol". Rubinho conduz a bateria suave da primeira parte e repleta de viradas no segundo trecho, Nelson Angelo e Tavito, as guitarras que se apresentam na segunda metade da canção, e Paulo Moura a orquestra. Mas são outras duas pessoas que dividem as honras com Lô em transformar essa canção numa real obra-prima: o irmão Márcio Borges e o arranjador Eumir Deodato.

Em 1970, o poeta Márcio Borges (então parceiro do Bituca), havia recebido uma melodia forte de seu irmão mais novo, Lô, para colocar letra. Márcio estava encantado por uma "indiazinha" (com quem ele se casaria no ano seguinte) e tinha guardado na memória um encontro com ela na rodoviária de BH, em que ela sorria

The character in the lyrics, passionately devoted to a love that he still has doubts about will avenge, asks: "Do you still want to live with me?" The eighth track of the *Clube da Esquina* album is one of those classic songs that many people don't understand how it reached such a position, such is the inventiveness of the orchestral arrangement, which does not make it easy for the hurried listener, but rewards the attentive ear.

Composed by Lô Borges on the piano that still remains in the same place, at his parents' house, in the Santa Tereza neighborhood, in Belo Horizonte, "Um Girassol da Cor do Seu Cabelo" ("A Sunflower the Color of Your Hair") is one of the tracks that most benefited from the free and collective spirit of production in Niterói, Rio de Janeiro, which resulted in the classic *Clube da Esquina*. Beto Guedes (who participates in 20 of the 21 songs on the album) wielded the double bass, which stands out animatedly in the rocker ending of the song, and also participates in the choir alongside Toninho Horta and Lô himself, who plays the piano. Wagner Tiso plays the ghostly organ that haunts from the verse "sol girassol". Rubinho leads the soft drums of the first part and full of turns in the second part, Nelson Angelo and Tavito, the guitars that perform in the second half of the song, and Paulo Moura the orchestra. But there are two other people who share the honors with Lô in transforming this song

e o sol dourado refletindo em seu cabelo remetia a girassóis e exalava "frescor dentro de um minivestido de brim que realçava sua pele morena". Com a melodia na cabeça, Márcio escreveu um poema que falava sobre vento solar, estrelas do mar, girassóis e a terra azul da cor do vestido da "indiazinha" enquanto os dois viajavam para Nova Era, no interior de Minas, para a casa dos tios dela, resultando em uma letra simbolista e tristonha, que também falava em morte e questionava: "Você vem ou será que é tarde demais?"

Eumir Deodato, que no ano seguinte venderia 5 milhões de cópias de seu álbum *Prelude*, amparado no sucesso de sua versão jazzística da introdução de "Also Sprach Zarathustra", do compositor de música clássica Richard Strauss, por sua vez, carregou de dramaticidade o arranjo de "Um Girassol da Cor do Seu Cabelo". Transformou-a numa peça pop orquestral que remetia ao trabalho com Os Mutantes de outro produtor e arranjador importante da música brasileira, o carioca Rogério Duprat. E ambos, Duprat e Deodato, piscavam o olho para um certo quarteto de Liverpool, do outro lado do oceano Atlântico, The Beatles, paixão confessa de Lô, que, aos 18 anos, estava mais antenado que Milton Nascimento, nove anos mais velho, nas novidades da música pop mundial e no experimentalismo do rock psicodélico, influência marcante para o arranjo da canção.

into a real masterpiece: his brother Márcio Borges and the arranger Eumir Deodato.

In 1970, the poet Márcio Borges (Bituca's partner at the time), had received a strong melody from his younger brother, Lô, to write lyrics. Márcio was enchanted by a "little Indian girl" (whom he would marry the following year) and had kept in his memory a meeting with her at the BH bus station, in which she smiled and the golden sun reflecting on her hair reminded him of sunflowers and exhaled "freshness inside a denim minidress that highlighted her dark skin". With the melody in his head, Márcio wrote a poem that talked about solar wind, sea stars, sunflowers and the blue earth the color of the "indiazinha" dress while the two traveled to Nova Era, in the countryside of Minas, to the house of relatives, resulting in symbolist and sad lyrics, which also spoke of death and asked: "Are you coming or is it too late?"

Eumir Deodato, who in the following year would sell 5 million copies of his album *Prelude*, supported by the success of his jazz version of the introduction of "Also Sprach Zarathustra", by classical music composer Richard Strauss, in turn, charged the arrangement with drama from "A Sunflower the Color of Your Hair". He turned it into an orchestral pop piece that referred to the work with Os Mutantes by another important producer and arranger of Brazilian music, the carioca Rogério

"Uma das músicas mais emblemáticas de tantas que o Lô produziu", segundo o parceiro Samuel Rosa (Skank), "Um Girassol da Cor do Seu Cabelo" está longe de ser uma canção pop fácil, o que valoriza ainda mais o fato dela ser um dos grandes sucessos atemporais do álbum, e um clássico inconteste do cancioneiro nacional. Dividida praticamente ao meio por uma nota aguda de violoncelo que faz a transição para o lado roqueiro e psicodélico do arranjo, "Um Girassol da Cor do Seu Cabelo" é daquelas canções que já ganhou centenas e centenas de versões, muitas delas maravilhosas (como a do grupo paulista Ira! ao lado de Samuel Rosa), mas nenhuma com arranjo tão elaborado, mágico, psicodélico e clássico quanto a versão oficial do disco *Clube da Esquina*. Não é de se estranhar então que essa fosse a canção que Dona Maricota, a mãe de Márcio e Lô Borges, mais gostava de todo o repertório do Clube da Esquina. E muitos de nós também.

Marcelo Costa é editor do site de cultura pop *Scream & Yell*, um dos principais veículos independentes de cultura pop do país, no ar desde 2000. Já passou pelas redações do jornal *Notícias Populares* e dos portais Zip.Net, UOL, Terra e iG, além de colaborar com as revistas *Billboard Brasil*, *Rolling Stone* e *GQ Brasil*, entre outras. Integra a APCA (Associação Paulista dos Críticos de Arte) desde 2012.

Duprat. And both, Duprat and Deodato, looked up to a certain quartet from Liverpool, on the other side of the Atlantic Ocean, The Beatles, Lô's avowed passion, who, at 18, was more attuned than Milton Nascimento, nine years his senior, in the news of international pop music and in the experimentalism of psychedelic rock, a remarkable influence for the arrangement of the song.

"One of the most emblematic songs of so many that Lô has produced", according to his friend Samuel Rosa (Skank), "Um Girassol da Cor do Seu Cabelo" ("A Sunflower the Color of Your Hair") is far from being an easy pop song, which makes the fact that it is one of the great timeless hits of the album, and an undisputed classic of the national songbook. Divided practically in half by a high note of cello that makes the transition to the rocker and psychedelic side of the arrangement, "Um Girassol da Cor do Seu Cabelo" ("A Sunflower the Color of Your Hair") is one of those songs that has already rendered hundreds and hundreds of versions, many of them wonderful (such as the from the São Paulo group Ira! alongside Samuel Rosa), but none with an arrangement as elaborate and magical and psychedelic and classic as the official version of the album *Clube da Esquina*. It is not surprising then that this was the song that Dona Maricota, the mother of Márcio and Lô Borges, liked the most in the entire *Clube da Esquina* repertoire. And many of us too.

9 - SAN VICENTE

Interpretação: Milton Nascimento
Composição: Milton Nascimento e Fernando Brant
Duração: 2:47

Por Kamille Viola

Em 1969, o jovem dramaturgo mineiro José Vicente escreveu o espetáculo *Os Convalescentes*, que girava em torno de quatro personagens de classe média vivendo sob um regime totalitário na cidade fictícia de San Vicente. Criada no ano seguinte ao Ato Institucional n°5 (AI-5), que endureceu a ditadura militar no Brasil, a peça colocava em discussão as formas de resistência ao regime, opondo a luta armada a uma acomodação intelectual. Era uma reflexão sobre o tenebroso período que o Brasil atravessava – e também outros países da América Latina, como Argentina, Chile e Uruguai.

O nome em espanhol remetia a essa unidade do continente, do qual o Brasil sempre se sentira apartado. Com direção de Gilda Grillo, o espetáculo estreou em 1970 no Teatro Opinião, espaço de resistência cultural na época, com Emílio di Biasi, Lorival Pariz, Renata Sorrah e Norma Bengell no elenco. Convidado pelo autor a compor uma mú-

Marcelo Costa is editor of the pop culture website Scream & Yell, one of the main independent pop culture vehicles in the country, which has been on the air since 2000. He has worked in the newsrooms of *Notícias Populares* and the portals Zip.Net, UOL, Terra and iG, in addition to collaborating with the magazines *Billboard Brasil*, *Rolling Stone* and *GQ Brasil*, among others. He has been a member of the APCA (Paulista Association of Art Critics) since 2012.

9 - SAN VICENTE

Vocals: Milton Nascimento
Composition: Milton Nascimento and Fernando Brant
Duration: 2:47

By Kamille Viola

In 1969, the young playwright from Minas Gerais, José Vicente, wrote the play *Os Convalescentes* (*The Convalescents*), which revolved around four middle-class characters living under a totalitarian regime in the fictional city of San Vicente. Written in the year after Institutional Act n°5 (AI-5), which aggravated the military dictatorship in Brazil, the play put into question the forms of resistance to the regime, opposing armed struggle to intellectual accom-

sica para a trilha da peça, Milton Nascimento fez, ao lado de Fernando Brant, responsável pela letra, uma canção que seria um marco de sua inserção em outros países latino-americanos, batizada justamente de "San Vicente".

A música abre com a voz de Milton e um delicado dedilhado no violão da Tavito — que depois da primeira parte ganha corpo, remetendo a uma sonoridade ibérica, acompanhado de palmas de Bituca. O cantor revelou que a rádio de Três Pontas (MG), cidade onde viveu até os 20 anos, tocava artistas do continente que não ouvíamos "em lugar nenhum" no Brasil. Além disso, o candombe, dança com tambores criada pelos escravizados trazidos para a América Latina, conhecida sobretudo por sua preservação no Uruguai, também é uma tradição em Minas Gerais, mais especificamente na Serra do Cipó. Além de trazer essas referências em sua formação musical, era nítida a influência da *nueva canción* na sonoridade da composição.

Publicado em 11 de fevereiro de 1963 em Mendoza, na Argentina, o manifesto do Movimiento Nuevo Cancionero, que teve como autor o escritor e folclorista Armando Tejada Gómes, citava entre suas principais diretrizes a valorização dos ritmos folclóricos locais, a abertura às influências externas (a de Bob Dylan, por exemplo, era perceptível) e o engajamento polí-

modation. It was a reflection on the dark period that Brazil was going through - and also other countries of Latin America, such as Argentina, Chile and Uruguay.

The name in Spanish referred to this unity of the continent, from which Brazil had always felt separated. Directed by Gilda Grillo, the show premiered in 1970 at Teatro Opinião, a space of cultural resistance at the time, with Emílio di Biasi, Lorival Pariz, Renata Sorrah and Norma Bengell in the cast. Invited by the author to compose a song for the play's soundtrack, Milton Nascimento, alongside Fernando Brant, responsible for the lyrics, wrote a song that would be a milestone in his insertion in other Latin American countries, named precisely "San Vicente".

The song opens with Milton's voice and a delicate fingering on Tavito's guitar — which after the first part takes shape, referring to an Iberian sound, accompanied by Bituca's clapping. The singer revealed that the radio station in Três Pontas (MG), the city where he lived until he was 20, played artists from the continent that we didn't hear "anywhere" in Brazil. In addition, candombe, a dance with drums created by enslaved people brought to Latin America, known above all for its preservation in Uruguay, is also a tradition in Minas Gerais, more specifically in Serra do Cipó. In addition to bringing these references into his musical training, the influence of nueva canción on the sound of the composition was clear.

Published on February 11, 1963 in Mendoza, Ar-

tico. Mercedes Sosa foi uma das signatárias do documento. Chile e Cuba também tiveram suas vertentes dessa expressão artística.

Autor da letra, Fernando Brant (1946-2015) contou que sua intenção era "fazer uma síntese do sentimento passando pela América Latina inteira".

Coração americano
Acordei de um sonho estranho
Um gosto, vidro e corte
Um sabor de chocolate
No corpo e na cidade
Um sabor de vida e morte
Coração americano
Um sabor de vidro e corte

Já no primeiro verso, o chamado à união: "Coração americano", canta Milton, tomando de volta o sentido de América que havia sido sequestrado pelos Estados Unidos. "No corpo e na cidade / Um sabor de vida e morte": assim era o Brasil naquele fim da década de 1960, assim era o continente, com a explosão de uma arte e uma cultura vibrantes, ao mesmo tempo em que censura, tortura, exílios forçados, desaparecimentos e mortes deixavam o clima constantemente sombrio e o ar, pesado.

Na segunda metade da música, o arranjo ganha mais elementos, tornando-se mais elabo-

gentina, the manifesto of the Movimiento Nuevo Cancionero, authored by the writer and folklorist Armando Tejada Gómes, cited among its main guidelines the valorization of local folk rhythms, the opening to external influences (that of Bob Dylan, for example, was noticeable) and political engagement. Mercedes Sosa was one of the signatories of the document. Chile and Cuba also had their aspects of this artistic expression.

The author of the lyrics, Fernando Brant (1946-2015) said that his intention was "to synthesize the feeling throughout Latin America".

American heart
I woke up from a strange dream
A taste, glass and cut
a taste of chocolate
In the body and in the city
A taste of life and death
american heart
A taste of glass and cut

In the first verse, the call to union: "American Heart", sings Milton, taking back the sense of America that had been kidnapped by the United States. "In the body and in the city / A taste of life and death": this was Brazil at the end of the 1960s, this was the continent, with the explosion of vibrant art and culture, at the same time as censorship, torture, forced exiles, disappearances and deaths left the atmo-

rado, como acontece na maior parte do *Clube da Esquina* (1972). A faixa traz Tavito (violão e vocal), Lô Borges (guitarra), Rubinho (bateria), Beto Guedes (baixo e carrilhão), Wagner Tiso (piano) e Robertinho Silva, Luiz Alves, Nelson Angelo e Paulinho Braga (percussão). A voz de Milton ganha mais potência.

O cantor afirmaria que "San Vicente" foi sua primeira música gravada no exterior e que abriu o caminho para ele na América Latina. De fato, quando foi apresentado por Vinicius de Moraes a Mercedes Sosa, a cantora argentina já conhecia a canção. O mesmo aconteceu com o grupo chileno Água — eles e Sosa participaram do álbum *Geraes*, do brasileiro, lançado em 1976.

Milton Nascimento gravaria "San Vicente" novamente outras vezes, como no show que fez ao lado de Mercedes Sosa e León Gieco, em 1984, no estádio La Bombonera, em Buenos Aires, registrado no álbum ao vivo *Corazón Americano* e lançado no ano seguinte. No disco *Encontros e Despedidas*, também de 1985, Bituca lançou "Vidro e Corte", feita a partir de "San Vicente", mas instrumental. Ele também regravou a música no álbum *Miltons* (1988), que contou com ninguém menos que o pianista americano Herbie Hancock na banda de base.

Uma música para que não se esqueça, para que nunca mais aconteça o sabor de vidro e corte.

sphere constantly gloomy and the air heavy.

In the second half of the song, the arrangement gains more elements, becoming more elaborate, as in most of *Clube da Esquina* (1972). The track features Tavito (guitar and vocals), Lô Borges (guitar), Rubinho (drums), Beto Guedes (bass and carillon), Wagner Tiso (piano) and Robertinho Silva, Luiz Alves, Nelson Angelo and Paulinho Braga (percussion). Milton's voice gains more power.

The singer would claim that "San Vicente" was his first song recorded abroad and that it paved the way for him in Latin America. In fact, when Vinicius de Moraes introduced him to Mercedes Sosa, the Argentine singer already knew the song. The same happened with the Chilean group Água — they and Sosa participated in the Brazilian's album Geraes, released in 1976.

Milton Nascimento would record "San Vicente" again other times, as in the show he did alongside Mercedes Sosa and León Gieco, in 1984, at La Bombonera stadium, in Buenos Aires, recorded in the live album *Corazón Americano (American Heart)* and released the following year. On the album *Encontros e Despedidas (Meetings and Farewells)*, also from 1985, Bituca released "Vidro e Corte" ("Glass and Cut"), made from "San Vicente", but instrumental. He also covered the song on the album *Miltons* (1988), which featured none other than American pianist Herbie Hancock in the band.

Kamille Viola é jornalista, pesquisadora musical e autora do livro *África Brasil: Um Dia Jorge Ben Voou para Toda a Gente Ver* **(Edições Sesc São Paulo, 2020), finalista do Prêmio Jabuti em 2021. Também é uma das autoras de** *1979 – O Ano Que Ressignificou a MPB* **(Garota FM Books, 2022) e de** *Os 500 Maiores Álbuns Brasileiros de Todos os Tempos* **(Jambô Editora, 2022).**

10 - ESTRELAS

Interpretação: Lô Borges
Composição: Lô Borges e Márcio Borges
Duração: 0:29

Por Márcio Borges

Este tema foi composto no início de 1972, oitavo ano da ditadura militar que assolava o país. O presidente, de 1969 a 1974, era o terrível Emílio Garrastazu Médici, que entrou para a história como o mais repressor do regime militar, tanto que aqueles tempos foram chamados de "Anos de Chumbo". Seu mandato ficou marcado tanto pelo aumento da repressão como pelo crescimento da economia, fenômeno que foi conhecido como "Milagre Econômico".

A song so that you don't forget, so that the taste of glass and cut never happens again.

Kamille Viola is a journalist, music researcher and author of the book *África Brasil: Um Dia Jorge Ben Voou para Toda A Gente Ver* (*Africa Brasil: One Day Jorge Ben Flew For Everyone to See*) (Edições Sesc São Paulo, 2020), finalist for the Jabuti Prize in 2021. She is also one of the authors of *1979 – O Ano Que Ressignificou a MPB* (*1979 – The Year That Resignified MPB*) (Garota FM Books, 2022) and *Os 500 Maiores Álbuns Brasileiros de Todos os Tempos* (*The 500 Greatest Brazilian Albums of All Time*) (Jambô Editora, 2022).

10 - ESTRELAS (STARS)

Vocals: Lô Borges
Composition: Lô Borges and Márcio Borges
Duration: 0:29

By Márcio Borges

This theme was composed in early 1972, the eighth year of the military dictatorship that devastated the country. The president, from 1969 to

Então, a primeira coisa a ressaltar é que esta música é apenas uma vinheta de poucos segundos, uma introdução ao tema instrumental que vinha logo após, praticamente sem intervalos, intitulado "Clube da Esquina nº 2". A segunda é como este pequeno tema influenciou a letra que seria escrita depois e que se tornaria tão famosa, falando de sonhos que não envelhecem, mesmo sob ataque dos gases lacrimogêneos. Evidentemente, ambas as letras falam, cada qual com sua metáfora ou alegoria, da mesma realidade dentro da qual nasceram. Os tais anos contam da festa dos jovens sonhadores.

O Brasil das sombras. Os mártires e vítimas se tornando poeira da noite estrelada de morte. Amor, sim, com toda certeza, mas naquela altura, tarde demais. O sangue já fora derramado, a escuridão tomara conta e 13 mil pessoas tinham sido indiciadas em inquéritos pela Lei da Segurança Nacional. E mais de cem delas, em sua maioria jovens, oficialmente reconhecidas anos depois como desaparecidos políticos.

A ditadura militar tratava o país como se estivesse numa guerra revolucionária contra os chamados "subversivos", nós, jovens revoltados e inconformados, velhos professores, líderes de partidos políticos, operários e camponeses, contra os quais fora erguido um combate implacável e monstruoso. Por arroubo revolucionário, revolta

1974, was the terrible Emílio Garrastazu Médici, who went down in history as one of the most repressive of the military regime, so much so that those times were called "The Lead Years". His tenure was marked both by the increase in repression and by the growth of the economy, a phenomenon that was known as the "Economic Miracle".

So the first thing to point out is that this song is just a vignette of a few seconds long, an introduction to the instrumental theme that followed, practically without breaks, entitled "Clube da Esquina nº 2". The second is how this little theme influenced the lyrics that would later be written and that would become so famous, talking about dreams that don't age, even under attack by tear gas. Evidently, both lyrics speak, each with its metaphor or allegory, of the same reality within which they were born. Those years tell of the feast of young dreamers.

Brazil in the shadows. The martyrs and victims becoming dust in the starry night of death. Love, yes, for sure, but by then, it was too late. Blood had already been shed, darkness had taken over, and 13,000 people had been indicted in inquiries under the National Security Act. And more than a hundred of them, mostly young people, officially recognized years later as political disappearances.

The military dictatorship treated the country as if it were in a revolutionary war against the

incontida, instinto de sobrevivência, bravura ou mera porralouquice, pouco importa, alguns de nós aderiram à luta armada.

O governo militar respondeu endurecendo ainda mais, com mais prisões, mais torturas e mortes. Foram anos de muita e duríssima repressão. As milícias paramilitares trataram de vigiar e "punir" a classe artística e cultural, a OBAN – Operação Bandeirantes – cujos membros se infiltravam armados nos meios culturais para espionar, delatar e depois torturar; e ainda o Comando de Caça aos Comunistas, gangue de paramilitares, que espancou os integrantes da peça *Roda Viva*, de Chico Buarque. E os artistas se exilando, Bituca cercado pelo Dops, nossas letras censuradas, alta paranoia no ar, todo dia alguma notícia de mais um amigo ou colega de escola que havia caído, ou desaparecido. Então, esse foi o contexto em que compusemos, eu e Lô, esta pequena e amarga vinheta chamada "Estrelas".

A insistente e excessiva carga metafórica, a repetição proposital das palavras "noite" e "festa" em tão poucos compassos, hoje para mim soa como pertinente e suficientemente desafiadora e compreensível, mas pouco depois que a escrevi, me senti meio frustrado, por medroso e covarde, considerando que estava escondendo o volume da minha revolta, que era imensa, atrás de palavras inócuas e que só distanciariam minhas in-

so-called "subversives", we, revolted and nonconformist young people, old teachers, leaders of political parties, workers, and peasants, against whom an implacable and monstrous fight had been raised. Out of revolutionary enthusiasm, unrestrained revolt, survival instinct, bravery, or sheer madness, it doesn't matter, some of us joined the armed struggle.

The military government responded by hardening even more, with more arrests, more torture, and deaths. They were years of intense and very harsh repression. The paramilitary militias tried to monitor and "punish" the artistic and cultural class, the OBAN - Operação Bandeirantes - whose members infiltrated cultural circles with weapons to spy, report, and then torture; and also the Communist Hunting Command, a gang of paramilitaries, who beat the members of the play *Roda Viva* (*Wheel of Life*), by Chico Buarque. With the artists in exile, Bituca surrounded by Dops, our lyrics censored, high paranoia in the air, every day some news about another friend or schoolmate who had fallen, or disappeared. So, that was the context in which we composed, me and Lô, this little and bitter vignette called "Estrelas" ("Stars").

The insistent and excessive metaphorical load, the purposeful repetition of the words "night" and "party" in so few measures, today for me it sounds pertinent and sufficiently challenging and

tenções dos seus reais objetivos. Ainda bem que o tempo passou e a história me provou que, realmente, de tudo se faz canção. E ponto final.

Márcio Borges é compositor, escritor e professor. Fundou com Milton Nascimento e com o irmão Lô Borges o Clube da Esquina, que primeiro foi uma canção composta pelos três, em seguida o nome do LP e, anos depois, a alcunha do movimento musical. Possui músicas gravadas (no Brasil e no exterior) por nomes como Milton Nascimento, Lô Borges, Beto Guedes, Nana Caymmi, Simone, Elis Regina, Zimbo Trio, Ira!, Boca Livre, Wayne Shorter, Stanley Turrentine, Larry Coriel, Jon Anderson, Sérgio Mendes. É autor dos livros *Os Sonhos Não Envelhecem – Histórias do Clube da Esquina* (1996), *Os Sete Falcões* (2000), *Cartas da Humanidade* (2014).

understandable, but shortly after I wrote it, I felt a little frustrated, for fear and a coward, considering that I was hiding the volume of my anger, which was immense, behind innocuous words that would only distance my intentions from their real goals. Thankfully, time has passed and history has proved to me that, really, everything is made into a song. Full stop.

Márcio Borges is a composer, writer, and teacher. He founded with Milton Nascimento and his brother Lô Borges the Clube da Esquina, which was first a song composed by the three, then the name of the LP and, years later, the name given to the musical movement. He has songs recorded (in Brazil and abroad) by names such as Milton Nascimento, Lô Borges, Beto Guedes, Nana Caymmi, Simone, Elis Regina, Zimbo Trio, Ira!, Boca Livre, Wayne Shorter, Stanley Turrentine, Larry Coriel, Jon Anderson, Sergio Mendes. He is the author of the books *Os Sonhos Não Envelhecem – Histórias do Clube da Esquina* (*Dreams Don't Get Old - Stories of Clube da Esquina*) (1996), *Os Sete Falcões* (*The Seven Falcons*) (2000), *Cartas da Humanidade* (*Letters from Humanity*) (2014).

11 - CLUBE DA ESQUINA Nº 2

Interpretação: Milton Nascimento
Composição: Milton Nascimento e Lô Borges
Duração: 3:39

Por Carlos Eduardo Lima

Não é possível afirmar, mas a maioria das pessoas provavelmente conhece "Clube da Esquina nº 2" por conta de sua letra. Versos belíssimos estão presentes nela, especialmente aqueles que mencionam "sonhos que não envelhecem", "de tudo se faz canção" e "homens que ficam calmos em meio a tantos gases lacrimogêneos", aludindo aos tempos bicudos e cruéis de ditadura civil-militar que nosso país experimentou entre 1964 e 1985. Ainda que as palavras, escritas por Márcio Borges, sejam, de fato, belas e oportunas, a canção nasceu sem elas. E deste jeito foi gravada, fechando o "lado B" de *Clube da Esquina*, em 1972.

A versão com letra surgiu em 1979, a pedido de Nana Caymmi, que decidira incluí-la em seu álbum homônimo e precisava de um, digamos, "suporte de palavras" para poder cantá-la. Depois dela, o próprio Lô Borges, coautor da melodia, junto com Milton Nascimento, registrou a sua

11 - CLUBE DA ESQUINA Nº 2

Vocals: Milton Nascimento
Composition: Milton Nascimento and Lô Borges
Duration: 3:39

By Carlos Eduardo Lima

It is not possible to say, but most people probably know "Clube da Esquina nº 2" because of its lyrics. Beautiful verses are present in it, especially those that mention "dreams that don't age", "song is made of everything" and "men who stay calm in the midst of so much tear gas", alluding to the pointed and cruel times of civil-military dictatorship that our country experienced between 1964 and 1985.

Although the words, written by Márcio Borges, are, in fact, beautiful and relevant, the song was born without them. And that is how it was recorded, closing the "B side" of *Clube da Esquina*, in 1972.

The lyric version appeared in 1979 at the request of Nana Caymmi, who had decided to include it on her eponymous album and needed the support of words, shall we say, to be able to sing it. After that, Lô Borges himself, co-author of the melody, along with Milton Nascimento, recorded his sung version on the album *A Via-Láctea* (*The*

versão cantada no seu álbum *A Via-Láctea,* também de 1979, com participação da irmã, Solange. E o próprio Milton finalmente a cantaria em 1993, no álbum *Angelus*. Todas estas versões cantadas são belíssimas e algumas outras vieram depois delas, porém, dá para dizer que há uma aura mágica no registro original, instrumental, que está presente no *Clube da Esquina*.

A canção foi composta por Milton e Lô num apartamento que dividiam no Jardim Botânico, Rio de Janeiro, com Beto Guedes e o primo de Milton, Jacaré. Em meio a uma vida, digamos, pouco regrada, várias composições foram feitas lá, mas "Clube da Esquina nº 2" tem esta aura que eu chamo de "mágica". Uma vez feita sua melodia, os compositores nem quiseram saber de palavras, queriam preservá-la apenas com os instrumentos. A partir da linha melódica inicial, apenas composta por violões, pensada por Lô e Milton, a música recebeu uma configuração encorpada no estúdio: Lô e Nelson Angelo tocaram guitarra; Robertinho Silva, bateria; Wagner Tiso tocou órgão e Luizão Alves tocou baixo. No solo de violão e solfejo, temos a voz de Milton Nascimento. Fechando o acabamento desta versão final, a orquestração de Paulo Moura e o arranjo de Eumir Deodato.

Eu tive sorte de conhecer o original de "Clube da Esquina nº 2" antes da versão com letra, e que-

Milky Way), also from 1979, with the participation of his sister, Solange. And Milton himself would finally sing it in 1993, on the album *Angelus*. All these sung versions are beautiful and some others came after them, however, you can say that there is a magical aura in the original instrumental record, which is present in *Clube da Esquina*.

The song was composed by Milton and Lô in an apartment they shared in Jardim Botânico, Rio de Janeiro, with Beto Guedes and Milton's cousin, Jacaré. In the midst of an unregulated life, several compositions were made there, but "Clube da Esquina nº 2" has this thing I call "magic". Once the melody was made, the composers didn't even want to know the words, they wanted to keep it instrumental. From the initial melody, composed only of guitars, designed by Lô and Milton, the song received a full-bodied configuration in the studio: Lô and Nelson Angelo played guitar; Robertinho Silva, drums; Wagner Tiso played the organ and Luizão Alves played the bass. In the guitar solo and solfeggio, we have the voice of Milton Nascimento. Closing the final version, the orchestration by Paulo Moura and the arrangement by Eumir Deodato.

I was lucky to know the original "Clube da Esquina nº 2" before the version with lyrics, and I want to tell you something that proves what I mean by the word "magic" to refer to it. In 1988, when the presidential election campaign was in full swing –

ro contar algo que prova o que quero dizer com a palavra "mágica" para me referir a ela. Em 1988, plena efervescência pela campanha das eleições presidenciais – as primeiras desde 1960 – eu, já fã de música, experimentava um período especialmente mineiro em termos musicais. Ouvia tudo de Beto Guedes, Lô Borges, Milton Nascimento, 14 Bis, mas, por uma ironia qualquer, eu ainda não parara no *Clube da Esquina*, algo que fui fazer numa visita à casa de um colega de trabalho. Eu estava no meu primeiro emprego, na verdade, um estágio na Caixa Econômica Federal, e fui à casa de um operador de caixa, chamado Paulo Maurício, para ouvir discos de jazz. Fã de música se identifica fácil e se irmana logo, certo?

Lá chegando, diante de um acervo impressionante de álbuns das gravadoras americanas Fantasy, Columbia e da alemã ECM, Paulo me mostrou uma canção de Pat Metheny, guitarrista de jazz, chamada "Last Train Home". O arranjo e o timbre usado na gravação eram totalmente "mineiros" e, para provar o que dizia, Paulo sacou seu LP *Clube da Esquina*. Fiquei impactado logo com a capa, hipnotizado pelas fotos do interior do álbum e completamente perturbado pela beleza da primeira canção que ele tocou: "Clube da Esquina nº 2".

Como era possível um ser humano ter aquela extensão vocal? E o que eram aqueles sons? Violão? Percussão? Guitarra? Órgão? Ou os sons

the first since 1960 – I, already a music fan, was experiencing a period especially Minas Gerais in musical terms. I listened to everything from Beto Guedes, Lô Borges, Milton Nascimento, 14 Bis, but, by some irony, I still hadn't stopped at *Clube da Esquina*, something I went to do on a visit to a co-worker's house. I was in my first job, actually an internship at Caixa Econômica Federal, and I went to the house of a cashier named Paulo Maurício to listen to jazz records. Music fans easily identify each other and bond quickly, right?

Upon arriving there, in front of an impressive collection of albums from the American labels Fantasy, Columbia, and the German ECM, Paulo showed me a song by Pat Metheny, jazz guitarist, called "Last Train Home". The arrangement and timbre used in the recording were totally "Minas Gerais" and, to prove what he was saying, Paulo pulled out his *Clube da Esquina* LP. I was immediately struck by the cover, mesmerized by the photos inside the album, and completely disturbed by the beauty of the first song he played: "Clube da Esquina nº 2".

How was it possible for a human being to have that vocal range? And what were those sounds? Guitar? Percussion? Guitar? Organ? Or the sounds of a Brazil that inhabited me and I hadn't even realized it? There, explaining the timbres and textures of jazz recordings, Paulo – who was also a mu-

de um Brasil que habitava em mim e eu nem havia me dado conta? Ali, explicando sobre timbres e texturas das gravações de jazz, Paulo – que era músico também – revelou vários detalhes sobre a faixa, que foi ouvida e reouvida como se a colocássemos sob uma lupa. No dia seguinte eu adquiri meu álbum do *Clube da Esquina*, sacado das estantes de madeira da boa e velha loja Copadisco, em Copacabana. Eu tinha 17 anos.

Desde então, frequentemente, busco na velha canção alguma comunicação que sempre se dá de forma inconsciente. Ela me dá certezas de que tudo vai melhorar, de que o país irá superar as trevas que sempre teimam em aparecer em sua história atribulada. Também me revela sobre o futuro que não aconteceu e me lembra de mim mesmo, em outros tempos. Quando me arvorei a escrever um romance, *Vestido de Flor*, em 2006, mencionei a importância da faixa para o personagem principal, uma versão meio torta de mim mesmo.

Sem "Clube da Esquina nº 2" eu seria uma pessoa diferente e, certamente, pior. Por essas e outras é que, em meio ao tom jornalístico e analítico inicial, este texto foi invadido por sentimento e vivência. Aliás, o que seria da música se não fosse por essas interpretações e abstrações, certo?

Carlos Eduardo Lima é carioca, nascido em 1970. Jornalista especializado em cultura pop, pesqui-

sician – revealed several details about the track, which was heard and re-listened to as if we were putting it under a magnifying glass. The next day I got my copy of *Clube da Esquina*, taken from the wooden shelves of the good old Copadisco store, in Copacabana. I was 17.

Since then, I have often sought in the old song some communication that always happens unconsciously. It gives me the certainty that everything will get better, and that the country will overcome the darkness that always insists on appearing in its troubled history. It also reveals to me about the future that didn't happen and reminds me of myself, in other times. When I set out to write a novel, *Vestido de Flor* (*Flowered Dress*), in 2006, I mentioned the importance of the track to the main character, a somewhat crooked version of myself.

Without "Clube da Esquina nº 2" I would be a different person and certainly worse. For these and other reasons, amid the initial journalistic and analytical tone, this text was invaded by feeling and experience. In fact, what would music be if it weren't for these interpretations and abstractions, right?

Carlos Eduardo Lima is from Rio de Janeiro, born in 1970. Journalist specializing in pop culture, music researcher, reviewer, writer and master in Social History from UFF. In 2006 he published his novel *Vestido de Flor* (*Flowered Dress*). He has al-

sador musical, revisor, escritor e mestre em História Social pela UFF. Em 2006 publicou seu romance *Vestido de Flor*. **Já colaborou com** *Rolling Stone Brasil*, *Monkeybuzz*, *Portal Rock Press*, *Portal MTV* **e hoje edita seu próprio site, o** *Célula Pop*. **É um dos autores do livro** *1979 – O Ano Que Ressignificou a MPB* **(Garota FM, 2022).**

LADO C

12 - PAISAGEM DA JANELA

Interpretação: Lô Borges
Composição: Lô Borges e Fernando Brant
Duração: 2:58

Por Lucas Vieira

Se "Tudo Que Você Podia Ser" abre o primeiro disco de *Clube da Esquina* com seus acordes tensos, "Paisagem da Janela" chega com melodia alegre para iniciar a segunda bolacha do álbum. Recheada de imagens, a canção retrata o tempo e o espaço em que a geração de músicos da qual Milton Nascimento e Lô Borges fazem parte despontou para a música brasileira.

ready collaborated with Rolling Stone Brasil, Monkeybuzz, Portal Rock Press, Portal MTV and today edits his own website, Célula Pop. He is one of the authors of the book ***1979 – O Ano Que Ressignificou a MPB (1979 – The Year That Ressignified MPB)*** **(Garota FM, 2022).**

C-SIDE

12 - PAISAGEM DA JANELA (VIEW FROM THE WINDOW)

Vocals: Lô Borges
Composition: Lô Borges and Fernando Brant
Duration: 2:58

By Lucas Vieira

While "Tudo Que Você Podia Ser" ("Everything You Could Be") opens the first album of *Clube da Esquina* with its tense chords, "Paisagem da Janela" ("View from the Window") starts with a happy melody to start the second record of the album. Filled with images, the song portrays the time and space of the generation of Brazilian musicians Milton Nascimento and Lô Borges are a part of.

Com ritmo influenciado pela música folk, a canção conta com voz e piano de Lô Borges, guitarras de Nelson Angelo e Tavito, baixo de Beto Guedes – que também assina o coro com Milton Nascimento – e bateria de Rubens Moreira Filho, o "Rubinho Batera". Na introdução, "Paisagem da Janela" entrega suas características instrumentais mais marcantes: enquanto uma guitarra faz o dedilhado da base junto com o piano, a outra toca a frase melódica que é repetida em trechos da música.

Segundo Márcio Borges em seu livro *Os Sonhos Não Envelhecem*, o compositor Fernando Brant (1946-2015) recebeu de Lô Borges o tema que se tornaria "Paisagem da Janela" para escrever uma letra. O relato do autor afirma que a letra foi apresentada à turma do Clube da Esquina na antológica viagem em que encontraram o ex-presidente Juscelino Kubitschek na cidade de Diamantina, em Minas Gerais: "o [quarto de hotel] de Fernando tinha janelas que se abriam para uma igreja e o cemitério da cidade. Com toda a certeza isso foi a inspiração que teve para nos mostrar, certa manhã, à mesa onde fazíamos o desjejum, a letra que havia escrito ali, durante a noite, sobre um tema que Lô lhe passara".

Contudo, em reportagem da edição de 8 de abril de 2002 da *Folha de São Paulo* sobre paisagens de Minas Gerais, Fernando Brant afirma que

O DISCO

With a rhythm influenced by folk music, the song has voice and piano by Lô Borges, guitars by Nelson Angelo and Tavito, bass by Beto Guedes – who also sings in the chorus with Milton Nascimento – and drums by Rubens Moreira Filho, "Rubinho Batera". In the intro, "Paisagem da Janela" ("View from the Window") delivers its most striking instrumental characteristics: while one guitar does the base fingering along with the piano, the other plays the melodic phrase that is repeated in parts of the song.

According to Márcio Borges in his book *Os Sonhos Não Envelhecem (Dreams Don't Get Old)*, the composer Fernando Brant (1946-2015) received the theme that would become "Paisagem da Janela" ("View from the Window") from Lô Borges to write lyrics. The author's account states that the lyrics were presented to the Clube da Esquina gang on the anthological trip where they met former president Juscelino Kubitschek in the city of Diamantina, Minas Gerais: "Fernando's [hotel room] had windows that opened to a church and the town's cemetery. This was certainly the inspiration he had to show us, one morning, at the table where we were having breakfast, the lyrics he had written there, during the night, on a topic that Lô had given him".

However, in a report in the April 8, 2002 edition of *Folha de São Paulo* about landscapes in Minas Gerais, Fernando Brant states that the lyrics were written in another setting: "I wrote this song

a letra foi feita em outro cenário: "Compus essa música quando ainda morava com meus pais, em Belo Horizonte. Da janela podia ver a Igreja de Lourdes, mas hoje os prédios escondem tudo".

Independente de onde era o quarto de dormir cuja janela lateral inspirou Fernando Brant, a narrativa apresenta uma tradicional paisagem mineira. O visual bucólico composto por igreja, pássaro, torres e cemitérios contrasta com as cores mórbidas, os homens sórdidos e o temporal da ditadura militar. O "cavaleiro marginal", personagem da letra, lavou-se em ribeirão, viveu mistérios e não queria descanso nem aos domingos, como todo jovem ávido por descobertas na década de 1970, viajando de carona, de jipe, ou mesmo em sua janela.

A letra de Fernando Brant – que também era "mensageiro de coisas naturais", uma vez que atuou como repórter para revistas como *O Cruzeiro* e *A Cigarra* – tornou-se um clássico na voz do parceiro. No LP *Clube da Esquina*, Lô Borges registrou a versão definitiva da música, que se tornou essencial no repertório de seus shows e uma das músicas mais emblemáticas dos mineiros.

Segundo a base de dados do IMMuB (Instituto Memória Musical Brasileira), "Paisagem da Janela" recebeu pelo menos 25 regravações, algumas que atingiram grande sucesso. Em 1985, a gravação de Beto Guedes no álbum *Viagem das Mãos*

when I was still living with my parents in Belo Horizonte. From the window I could see the Church of Lourdes, but today the buildings hide everything".

Regardless of where the bedroom was, whose side window inspired Fernando Brant, the narrative presents a traditional Minas Gerais landscape. The bucolic view made up of a church, bird towers, and cemeteries contrasts with the morbid colors, the sordid men, and the storm of the military dictatorship. The "marginal knight", a character in the lyrics, washed up in a stream, lived mysteries, and did not want to rest even on Sundays, like every young man eager for discoveries in the 1970s, traveling by hitchhiking, by jeep, or even at his window.

The lyrics by Fernando Brant – who was also a "messenger of natural things", since he worked as a reporter for magazines such as *O Cruzeiro* and *A Cigarra* – became a classic in his partner's voice. On the *Clube da Esquina* LP, Lô Borges recorded the definitive version of the song, which became essential in the repertoire of his shows and one of the most emblematic songs of Minas Gerais.

According to the database of the Instituto Memória Musical Brasileira ('Brazilian Institute of Musical Memory'), the IMMuB, "Paisagem da Janela" ("View from the Window") received at least 25 re-recordings, some of which were very successful. In 1985, Beto Guedes' recording on the album *Viagem das Mãos* (*Voyage of the Hands*) became

tornou-se um dos clássicos de sua carreira, aparecendo como destaque nos anúncios da turnê do LP. Dez anos depois, na voz de Elba Ramalho, a versão registrada no disco *Paisagem* fez parte da trilha sonora da novela *Irmãos Coragem* e esteve entre as dez músicas mais ouvidas da rádio JB FM no mês de maio, ao lado de artistas como Stevie Wonder, Djavan e Adriana Calcanhotto. A composição de Lô Borges e Fernando Brant também foi regravada por Milton Nascimento (1983), Flávio Venturini (1998) e Vânia Bastos (2002), entre outros artistas.

Em 2020, quando a composição estava próxima de completar seus 50 anos, a "Paisagem da Janela" passou a ser a única vista para muitas pessoas, isoladas em suas casas por conta da pandemia da covid-19. Em campanha realizada em suas redes sociais, Lô Borges convidou os fãs a gravarem vídeos interpretando o clássico: "Essa música tem tudo a ver com o que estamos vivendo no mundo, vendo a vida pelas janelas sem poder estar próximos das pessoas por um tempo. Divirtam-se em suas janelas e compartilhem as cenas com a gente", disse o cantor na divulgação da campanha. O resultado da ação, feita em parceria com o laboratório Hermes Pardini, reuniu gravações de 23 países em clipe com direção de Conrado Almada, disponível nas páginas do artista. Independente da época, da tempestade ou do quarto de dormir, a "Paisagem da Janela" sempre será fonte de inspiração.

one of his career classics, appearing prominently in advertisements for the LP tour. Ten years later, in the voice of Elba Ramalho, the version recorded on the album *Paisagem* (Landscape) was part of the soundtrack of the soap opera *Irmãos Coragem* (Courage Brothers) and was among the ten most listened-to **songs on JB FM radio in the month of May, alongside artists such as Stevie Wonder, Djavan and Adriana Calcanhotto. The composition of Lô Borges and Fernando Brant was also covered by Milton Nascimento (1983), Flávio Venturini (1998), and Vânia Bastos (2002), among other artists.**

In 2020, when the song was close to completing its 50th anniversary, "View from the Window" became the only view for many people, isolated in their homes due to the covid-19 pandemic. In a campaign carried out on his social networks, Lô Borges invited fans to record videos performing the classic: "This song has everything to do with what we are living in the world, seeing life through windows without being able to be close to people for a while. Have fun in your windows and share the scenes with us", said the singer at the closing of the campaign. The result of the action, carried out in partnership with the Hermes Pardini laboratory, brought together recordings from 23 countries in a clip directed by Conrado Almada, available on the artist's pages. Regardless of the season, storm, or bedroom, the "View from the Window" will always be a source of inspiration.

Lucas Vieira é jornalista e pesquisador musical, pós-graduado em Jornalismo Cultural pela UERJ. É repórter das revistas *440Hz*, *Balaclava* **e** *Noize* **e editor do site** *Disconversa*. **Já contribuiu para os sites** *Pop Fantasma*, *Rádio Graviola*, *Scream & Yell*, *Universo Retrô* **e para o museu** *O Ritmo de Gil* **no Google Arts & Culture.**

13 - ME DEIXA EM PAZ

Interpretação: Alaíde Costa e Milton Nascimento
Composição: Monsueto e Ayrton Amorim
Duração: 3:06

Por Renato Vieira

Das 21 faixas de *Clube da Esquina*, "Me Deixa em Paz" é a mais antiga do repertório. Milton Nascimento ainda era uma criança que morava em Três Pontas, Beto Guedes tinha acabado de vir ao mundo e Lô Borges ainda nem havia nascido quando a RCA-Victor colocou nas lojas o 78 rotações de Linda Batista, que lançou a canção de Monsueto e Ayrton Amorim em outubro de 1951. Lançada com o título "Me Deixe em Paz",

Lucas Vieira is a journalist and music researcher, with a postgraduate degree in Cultural Journalism from UERJ. He is a reporter for 440Hz, Balaclava, and Noize magazines and editor of the website Disconversa. He has contributed to the websites Pop Fantasma, Rádio Graviola, Scream & Yell, Universo Retrô and to the museum ***O Ritmo de Gil*** **on Google Arts & Culture.**

13 - ME DEIXA EM PAZ (LEAVE ME IN PEACE)

Vocals: Alaíde Costa and Milton Nascimento
Composition: Monsueto and Ayrton Amorim
Duration: 3:06

By Renato Vieira

Of the 21 tracks of *Clube da Esquina*, "Me Deixa em Paz" ("Leave Me in Peace") is the oldest in the repertoire. Milton Nascimento was still a child who lived in Três Pontas, Beto Guedes had just come into the world and Lô Borges was not even born when RCA-Victor put Linda Batista's 78 rpm in stores, which released the song by Monsueto and Ayrton Amorim in October 1951. Released

o samba veio ao mundo com um arranjo "pra cima", contrastando com a desilusão da letra, especialmente os versos finais: "Você arruinou a minha vida / Me deixe em paz".

Alaíde Costa achava muito estranho esse descompasso entre arranjo e letra. Com carreira iniciada em 1955, quando foi contratada como crooner do Dancing Avenida, a cantora nascida no Méier, bairro da Zona Norte carioca, largou o emprego de babá para viver da própria voz, depois de participar de programas de calouros como o de Ary Barroso. Um cantor iniciante chamado João Gilberto achou que a voz dela tinha tudo a ver com uns "meninos que estavam fazendo uma música diferente". Era a turma da Bossa Nova. No início da década seguinte, Alaíde se mudou para São Paulo – onde mora até hoje – e se tornou uma das principais representantes do estilo para os paulistanos.

Quando a produção de *Clube da Esquina* começou, em meados de 1971, Alaíde já estava sem lançar um disco próprio havia seis anos. Ela jamais se curvou à vontade de diretores artísticos de gravadoras: na cabeça deles, uma negra só deveria cantar sambas. E Alaíde, com seu gosto apurado, pagou um preço por ter sempre feito o que quis. Mas a cantora nunca deixou de trabalhar. O contato dela com o público nessa época se dava em boates como a Casa Forte, no Centro de São Paulo. Lá, ela passou a interpretar "Me

with the title "Me Deixa em Paz" ("Leave Me In Peace"), the samba came into the world with an "up" arrangement, contrasting with the disillusionment of the lyrics, especially the final verses: "You ruined my life / Leave me in peace".

Alaíde Costa found this mismatch between arrangement and lyrics very strange. With a career that began in 1955, when she was hired as a crooner at Dancing Avenida, the singer, born in Méier, a neighborhood in the North Zone of Rio de Janeiro, quit her job as a nanny to make a living from her own voice, after participating in variety musical programs such as that of Ary Barroso. An up-and-coming singer named João Gilberto thought that her voice had everything to do with "boys who were making a different song". It was the Bossa Nova gang. At the beginning of the following decade, Alaíde moved to São Paulo – where she still lives – and became one of the main representatives of the style for the people of São Paulo.

When the production of *Clube da Esquina* began, in mid-1971, Alaíde had not released a record of her own for six years. She never bowed to the will of artistic directors of record companies: in their minds, a black woman should only sing sambas. And Alaíde, with her refined taste, paid a price for having always done what she wanted. But the singer never stopped working. Her contact with the public at that time took place in nightclubs such as Casa

Deixa em Paz" do seu jeito: atrasou o andamento, bolou um arranjo mais econômico e, com sua voz cool, deu novo sentido a uma canção já clássica.

Em uma apresentação no programa de TV *Almoço com as Estrelas*, exibido pela TV Tupi, Alaíde interpretou ao vivo a música. Quem também participava do programa naquele dia era Milton Nascimento. "Milton cantou e depois eu entrei. Comecei a cantar a música junto com a orquestra da televisão e ele ficou me olhando. Nos bastidores, ele me disse que ia me chamar para gravar a música com ele", disse Alaíde ao autor deste texto em 2012.

Meses se passaram e Alaíde até pensou que Milton havia se esquecido da promessa. Até que um dia a cantora recebeu um recado: precisava ir à sucursal paulista da gravadora Odeon, na rua Bento Freitas, centro da cidade. Chegando lá, recebeu em mãos uma passagem para viajar ao Rio para gravar com Milton e a turma que participava do que seria o disco *Clube da Esquina*.

Quando Alaíde chegou ao estúdio, o arranjo já estava pronto e era bem semelhante ao que Milton ouviu na Tupi. A faixa começa com o violão do cantor e compositor puxando mais para o samba, enquanto Beto Guedes toca percussão e Nelson Angelo, surdo. A voz de Alaíde é a primeira a aparecer na gravação, enquanto Milton faz contracantos. Aos poucos, surgem o baixo de Luiz Alves, o piano e o órgão de Wagner Tiso e a bateria

Forte, in downtown São Paulo. There, she began to sing "Me Deixa em Paz" ("Leave Me in Peace") in her own way: she delayed the tempo, came up with a more economical arrangement, and, with her cool voice, gave new meaning to an already classic song.

In a presentation on the TV show *Almoço com as Estrelas*, on TV Tupi, Alaíde performed the song live. Also participating in the program that day was Milton Nascimento. "Milton sang and then I joined. I started singing the song along with the television orchestra and he kept looking at me. Backstage, he told me he was going to call me to record the song with him," Alaíde told the author of this text in 2012.

Months passed by and Alaíde even thought that Milton had forgotten the promise. Until one day the singer received a message: she needed to go to the São Paulo branch of the recording company Odeon, on Rua Bento Freitas, downtown. Upon arriving there, she received a ticket to travel to Rio to record with Milton and the group that participated in what would become the album *Clube da Esquina*.

When Alaíde arrived at the studio, the arrangement had already been prepared and it was very similar to what Milton had heard at Tupi. The track starts with the singer-songwriter's guitar pulling more towards the samba, while Beto Guedes plays percussion and Nelson Angelo, the *surdo* (floor tom drum). Alaíde's voice is the first to appear on the recording, while Milton sings back chants. Gradually, Luiz Alves'

de Robertinho Silva. Depois, há uma modulação e entra a voz majestosa de Milton Nascimento.

No selo do vinil original de *Clube da Esquina* – para os *experts*, o da Odeon em formato de estrela – houve um erro de grafia no título da música. Ficou "Me Deixa em Paz" e dali para frente ela passou a ser conhecida dessa forma. A partir dessa gravação, a carreira de Alaíde teve um novo impulso. Ela participou de vários shows com Milton e depois do lançamento de *Clube da Esquina* assinou um contrato com a Odeon.

Ainda em 1972, Milton produziu um compacto duplo da cantora com "E a Gente Sonhando", do próprio Milton, "Ansiedade" (Paulinho da Viola), "Diz" (Walter Santos e Tereza Souza) e "Enlouqueci" (Luiz Soberano, Valdomiro Pereira e João Sale). Esta, assim como "Me Deixa em Paz", fazia parte do repertório de Linda Batista. Em 1976, Milton também dirigiu as gravações de um grande disco de Alaíde, *Coração*.

Renato Vieira tem passagens pela TV Bandeirantes e pelos jornais *O Tempo* e *O Estado de S. Paulo*. Pesquisador musical, assinou a curadoria e textos de reedições especiais ou compilações de Belchior, Gilberto Gil, Elis Regina, Ney Matogrosso, Jorge Mautner, Novos Baianos e Tom Zé, além da pesquisa e edição do livro *Foi Assim* (Ed. Record), autobiografia da cantora Wanderléa.

bass, Wagner Tiso's piano, organ and Robertinho Silva's drums appear. Then there is a modulation and the majestic voice of Milton Nascimento enters.

On the original label of the *Clube da Esquina* vinyl record – for experts, Odeon's star-shaped one – there was a misspelling in the song's title. It was called "Me Deixa (Instead of Deixe?) Em Paz", and from then on it became known that way. From this recording, Alaíde's career had a new impetus. She participated in several shows with Milton and after the release of *Clube da Esquina* she signed a contract with Odeon.

Also in 1972, Milton produced a double single of the singer with "E a Gente Sonhando" ("And We are Dreaming"), by Milton himself, "Ansiedade" ("Anxiety") (Paulinho da Viola), "Diz" ('Say') (Walter Santos and Tereza Souza), and "Enlouqueci" ("I've Gone Mad') (Luiz Soberano, Valdomiro Pereira and João Sale). This one, like "Me Deixa em Paz" ("Leave Me in Peace") , was part of Linda Batista's repertoire. In 1976, Milton also directed the recordings of a great album by Alaíde, *Coração* (*Heart*).

Renato Vieira has worked on TV Bandeirantes and on the newspapers O Tempo and O Estado de S. Paulo. As a musical researcher, he curated texts for special reissues or compilations by Belchior, Gilberto Gil, Elis Regina, Ney Matogrosso, Jorge Mautner, Novos Baianos, and Tom Zé, in addition to researching and editing the book *Foi Assim* (*It Was*

É autor de *Tempo Feliz - A História da Gravadora Forma* **(Ed. Kuarup) e** *O Produtor da Tropicália - Manoel Barenbein e os Álbuns de um Movimento Revolucionário* **(Garota FM Books) e fez a pesquisa de imagens da fotobiografia de Gal Costa.**

14 - OS POVOS

Interpretação: Milton Nascimento
Composição: Milton Nascimento e Márcio Borges
Duração: 4:31

Por Ivan Vilela

"Os Povos", de Márcio Borges e Milton Nascimento, como quase toda música do álbum *Clube da Esquina* traz uma informação nova, antes inexistente na música popular. O caráter polimétrico (vários pulsos em uma mesma música) é uma característica rara nas músicas populares do mundo, porém constante nesse álbum e, em "Os Povos", essa ideia se repete.

Uma pergunta comum que podemos fazer ao escutar o álbum *Clube da Esquina* é: "Que ritmo é este?" O poder de síntese contido nesse disco traz elementos históricos da música brasileira como a marcha-rancho, o samba, mas todos to-

***Like This*) (Ed. Record), the autobiography of the singer Wanderléa. He is the author of *Tempo Feliz - A História da Gravadora Forma* (*Happy Time - The Story of the Forma Record Company*) (Ed. Kuarup) and *O Produtor da Tropicália - Manoel Barenbein e os Álbuns de um Movimento Revolucionário* (*"The Tropicália Producer - Manoel Barenbein and the Albums of a Revolutionary Movement"*) (Garota FM Books) and researched images from Gal Costa's photobiography.**

14 - OS POVOS (THE PEOPLES)

Vocals: Milton Nascimento
Composition: Milton Nascimento and Márcio Borges
Duration: 4:31

By Ivan Vilela

"Os Povos" ("The Peoples"), by Márcio Borges and Milton Nascimento, like almost every song on the *Clube da Esquina* album, brings new information, previously non-existent in popular music. The polymeter (several pulses in the same song) is a rare feature in popular music around the world,

cados e arranjados de forma transfigurada e por vezes com um profundo ar de psicodelia. Longe das colagens utilizadas nos arranjos tropicalistas, talvez duas palavras que possam definir o *Clube da Esquina* sejam síntese e potência.

Tal como a segunda música do disco, "Cais", o pulso que organiza a música é de seis tempos, porém aqui a ideia é diferente. As cordas graves do violão, acompanhadas do mesmo desenho feito no piano, constroem um desenho de sobe e desce de seis tempos enquanto as três cordas mais finas do violão de Milton vão tecendo a cada momento um contratempo, um bate-rebate, em relação ao desenho dos baixos. Por si só, podemos dizer que este violão é polirrítmico e construído de maneira muito musical.

A voz de Milton desenha uma melodia de notas longas que flutuam soltas sobre este acompanhamento do violão e do piano, como se vivesse à parte trazendo um "ar vago", meditativo que é reforçado pelo poema de Márcio Borges que, por sua vez, constrói de maneira profunda uma realidade feita a partir de flashes aparentemente aleatórios.

Essa característica iniciada por Márcio Borges, possivelmente herdada da Nouvelle Vague do cinema francês, foi também utilizada por outros poetas do Clube onde imagens aleatórias

but constant in this album and, in "Os Povos" ("The Peoples"), this idea is repeated.

A common question we can ask when listening to the *Clube da Esquina* album is: "What rhythm is this?" The power of synthesis contained in this album brings historical elements of Brazilian music such as the *marcha-rancho*, the *samba*, but all played and arranged in a transfigured way and sometimes with a deep air of psychedelia. Far from the collages used in tropicalist arrangements, perhaps two words that can define *Clube da Esquina* are synthesis and potency.

Like the second song on the record, "Cais" ("Pier"), the pulse that organizes the music is six beats, but here the idea is different. The bass strings of the guitar, accompanied by the same design made on the piano, build a design of up and down of six beats, while the three thinnest strings of Milton's guitar weave at each moment a setback, a knockback, in relation to the bass design. By itself, we can say that this guitar is polyrhythmic and built in a very musical way.

Milton's voice draws a melody of long notes that float freely over the guitar and piano in the background, as if he lived apart from this accompaniment, bringing a "vague", meditative air that is reinforced by the poem by Márcio Borges that, in turn, builds, in such a profound way, a reality made from apparently random flashes.

são utilizadas para desenhar uma paisagem ou uma situação.

Nesta canção, o conjunto do poema constrói uma paisagem de retorno a um mundo que já não lhe pertence totalmente, mas ainda é seu. As mudanças internas do eu lírico apontam para uma transformação pessoal e um certo estranhamento ao não se reconhecer mais tão pertencente ao universo que o formou.

Esta maneira de tecer narrativas precisaria ser estudada por alguém da teoria literária para dar ao Márcio Borges o real valor que ele tem ao introduzir esta forma de narrativa na MPB. Se escutamos a canção, temos a sensação de que a letra com a melodia (o melopoema) brotaram juntos, como se fossem indivisíveis, o que pode não ter sido verdade, pois não sabemos se a letra ou a melodia foi feita antes ou ainda se a música (canção) foi feita ao mesmo tempo pelos dois.

A canção é formada por duas partes distintas, uma em pulso de seis tempos e uma segunda parte pulsando em quatro tempos. Outra novidade aqui é a estrutura de vinte e dois compassos na primeira parte (normalmente essas partes são de oito ou doze compassos) e doze compassos na segunda. Isso já torna única a estrutura melódica dessa canção.

Na segunda parte da música, a melodia

This characteristic started by Márcio Borges, possibly inherited from the Nouvelle Vague of French cinema, was also used by other poets of the Club where random images are used to draw a landscape or a situation.

In this song, the poem as a whole builds a landscape of return to a world that no longer belongs to you, but is still yours. The internal changes of the lyrical self point to a personal transformation and a certain estrangement when it no longer recognizes itself as belonging to the universe that formed it.

This way of weaving narratives would need to be studied by someone from literary theory to give Márcio Borges the real value he has when introducing this form of narrative in MPB. If we listen to the song, we have the feeling that the lyrics and the melody (the melopoem) came together, as if they were indivisible, which may not have been true, because we don't know if the lyrics or the melody was made before or even if the music (song) was made at the same time by the two.

The song consists of two distinct parts, one in a six-beat pulse and a second part in a four-beat pulse. Also new here is the structure of twenty-two bars in the first part (usually these parts are eight or twelve bars long) and twelve bars in the second. This already makes the melodic structure of this song unique.

In the second part of the song, the melody accompanies the idea of the poem that exclaims to itself, as in a reflection on a hot day where "it's

acompanha a ideia do poema que exclama para si mesmo, como numa reflexão sobre um dia de calor onde "é sempre mais um dia de lembrar da cordilheira de sonhos que a noite apagou", e isto é reforçado pela entrada de um órgão que traz uma sonoridade que nos induz a um certo estado de sacralidade e de interiorização. Aliás, este foi um recurso utilizado em algumas partes desse disco na busca dessa atmosfera de interiorização.

Após a segunda parte, voltando à narrativa, retorna a melodia primeira trazendo a ideia de que à revelia das partilhas da vida a gente torna a morrer só. Não podemos nos esquecer da percussão feita com a boca, por Tavito, onde os sons pulsam junto com o violão num tchi tchi tchi e tcha ha ha ha e da bateria de Robertinho Silva que pontua os tempos, com delicadeza, nos pratos. Tudo resultando numa construção musical mais que singular... única.

Como muitas composições do Milton, essa também guarda, por detrás de uma aparente simplicidade, uma complexidade que só percebemos quando colocamos nossos ouvidos ao serviço de um entendimento mais profundo da música.

Sempre que ouvimos Milton e Márcio Borges o que pode transparecer simples não o é; é essencial. E simples e essencial são atributos absolutamente diferentes que, às vezes, podem nos confundir diante de uma escuta desavisada como desta canção.

always another day to remember the mountain range of dreams that the night erased", and this is reinforced by the entrance of an organ that brings a sound that leads us to a certain state of sacredness and interiorization. In fact, this was a resource used in some parts of this album in the search for this atmosphere of interiorization.

After the second part, returning to the narrative, the first melody returns, bringing the idea that despite sharing lives, people die alone again. We cannot forget the vocal percussion by Tavito, where the sounds made by his mouth pulsate along with the guitar in a tchi tchi tchi e tcha ha ha ha and Robertinho Silva's drums that punctuate the tempos, with delicacy, on the cymbals. All resulting in a musical construction that is more than singular... unique.

Like many of Milton's compositions, this one also has, behind an apparent simplicity, a complexity that we only realize when we put our ears at the service of a deeper understanding of the music.

Whenever we listen to Milton and Márcio Borges, what can appear simple is not; it's essential. And simple and essential are absolutely different attributes that, sometimes, can confuse us in the face of an unsuspecting listening like this song.

Ivan Vilela is a musician and professor at the School of Communications and Arts at the University of São Paulo and a researcher at the University of Aveiro,

Ivan Vilela é músico e professor da Escola de Comunicações e Artes da Universidade de São Paulo e pesquisador da Universidade de Aveiro, Portugal, junto ao INET-md (Instituto de Etnomusicologia – música e dança). É doutor em Psicologia Social pela USP, Mestre e Bacharel em Composição Musical pela UNICAMP. Na USP, é professor de História da MPB e ministra anualmente um curso sobre o Clube da Esquina. Com seus trabalhos musicais foi indicado a importantes prêmios da música brasileira. Possui 20 discos gravados. Com seu instrumento, a viola, atua como solista e junto a grupos de câmara no Brasil e no exterior.

15 - SAÍDAS E BANDEIRAS Nº 2

Interpretação: Beto Guedes e Milton Nascimento
Composição: Milton Nascimento e Fernando Brant
Duração: 1:31

Por Alexandre Matias

(Continua a partir de "Saídas e Bandeiras")

"O que vocês fariam pra sair dessa maré?". O questionamento inicial feito ainda no primeiro

Portugal, at the INET-md (Institute of Ethnomusicology – music and dance). He holds a PhD in Social Psychology from USP, a Master's, and a Bachelor's degree in Music Composition from UNICAMP. At USP, he is a professor of History at MPB and annually teaches a course on Clube da Esquina. With his musical works, he was nominated for important Brazilian music awards. He has 20 discs recorded. With his instrument, the viola, he performs as a soloist and with chamber groups in Brazil and abroad.

15 - SAÍDAS E BANDEIRAS Nº 2 (DEPARTURES AND FLAGS Nº 2)

Vocals: Beto Guedes and Milton Nascimento
Composition: Milton Nascimento and Fernando Brant
Duration: 1:31

By Alexandre Matias

(Continued from "Saídas e Bandeiras" ("Departures and Flags"))

"What would you do to get out of this tide?" The initial question made on the first side of the disc re-

lado do disco retorna ao final do terceiro lado, desta vez com o dobro de sua duração inicial – passamos dos 45 segundos para um minuto e meio de uma canção em que tanto a letra quanto a música provocam o marasmo e a falta de ação puxando o ouvinte para assumir o protagonismo de sua própria vida, sugerindo o êxodo urbano não apenas de uma forma literal, mas como inspiração e metáfora.

Se na primeira versão instigavam a "sair desta cidade ter a vida onde ela é, subir novas montanhas, diamantes procurar", na segunda reforçam a "andar por avenidas enfrentando o que não dá mais pé, juntar todas as forças pra vencer essa maré". Era um clamor interno à própria autoestima, seja do indivíduo ou de uma nação, mas cantado ao pé do ouvido, quase como uma sugestão – ou um feitiço.

Quase cinquenta anos depois, aquelas quase notas de rodapé de um disco clássico reverberavam com ares de, elas mesmas, um épico. Reunidas no Auditório Ibirapuera, em São Paulo, duas bandas em ascensão se reconheciam como partes de uma mesma onda criativa e uma mesma geração artística ao dividir não apenas a mesma noite, mas o mesmo palco. O trio paulistano O Terno e o quarteto goiano Boogarins reverenciavam suas raízes clássicas e psicodélicas nas canções dos próprios repertórios, mas quando chegaram no bis daquela reunião no dia 27 de junho de 2015, voltaram para as pequenas

turns to the end of the third side, this time with twice its initial duration - we go from 45 seconds to a minute and a half of a song in which both the lyrics and the music provoke the doldrums and the lack of action pulling the listener to reclaim the protagonism of his own life, suggesting the urban exodus not only in a literal way, but as inspiration and metaphor.

If in the first version they urged to "leave this city to have life where it is, climb new mountains, look for diamonds", in the second version they reinforce "walking through avenues facing what can no longer stand, join all forces to overcome this tide". It was an internal cry to one's self-esteem, whether of an individual or a nation, but sung in the ear, almost like a suggestion – or a spell.

Almost fifty years later, those almost footnotes of a classic record reverberated with the air of an epic in themselves. Reunited at the Ibirapuera Auditorium, in São Paulo, two rising bands recognized each other as parts of the same creative wave and the same artistic generation by sharing not only the same night, but the same stage. The São Paulo trio O Terno and the Goiás quartet Boogarins revered their classical and psychedelic roots in the songs from their own repertoires, but when they arrived at the encore of that meeting on June 27, 2015, they returned to the small blessings of the 1972 album, transforming them in a long epic of more than twelve minutes.

bênçãos do disco de 1972, transformando-as em um longo épico de mais de doze minutos.

Dissecadas pelo improvável septeto, as duas faixas tornaram-se uma longa exegese àqueles parcos minutos iniciais e a formação, que contava com duas baterias (Biel Basile e Ynaiã Benthroldo, ambos recém-chegados em suas respectivas bandas), dois baixos (Raphael Vaz e Guilherme D'Almeida), três guitarras (Tim Bernardes, Benke Ferraz e Dinho Almeida) e dois vocais (Tim e Dinho, ambos cantando agudo), passeou por cada um dos climas presos naquelas curtas versões originais, saudando sonoridades lisérgicas, rococós, jazzy, bossanovistas, rurais e sulamericanas, mostrando que as saídas e bandeiras propostas por Milton e Lô meio século antes seguiam abrindo novas fronteiras musicais.

O jornalista brasiliense Alexandre Matias cobre cultura, comportamento e tecnologia há quase trinta anos e colaborou com os principais veículos de comunicação no Brasil. Sua produção está centralizada no site Trabalho Sujo, que mantém desde 1995. É curador de música do Espaço Cultural Centro da Terra, faz parte do júri de música popular da Associação Paulista de Críticos de Arte e criou e dirigiu os espetáculos *Professor Duprat – Maestro da Invenção* **(2018) e** *Leonard Cohen: Dito e Lido* **(2022).**

Dissected by the improbable septet, the two tracks became a long exegesis of those few initial minutes and the formation that had two drums (Biel Basile and Ynaiã Benthroldo, both newcomers in their respective bands), two basses (Raphael Vaz and Guilherme D'Almeida), three guitars (Tim Bernardes, Benke Ferraz and Dinho Almeida) and two vocals (Tim and Dinho, both singing the high notes) walked through each of the climates trapped in those short original versions, saluting lysergic, rococo, jazzy, bossanovista sounds, rural and South American, showing that the outputs and banners proposed by Milton and Lô half a century earlier continued to open up new musical frontiers.

The journalist from Brasilia, Alexandre Matias, has been covering culture, behavior and technology for almost thirty years and has collaborated with the main communication vehicles in Brazil. His production is centered on the Trabalho Sujo website, which he has maintained since 1995. He is the music curator of Espaço Cultural Centro da Terra, is part of the popular music jury of the São Paulo Association of Art Critics and created and directed the shows *Professor Duprat – Maestro da Invenção* (*Professor Duprat – Maestro of Invention*) (2018) and *Leonard Cohen: Dito e Lido* (*Leonard Cohen: Said and Read*) (2022).

16 - UM GOSTO DE SOL

Interpretação: Milton Nascimento
Composição: Milton Nascimento e Ronaldo Bastos
Duração: 4:21

Por Fabian Chacur

Clube da Esquina possui uma quantidade impressionante de clássicos dos repertórios de Milton Nascimento e Lô Borges, canções que se transformaram em sucessos perenes, como "Nada Será Como Antes", "Cais", "San Vicente", "Paisagem da Janela", "Um Girassol da Cor do Seu Cabelo", "Cravo e Canela" e "O Trem Azul", só para citar as mais lembradas.

Existem também algumas faixas que, se não tiveram tanta popularidade, conquistaram, por sua vez, admiradores também significativos e fiéis entre o público em geral e mais especificamente entre outros músicos. "Um Gosto de Sol" certamente se encaixa perfeitamente neste perfil. E não por acaso.

Temos aqui uma das canções mais sofisticadas e de teor erudito e introspectivo do álbum. A inspiração dos Beatles de *Sgt. Pepper's* e *Abbey*

16 - UM GOSTO DE SOL (A TASTE OF SUN)

Vocals: Milton Nascimento
Composition: Milton Nascimento and Ronaldo Bastos
Duration: 4:21

By Fabian Chacur

Clube da Esquina has an impressive amount of classics from the repertoires of Milton Nascimento and Lô Borges, songs that have become timeless hits, such as "Nada Será Como Antes" ("Nothing Will Be Like Before"), "Cais" ("Pier"), "San Vicente", "Paisagem da Janela" ("View from the Window"), "Um Girassol da Cor do seu Cabelo" ("A Sunflower the Color of Your Hair"), "Cravo e Canela" ("Clove and Cinnamon") and "O Trem Azul" ("The Blue Train"), just to name the most remembered.

There are also some tracks that, although not so popular, have in turn gained significant and loyal admirers among the general public and more specifically among other musicians. "Um Gosto de Sol" ("A Taste of Sun") certainly fits this profile perfectly. And not by chance.

We have here one of the most sophisticated, erudite and introspective songs on the album. The Beatles' inspiration from *Sgt Pepper's*, *Abbey Road* and from

Road e do rock progressivo também se mostra presente, com a utilização criativa de trechos de outras músicas em termos sonoros e poéticos de um modo autorreferente.

O título de "Um Gosto de Sol", por exemplo, foi extraído dos versos "resistindo na boca da noite um gosto de sol", parte de outra parceria de Milton e Ronaldo incluída neste trabalho, "Nada Será Como Antes". A letra soa como se o poeta Ronaldo Bastos tivesse resolvido explicar o que seria o tal "gosto de sol", tarefa que realiza com um tom melancólico e saudoso.

O contrário também é possível de ser imaginado, pois "Um Gosto de Sol" aparece antes, no álbum. Ou seja, de repente é "Nada Será Como Antes" que cita o título da canção aqui analisada em seus belos versos, relembrando-a. Você decide!

O narrador de "Um Gosto de Sol", ao ver uma pessoa sorrindo e de passagem de forma ocasional, no exterior, tem reavivada a lembrança de sonhos que foram esquecidos e ficaram para trás, "como uma pera se esquece, dormindo numa fruteira".

Pela lembrança ter sido em uma "cidade estrangeira", podemos ter aqui uma possível referência aos músicos brasileiros exilados no exterior em plena ditadura militar, e seguindo adiante. Isso, mesmo deixando alguns de seus belos sonhos para trás, levando consigo esse

progressive rock is also present, with the creative use of excerpts from other songs in sonic and poetic terms in a self-referential way.

The title of "Um Gosto de Sol" ("A Taste of Sun"), for example, was extracted from the lines "resisting in the mouth of the night a taste of sun", part of another partnership between Milton and Ronaldo included in this work, "Nada Será Como Antes" ("Nothing Will Be Like Before"). The lyrics sound as if the poet Ronaldo Bastos had decided to explain what that "taste of the sun" would be like, a task he performs with a melancholy and nostalgic tone.

The opposite is also possible to be imagined, as "Um Gosto de Sol" ("A Taste of Sun") appears earlier on the album. That is, suddenly it is "Nada Será Como Antes" ("Nothing Will Be Like Before") that quotes the title of the song analyzed here in its beautiful verses, remembering it. You decide!

The narrator of "Um Gosto de Sol" ("A Taste of the Sun"), when seeing a person smiling and passing occasionally, in a different country, has revived the memory of dreams that were forgotten and left behind, "as a pear forgets, sleeping in a fruit bowl".

Due to the memory of having been in a "foreign city", we can have here a possible reference to Brazilian musicians who had been exiled abroad during the military dictatorship, and were moving on from that time. That, even leaving some of their beautiful dreams behind, taking with them that "taste of sun-

"gosto de sol" de tempos melhores, quando viviam sob o sol de sua terra natal.

Com 4m20s de duração, a canção traz na sua primeira parte Milton Nascimento sozinho, cantando e tocando piano, com uma interpretação evocativa e de tom extremamente lírico que reforça com muita sensibilidade o teor dos versos de Ronaldo Bastos. Ouvindo-a, dá perfeitamente para visualizar a pera na fruteira apodrecendo aos poucos e personificando um lindo sonho que se vai, deixando como lembrança aquele "gosto de sol" citado em "Nada Será Como Antes".

A partir de 2m12s, surge a mesma coda que encerra outra música dos mesmos parceiros incluída no álbum, "Cais". A diferença é que, aqui, o trecho dura cerca de dois minutos, o dobro, e ao invés de só trazer Milton ao piano e voz, tem o acréscimo de um lindo arranjo orquestral concebido por Eumir Deodato e regido por Paulo Moura.

Além da versão contida em *Clube da Esquina*, "Um Gosto de Sol" aparece em *Milton Nascimento ao Vivo* (2003), em releitura que conta com a participação especial de Gal Costa. Milton também gravou essa música em dueto com Fernanda Takai em 2008 no álbum-tributo *Flores do Clube da Esquina*.

Uma prova concreta da paixão de outros artistas por "Um Gosto de Sol" é o fato de dois ál-

shine" from better times, when they lived under the sun of their homeland.

Lasting 4m20s, the song features, in its first part, Milton Nascimento alone, singing and playing the piano, with an evocative interpretation and an extremely lyrical tone that reinforces the content of Ronaldo Bastos' verses with great sensitivity. Listening to it, it is perfectly possible to visualize the pear in the fruit bowl slowly rotting and personifying a beautiful dream that goes away, leaving as a memory that "sun taste" mentioned in "Nothing Will Be Like Before".

From 2m12s onwards, the same coda appears that ends another song by the same partners included in the album, "Cais" ("Pier"). The difference is that, here, the section lasts about two minutes, twice as long, and instead of just bringing Milton to piano and voice, it has the addition of a beautiful orchestral arrangement conceived by Eumir Deodato and conducted by Paulo Moura.

In addition to the version contained in *Clube da Esquina*, "Um Gosto de Sol" ("A Taste of Sun") appears in *Milton Nascimento ao Vivo* (*Milton Nascimento Live*), (2003), in a reinterpretation with the special participation of Gal Costa. Milton also recorded this song as a duet with Fernanda Takai in 2008 on the tribute album *Flores do Clube da Esquina (Flowers of Clube da Esquina).*

A concrete proof of the passion of other artists for "Um Gosto de Sol" ("A Taste of Sun") is the fact that two albums that include reinterpretations of this song

buns que incluem releituras dessa canção terem sido batizados com o seu nome. Em 2018, a cantora portuguesa Eugénia Melo e Castro lançou o seu *Um Gosto de Sol*. Ela também participou do especial da TV portuguesa *Minas Gerais em Portugal* cantando-a com o próprio Milton.

Em 2021, por sua vez, a brasileira Céu batizou de *Um Gosto de Sol* o seu 1º álbum contendo só composições de outros autores, algo até então inédito em sua carreira. Essa gravação tem as participações de Jota Moraes, Andreas Kisser e Pupilo (da Nação Zumbi).

Outras releituras relevantes de "Um Gosto de Sol" foram realizadas por Dudu Lima Trio+Emmerson Nogueira (2019, no álbum *Ao Vivo em Ibitipoca*), Cida Moreira (2015, no álbum *Soledade*) e o cantor Momo (2012, na coletânea *Ronaldo Bastos – Nuvem Cigana The Clube da Esquina Years*).

Fabian Chacur nasceu em 1961 em São Paulo e é formado em jornalismo pela Cásper Líbero. Desde 1986, atua como repórter, editor, crítico musical e assessor de imprensa, em jornais, revistas e sites como *Folha de S. Paulo*, *Diário Popular*, *Somtrês*, *Rolling Stone Brasil*, *R7*, *O Dia*, *Shopping Music*, *Bizz*, *Rock Stars*, *Playboy*, *Submarino* **e em várias gravadoras. É autor do livro** *Os Ídolos do Pop/Rock* **(2001). Edita desde 2006 o blog** *mondopop.net*.

have been baptized with his name. In 2018, Portuguese singer Eugénia Melo e Castro released her *Um Gosto de Sol (A Taste of Sun)*. She also participated in the Portuguese TV special *Minas Gerais in Portugal* singing it with Milton himself.

In 2021, in turn, the Brazilian singer Céu named *Um Gosto de Sol (A Taste of Sun)* her 1st album containing only compositions by other authors, something unheard of in her career before then. This recording has the participation of Jota Moraes, Andreas Kisser and Pupilo (from Nação Zumbi).

Other relevant re-readings of "Um Gosto de Sol" ("A Taste of Sun") were performed by Dudu Lima Trio+Emmerson Nogueira (2019), on the album *Ao Vivo em Ibitipoca (Live in Ibitipoca)*, Cida Moreira (2015, on the album *Soledade*) and the singer Momo (2012, on the collection *Ronaldo Bastos - Nuvem Cigana - The Clube da Esquina Years*).

Fabian Chacur was born in 1961 in São Paulo and holds a degree in journalism from Cásper Líbero. Since 1986, he has worked as a reporter, editor, music critic and press officer for newspapers, magazines and websites such as *Folha de S. Paulo, Diário Popular, Somthree, Rolling Stone Brasil, R7, O Dia, Shopping Music, Bizz, Rock Stars , Playboy, Submarino* and on several labels. He is the author of the book *Os Ídolos do Pop/Rock* (2001). He has been editing the blog mondopop.net since 2006.

LADO D

17 - PELO AMOR DE DEUS

Interpretação: Milton Nascimento
Composição: Milton Nascimento e Fernando Brant
Duração: 2:06

Por Patricia Palumbo

Em todo disco clássico como o *Clube da Esquina* há aquelas canções esquecidas, que mal tocam no rádio e que são pouco ou nada citadas em textos que enaltecem o álbum. "Pelo Amor de Deus" é um desses casos. Ainda que tenhamos aqui todos os motivos de excelência que fazem desse trabalho um dos fundamentais da história da nossa canção. A letra de Fernando Brant, a voz de Milton Nascimento, a crônica de seu tempo, os instrumentistas geniais que faziam parte dessa banda dos sonhos.

Começando nossa audição pela letra destaco aqui como é brilhante o uso repetido dessa expressão popularíssima no Brasil para falar de um rato que se infiltra e precisa ser expulso ("pega, pelo amor de Deus"); de religião

D-SIDE

17 - PELO AMOR DE DEUS (FOR THE LOVE OF GOD)

Vocals: Milton Nascimento
Composition: Milton Nascimento and Fernando Brant
Duration: 2:06

By Patricia Palumbo

In every classic album like *Clube da Esquina*, there are those forgotten songs that barely get played on the radio and that are rarely mentioned in texts that praise the album. "For the love of God" is one such case. Although we have here all the reasons for excellence that make this work one of the fundamentals of the history of our music. The lyrics by Fernando Brant, the voice of Milton Nascimento, the chronicle of his time, and the brilliant instrumentalists who were part of this dream band.

To begin our listening with the lyrics, I highlight here how brilliant the repeated use of this extremely popular expression in Brazil to talk about a rat that infiltrates and needs to be expelled ("take it, for the love of God"); of religion ("a voice in the

("uma voz de rua disse coisas certas, pelo amor de Deus"); de padrões que não servem mais ("tanta coisa pobre, pelo amor de Deus"); e por fim de amor, a nossa redenção ("o seu corpo é belo, pelo amor de Deus").

Nos versos que citam "beira mar de uma janela" podemos imaginar a casa em que se reuniram aqueles jovens no começo dos anos 70, cheios de sonhos, negando o estabelecido, experimentando uma liberdade íntima e utópica e realizando o idílio fazendo música. Imagino também a sensação de estar perto do mar como mais uma grande fonte para todo esse adorável experimento de imersão.

Quanto ao arranjo, ouvimos primeiro o violão e a voz de Milton abrindo a canção. Delicadamente entram os teclados de Wagner Tiso e em seguida a percussão de Robertinho Silva e a guitarra de Beto Guedes acompanhando a intensidade dos versos. Toninho Horta, excepcionalmente, toca percussão também nessa faixa. Uma caixa do cortejo do Divino, um pouco da psicodelia do rock nas guitarras e teclados, o baixo seguro de Luiz Alves. Os vocais de Lô Borges ao final dobram com o canto sempre divinal de Milton e fecham a canção repetindo pela última vez a expressão que dá nome ao tema.

"Pelo Amor de Deus" é a faixa 17 desse álbum. Lado B total. O lado triste para alguns, o lado das

street said the right things, for God's sake"); of standards that no longer serve ("so many poor things, for God's sake"); and finally of love, our redemption ("his body is beautiful, for God's sake").

In the verses that quote "seaside from a window" we can imagine the house where those young people gathered in the early 70s, full of dreams, denying the established, experiencing intimate and utopian freedom, and realizing the ideal of making music. I also imagine the feeling of being close to the sea as another great source for this whole lovely immersion experience.

As for the arrangement, we first hear the guitar and Milton's voice opening the song. Wagner Tiso's keyboards enter delicately, followed by Robertinho Silva's percussion and Beto Guedes' guitar, accompanying the intensity of the verses. Toninho Horta, exceptionally, also plays percussion on this track. A box from Divino's procession, a bit of rock psychedelia on guitars and keyboards, Luiz Alves' safe bass. Lô Borges› vocals at the end double with Milton's always divine singing and close the song repeating for the last time the expression that gives the theme its name.

"Pelo Amor de Deus" ("For the Love of God") is track 17 of this album. A true B side. The sad side for some, the rarity side, the weird side. It is between the celebrated "Um Gosto de Sol" ("A Taste of Sun"), a partnership between Milton and Ronal-

raridades, das esquisitas. Está entre a celebrada "Um Gosto de Sol", parceria de Milton com Ronaldo Bastos, e "Lilia", tema instrumental de Milton.

Um disco corajoso, cheio de história e que merece ser ouvido por inteiro. Pelo amor de Deus!

Patricia Palumbo é jornalista e pesquisadora. Tem mais de 30 anos de trabalho em rádio. Premiada quatro vezes pela APCA, melhor radialista pelo WME, homenageada no Prêmio Profissionais da música em 2021. Criou em 1998 o programa *Vozes do Brasil*. Apresenta o Instrumental Sesc Brasil. Tem três livros lançados, o mais recente pelas Edições Sesc: *Vozes do Brasil – Entrevista Reunidas*. Faz curadoria e consultoria musical. Em 2020 criou o podcast Peixe Voador.

18- LILIA

Interpretação: Milton Nascimento
Composição: Milton Nascimento
Duração: 2:34

Por Leandro Souto Maior

"Lilia" é um dos momentos altos do disco *Clube da Esquina*. Tribal, mágica, espiritual, com o Milton cantarolando a melodia em seu característico

do Bastos, and "Lilia", Milton's instrumental theme.

A courageous record, full of history and that deserves to be heard in its entirety. For the love of God!

Patricia Palumbo is a journalist and researcher. She has worked in Radio for over 30 years. She has been awarded four times by APCA, best broadcaster by WME, honored at the Music Professionals Award in 2021. She created the program Vozes do Brasil in 1998. She presents the Instrumental Sesc Brasil. She has three books released, the most recent by Edições Sesc: Vozes do Brasil – Interview Reunidas (Voices of Brazil - Reunited Interviews). She curates and consults on music. In 2020 she created the Peixe Voador podcast.

18 - LILIA

Vocals: Milton Nascimento
Composer: Milton Nascimento
Duration: 2:34

By Leandro Souto Maior

"Lilia" is one of the highlights of the *Clube da Esquina* album. Tribal, magical, spiritual, with Milton humming the melody in his characteristic falsetto

falsete (aquela voz na região mais aguda). "O falsete de Milton Nascimento é um dos mais belos sons produzidos pela espécie humana hoje sobre a terra", decreta o texto no encarte de *Tropicália 2*, disco de Caetano Veloso e Gilberto Gil, lançado em 1993.

"Lilia" não tem letra, mas não é a única faixa instrumental de *Clube da Esquina* – a outra instrumental do álbum é "Clube da esquina nº 2", música de Milton e Lô Borges, que posteriormente recebe letra de Márcio Borges. "Lilia", no entanto, nunca ganha letra. Milton Nascimento faz a música e dedica a Lilia, sua mãe adotiva, que o criou. Ele conta que manteve a música sem letra por não haver palavras para descrever a beleza daquela mulher. E Lilia tem uma importância fundamental em sua vida.

Milton nasce no Rio de Janeiro em 1942, filho da empregada doméstica Maria do Carmo do Nascimento. Lilia Silva Campos é filha do casal para o qual Maria do Carmo trabalha na época. Na casa dos pais de Lilia, Edgard e Augusta, padrinhos de Milton, o menino conhece o piano. Quando Lilia estuda o piano, ele se aproxima, curioso. Ela tem aulas com ninguém menos que Heitor Villa-Lobos, e passa sua experiência e musicalidade para Milton. É Lilia quem dá o apelido que ainda o acompanha, Bituca – porque, ao se ver contrariado, o pequeno Milton cerra os beiços, armando um bico, daí "bituca".

(that voice in the highest region). "Milton Nascimento's falsetto is one of the most beautiful sounds produced by the human species on earth today", declares the text in the liner notes of Tropicália 2, an album by Caetano Veloso and Gilberto Gil, released in 1993.

"Lilia" has no lyrics, but it is not the only instrumental track on *Clube da Esquina* - the other instrumental on the album is "Clube da Esquina nº 2", music by Milton and Lô Borges, which later receives lyrics by Márcio Borges. "Lilia", however, never gets lyrics. Milton Nascimento makes the music and dedicates it to Lilia, his adoptive mother, who raised him. He says that he kept the song without lyrics because there are no words to describe the beauty of that woman. And Lilia has a fundamental importance in his life.

Milton was born in Rio de Janeiro in 1942, the son of the maid Maria do Carmo do Nascimento. Lilia Silva Campos is the daughter of the couple for whom Maria do Carmo works at the time. At the home of Lilia's parents, Edgard and Augusta, Milton's godparents, the boy gets to know the piano. When Lilia studies the piano, he approaches, curious. She took lessons from none other than Heitor Villa-Lobos, and passed on her experience and musicality to Milton. It is Lilia who gives the nickname that still follows him, Bituca – because, when seeing himself annoyed, little Milton closes his lips, making a beak, hence "bituca".

Maria do Carmo adoece e é diagnosticada com tuberculose quando Milton ainda está com pouco mais de um ano. Para piorar, seu namorado a abandona e nunca mais volta (o letrista Chico Amaral propõe, em seu livro *A Música de Milton Nascimento*, uma reflexão sobre "a difícil história de um homem que não pôde, ou não quis, ser pai de Milton Nascimento"). Ela não resiste à tuberculose antes mesmo de Milton completar dois anos e ele fica entregue aos cuidados da avó. Lilia, recém-casada e com dificuldades para engravidar, se apega a Milton e, com a morte de Maria do Carmo, propõe adotá-lo. O garoto é, então, adotado por Lilia e seu marido, Josino Campos (o "seu Zino"). Poucos meses depois, a família vai morar em Três Pontas, cidadezinha no sul de Minas Gerais, onde Milton Nascimento é criado.

"Era um negócio meio estranho para uma cidade do interior de Minas, um pessoal que acabou de casar, de repente chegar na cidade do marido com um filho preto, eles sendo de família branca. Eu não sofri, mas minha mãe sofreu", conta ele, no livro *A Música de Milton Nascimento*.

Com o tempo Lilia e Zino têm ainda mais três filhos, sendo dois adotivos e uma, Jaceline, biológica. Lilia morre em 1998, aos 76 anos.

A música "Lilia", porém, não faz tanto sucesso quanto outras faixas do *Clube da Esquina*, possivelmente porque, sem letra, tenha um menor

Maria do Carmo falls ill and is diagnosed with tuberculosis when Milton is just over a year old. To make matters worse, her boyfriend leaves her and never comes back (the lyricist Chico Amaral proposes, in his book *A Música de Milton Nascimento* (*The Music of Milton Nascimento*) a reflection on "the difficult story of a man who could not, or did not want to, be Milton Nascimento's father". She does not resist tuberculosis even before Milton is two years old and he is left in the care of his grandmother. Lilia, newly married and having difficulties getting pregnant, becomes attached to Milton and, with the death of Maria do Carmo, proposes to adopt him. The boy is then adopted by Lilia and her husband, Josino Campos (her "Zino"). A few months later, the family moved to Três Pontas, a small town in the south of Minas Gerais, where Milton Nascimento grew up.

"It was a strange thing for a city in the interior of Minas, people who had just got married, suddenly arriving in their husband's town with a black son, they were from a white family. I didn't suffer, but my mother suffered", he says, in the book *A Música de Milton Nascimento* (*The Music of Milton Nascimento*).

Over time Lilia and Zino have three more children, two of them adopted and one, Jacqueline, biological. Lilia died in 1998, aged 76.

The song "Lilia", however, is not as successful

apelo popular. Mas há até quem a escolha como preferida do álbum. A disputa é braba, mas "Lilia" é especial, com seu ritmo incomum, que os músicos chamam de compasso quinário, ou cinco por quatro (5/4), onde você conta de um a cinco no ritmo da música, até o novo tempo forte, e recomeça, em um *loop* hipnótico. Registre-se que Milton Nascimento não é o tipo de compositor que pensa algo do tipo "vou compor assim, em um novo andamento", ele faz o que vem na cabeça e essa é uma das características que fazem sua música tão original.

A gravação de "Lilia" com o célebre saxofonista norte-americano Wayne Shorter, no disco *Native Dancer*, de 1975, com composições do Milton e participação dele mesmo e de músicos brasileiros e norte-americanos, é perfeita também.

"Você foi chegando humilde e tomou conta do meu corpo para sempre. Encheu meus dias de beleza e razão para viver", derrete-se Lilia Silva Campos, em declaração publicada no site oficial do Milton Nascimento. "Assim como nesta música ele não teve palavras para descrever a mãe que o criou, eu não tenho palavras para descrevê-lo."

Leandro Souto Maior é músico e jornalista. Trabalhou nas rádios Fluminense FM, Cidade, MPB FM, Roquette Pinto FM e Opus 90 (dedicada à música erudita). Logo, já estava no *Jornal do*

as other tracks by *Clube da Esquina*, possibly because, without lyrics, it has less popular appeal. But there are even those who choose it as their favorite on the album. The competition is fierce, but "Lilia" is special, with its unusual rhythm, which musicians call a quinary measure, or five by four (5/4), where you count from one to five in the rhythm of the music, until the new downbeat, and it starts over, in a hypnotic loop. It should be noted that Milton Nascimento is not the type of composer who thinks something like "I'm going to compose like this, in a new tempo", he does what comes to mind and this is one of the characteristics that make his music so original.

The recording of "Lilia" with the famous American saxophonist Wayne Shorter, on the 1975 album Native Dancer, with compositions by Milton and participation by himself and Brazilian and American musicians, is also perfect.

"You came humble and took care of my body forever. It filled my days with beauty and a reason to live", melts Lilia Silva Campos, in a statement published on Milton Nascimento's official website. "Just as in this song he had no words to describe the mother who raised him, I have no words to describe him."

Leandro Souto Maior is a musician and journalist. He worked at radio stations Fluminense FM, Cidade, MPB FM, Roquette Pinto FM and Opus 90 (dedicated to classical music). Soon, he was al-

Brasil e depois no jornal *O Dia*, como repórter de música, além de colaborar em publicações voltadas para o meio musical. Em 2014, lançou o livro *Heróis da Guitarra Brasileira* (Ed. Irmãos Vitale) com o também jornalista Ricardo Schott. Em 2021, lançou o segundo livro, *Jimmy Page no Brasil* (Ed. Garota FM Books), com as histórias do guitarrista do Led Zeppelin pelo nosso país.

19 - TREM DE DOIDO

Interpretação: Lô Borges
Composição: Lô Borges e Márcio Borges
Duração: 3:58

Por Ricardo Schott

Em entrevista ao site *Scream & Yell*, Lô Borges afirmou ver o irmão Márcio Borges, um dos principais letristas do cancioneiro de Milton Nascimento, como alguém que consegue "endurecer sem perder a ternura", que consegue ser duro e doce ao mesmo tempo. "Daqui a pouco ele começa a falar dos ratos soltos na casa, dos ratos soltos na praça. Então mistura doçura com porrada", contou o músico, lembrando de "Trem de Doido", que cita os tais roedores à solta no caminho.

ready in *Jornal do Brasil* and later in the newspaper *O Dia*, as a music reporter, in addition to collaborating in publications focused on the musical environment. In 2014, he released the book *Heróis da Guitarra Brasileira* (*Heros of Brazilian Guitar*) (Ed. Irmãos Vitale) with fellow journalist Ricardo Schott. In 2021, he released the second book, *Jimmy Page no Brasil (Jimmy Page in Brazil)* (Ed. Garota FM Books), with the stories of the Led Zeppelin guitarist around our country.

19 - TREM DE DOIDO (CRAZY TRAIN)

Vocals: Lô Borges
Composition: Lô Borges and Márcio Borges
Duration: 3:58

By Ricardo Schott

In an interview with Scream & Yell, Lô Borges said he sees his brother Márcio Borges, one of the main lyricists of Milton Nascimento's songbook, as someone who can "toughen up without losing tenderness", who can be hard and sweet at the same time. "In a little while he starts talking about the rats loose in the house, the rats loose in the square. Then he

Repleta de guitarras fuzz e de harmonias que aludem a The Who e Neil Young, "Trem de Doido" é uma das faixas mais fortes e críticas de *Clube da Esquina*, e uma das canções que ajudam a inserir o álbum duplo de Milton Nascimento e Lô Borges, simultaneamente na ampla discoteca da MPB, no escaninho do pop-rock nacional e no subgrupo da lisergia verde-e-amarela.

O termo multiuso "trem" é usado largamente em Minas Gerais – "trem doido", indicando alguma coisa bem inusitada, também é comum. Mas o título da canção alude a uma memória muito triste do estado mineiro. "Trens de doido" eram os trens, repletos de vagões de carga, que levavam os pacientes para o Hospital Colônia de Barbacena.

O local era uma espécie de depósito de debandados da sociedade: prostitutas, adolescentes e jovens grávidas, pessoas homossexuais (numa época em que havia muito mais preconceito e ignorância, e não se usava ainda a sigla LGBTQIA+), mendigos e até presos políticos eram mandados para o local, onde sofriam todo tipo de violência e abuso. O hospital cresceu bastante em épocas de ditadura, e contam-se cerca de 60 mil pessoas que foram mortas nas dependências da colônia.

O tom agridoce da letra, e das composições de Márcio Borges, estava em conformidade com o universo pop de 1972, quando nomes como

mixes sweetness with beating", said the musician, remembering "Trem de Doido" ("Crazy Train"), which mentions the rodents on the way.

Full of fuzz guitars and harmonies that allude to The Who and Neil Young, "Trem de Doido" ("Crazy Train") is one of the strongest and most critical tracks of *Clube da Esquina*, and one of the songs that help to insert the double album by Milton Nascimento and Lô. Borges, simultaneously in the wide MPB disco, in the national pop-rock corner and in the green-and-yellow lysergia subgroup.

The multipurpose term "trem" (train) is widely used in Minas Gerais - "crazy train", indicating something very unusual, is also common. But the song's title alludes to a very sad memory of the state of Minas Gerais. "Trem de Doido" ("Crazy Train") were the trains, full of freight cars, that took patients to the Hospital Colônia de Barbacena.

The place was a kind of warehouse for society's undesirables: prostitutes, teenagers, and pregnant women, homosexuals (at a time when there was much more prejudice and ignorance, and the acronym LGBTQIA+ was not yet used), beggars, and even political prisoners were sent to the place, where they suffered all kinds of violence and abuse. The hospital grew a lot in times of dictatorship, and there are about 60,000 people who were killed on the colony's premises.

The bittersweet tone of the lyrics, and the compositions of Márcio Borges, was in line with the pop

Joni Mitchell, James Taylor, Carole King, Judee Sill, Neil Young e David Crosby misturavam histórias amargas e momentos (valorizadíssimos) de felicidade em letras de músicas.

O "não deixe isso te derrubar / são apenas castelos queimando» de "Don't Let It Bring You Down", de Neil Young, ganhou seu equivalente na viagem que, em "Trem de Doido", começa com amigos num hotel, prossegue trazendo a sensação de que não há nada a temer, mas lembra que há ratos mortos e soltos pelo caminho. Ou até na própria casa do ouvinte.

Pouco antes de *Clube da Esquina* chegar às lojas, *Blue*, quarto disco de Joni Mitchell (de 1971) lembrava na faixa-título que "canções tristes são como tatuagens", e avisava o ouvinte que "há uma música para você / tinta em um alfinete / debaixo da pele / um espaço vazio para preencher". Lembrava também dos exilados do sonho dos anos 1960, avisando que "você pode passar por essas ondas" (do ácido, do excesso de drogas, da revolução sexual). Ao que consta, o destinatário da canção de Mitchell era James Taylor, então vivendo um inferno pessoal: luta com o vício em heroína, recuperação de um acidente de moto, mortes de amigos.

Separada de *Blue* por várias horas de voo, e com uma ditadura militar servindo como (lamentável) diferencial, "Trem de Doido" também

universe of 1972, when names like Joni Mitchell, James Taylor, Carole King, Judee Sill, Neil Young and David Crosby mixed bitter stories and moments of happiness in song lyrics.

The "don't let it get you down / it's just burning castles" of Neil Young's "Don't Let It Bring You Down" gained its equivalent in the journey that, in "Crazy Train", begins with friends in a hotel, continues bringing the feeling that there is nothing to fear, but remember that there are dead and loose rats along the way. Or even in the listener's own home.

Just before *Clube da Esquina* hits stores, *Blue*, Joni Mitchell's fourth album (from 1971) recalled in the title track that "sad songs are like tattoos", and warned the listener that and "there's a song for you / ink on a pin / under the skin / an empty space to fill". He also recalled the dream of the exiles of the 1960s, warning that "you can ride these waves" (of acid, too many drugs, the sexual revolution). By all accounts, the recipient of Mitchell's song was James Taylor, then living a personal hell: struggling with heroin addiction, recovering from a motorcycle accident, and deaths of friends.

Separated from *Blue* by several flight hours, and with a military dictatorship serving as a (regrettable) differentiator, "Trem de Doido" ("Crazy Train") also had that "wave" feeling that was difficult and seemed impossible to go through.

The everyday rats walked not very discreetly

tinha essa sensação de "onda" pela qual era difícil e parecia impossível passar.

Os ratos do dia a dia caminhavam não muito discretamente em meio à sensação de exílio dos cantautores americanos, pela briga com a indústria do vinil, pelas demandas cada vez mais altas do mercado da música, pela voracidade com que a "máquina" (uma expressão bem setentista, aliás) destruía carreiras e incinerava sonhos – Jimi Hendrix não morrera de velho, Janis Joplin também não. O descontrole emocional que volta e meia atingia James, Joni e outros era a cara do Brasil de 1972, com suas prisões, a sensação de vazio, a perseguição da ditadura que dificultava trabalhos e interditava shows e discos.

Os ratos, trens amargos e ondas de tristeza passam, mas a música fica. "Trem de Doido" insere Lô, Márcio e Milton no triste e complexo universo pop dos anos 1970, em que a briga era de cachorro grande, com artistas armados de canções e violões. E a luta continua até hoje.

Ricardo Schott, nascido em Niterói (RJ) em 1974, é jornalista, radialista e podcaster. Edita o site *Pop Fantasma*, **que fala basicamente sobre cultura pop marginal, e apresenta o podcast** *Pop Fantasma Documento*. **Passou por redações como** *Jornal do Brasil* **e** *O Dia*, **e escreveu em revistas como** *Bizz*, *Billboard*, *Trip* **e** *Rolling Stone Brasil*.

amidst the sense of exile of American songwriters, the struggle with the vinyl industry, the ever-increasing demands of the music market, the voracity with which the "machine" (an expression very seventies, by the way) destroyed careers and incinerated dreams – Jimi Hendrix hadn't died of old age, neither had Janis Joplin. The emotional lack of control that sometimes affected James, Joni, and others was Brazil in 1972, with its prisons, the feeling of emptiness, the persecution of the dictatorship that made work difficult, and prohibited concerts and records.

The rats, bitter trains, and waves of sadness pass, but the music stays. "Trem de Doido" ("Crazy Train") inserts Lô, Márcio, and Milton into the sad and complex pop universe of the 1970s, in which the fight was between a big dog, with artists armed with songs and guitars. And the fight continues to this day.

Ricardo Schott, born in Niterói (RJ) in 1974, is a journalist, broadcaster, and podcaster. He edits the Pop Fantasma website, which basically talks about marginal pop culture, and hosts the Pop Fantasma Documento podcast. He has been through newsrooms such as *Jornal do Brasil* and *O Dia*, and has written in magazines such as Bizz, Billboard, Trip, and Rolling Stone Brasil.

20 - NADA SERÁ COMO ANTES

Interpretação: Beto Guedes e Milton Nascimento

Composição: Milton Nascimento e Ronaldo Bastos

Duração: 3:24

Por Ana Maria Bahiana

"O que é o que eu tenho? Eu tenho a minha música. E é só a minha música. As coisas que eu faço são só isso, um momento meu posto em música. Custa alguma coisa entender isso?"

Milton Nascimento estava sentado na minha frente, num apartamento da Barra da Tijuca, no Rio de Janeiro. O sol ia descendo devagar, numa tarde morna. Milton olhava pela janela, com pausas, às vezes se alojando nos seus pensamentos.

Era dezembro de 1975, um pouco antes do Natal, três anos depois de um álbum que é, ao nosso modo, o *All Things Must Pass*, o *Álbum Branco*, o *Pet Sounds* da extraordinária carreira de Milton.

1972 foi um ano luminoso e de trevas. Um ano mergulhado profundamente nos horrores da ditadura e, ao mesmo tempo, no florescer da

(NOTHING WILL BE LIKE BEFORE)

Vocals: Beto Guedes and Milton Nascimento

Composition: Milton Nascimento and Ronaldo Bastos

Duration: 3:24

By Ana Maria Bahiana

"What is it that I have? I have my song. And it's just my music. The things I do are just that, a moment of mine set to music. What will it take for them to understand that?"

Milton Nascimento was sitting in front of me, in an apartment in Barra da Tijuca, Rio de Janeiro. The sun was slowly going down on a warm afternoon. Milton looked out the window, with pauses, sometimes dwelling in his thoughts.

It was December 1975, just before Christmas, three years after an album that is, in our way, the *All Things Must Pass*, *the White Album*, the *Pet Sounds* of Milton's extraordinary career.

1972 was a year of light and darkness. A year deeply immersed in the horrors of the dictatorship and, at the same time, in the flowering of the generation that emerged listening to and reverberating the changes and ideas around the world, pressed, persecuted, looking for ways out,

geração que emergia ouvindo e repercutindo as mudanças e ideias do mundo afora, imprensada, perseguida, buscando saídas, alternativas, outras dimensões onde, aparentemente, nenhuma dimensão existia.

Eu chamava esse purgatório de "o mundo cinza" e "o mundo cor-de-rosa". O mundo cinza era o mundo do "não", do "não pode", do "vai em cana", "subversivo", "cabeludo", o mundo da corrupção, da opressão, da falta de possibilidades, um mundo apavorante e vazio, o mundo onde se acha o de antes, o antes de todos nós.

Nada será. É uma espécie de encantamento, de proteção.

O mundo cor-de-rosa era a dimensão impalpável, mas real. O mundo subterrâneo, algumas vezes visível ou invisível, o mundo das sessões secretas de filmes proibidos, dos shows em lugares que só quem era capaz de achar, que entendia usar os mapas abstratos das esquinas onde moradias de amigos compartilhavam o que, oficialmente, não se podia ouvir. O mundo começava no cor-de-rosa de um canhão cintilante num show dos Rolling Stones, visto ou imaginado – provavelmente imaginado, um lugar particular onde só imaginação, criatividade e sensibilidade podiam existir.

Nada será. Antes não nos pertence. Antes é um pesadelo.

alternatives, other dimensions where, apparently, no dimension existed.

I called this purgatory "the gray world" and "the pink world." The gray world was the world of "no", "can't", "go to jail", "subversive", and "long-haired guy", the world of corruption, oppression, and lack of possibilities, a terrifying and empty world. The world where the before is, the one before all of us.

Nothing will. It is a kind of enchantment, of protection.

The pink world was the impalpable but real dimension. The underground world, sometimes visible or invisible, the world of secret sessions of forbidden films, of concerts in places that only those who were able to find, who understood to use the abstract maps of the corners where the houses of friends shared what, officially, they could not listen to. The world began in the pink of a glittering cannon at a Rolling Stones concert, seen or imagined – probably imagined, a private place where only imagination, creativity, and sensitivity could exist.

Nothing will be. Before doesn't belong to us. Before is a nightmare.

In the immense adventure that is *Clube da Esquina*, through which a variety of styles travel that expresses all the talent of Milton and his club, "Nada Será Como Antes" ("Nothing Will Be

Na imensa aventura que é *Clube da Esquina*, por onde viaja uma variedade de estilos que expressa todo o talento de Milton e seu clube, "Nada Será Como Antes" anuncia o fim da jornada. Não inteiramente – "Eu já estou com o pé nessa estrada / Qualquer dia a gente se vê". A melodia é repleta de movimento, dança, põe o pé no chão, anuncia algo bom, possível. O álbum, que recolheu lugares, explorou sentimentos e viajou com o Clube de amigos e parceiros, agora acena a possibilidade de um final feliz.

Não imediatamente – a jornada é árdua e estamos oito anos depois da deflagração de Mordor, e a 13 anos da alvorada que ainda não se vê no horizonte. Mas, fechando as narrativas de caminhos e sentimentos que Milton e sua turma oferece no *Clube da Esquina*, "Nada Será Como Antes" resume o possível do "Alvoroço em meu coração," ecoa as notícias que dão os amigos, oferece o frágil, mas teimoso "gosto de sol" na aparentemente eterna boca da noite.

Muitas perdas e lutas viriam ainda, mas o recado de esperança de "Nada Será Como Antes" oferece algo que essa geração inteira muitas vezes já havia pensado ser impossível. É uma canção ensolarada, positiva, alegre, que garante o ritmo das marés, das trajetórias das estrelas. O que era ontem um dia dará lugar ao que há hoje, "Amanhã ou depois de amanhã".

Like Before") announces the end of the journey. Not entirely – "I'm already on this road / We'll see each other someday". The melody is full of movement, dancing, putting your foot down, announcing something good, possible. The album, which collected places, explored feelings, and traveled with the Club of friends and partners, now beckons the possibility of a happy ending.

Not immediately – the journey is an arduous one, and we are eight years after the outbreak of Mordor, and 13 years from the dawn that is not yet on the horizon. But, closing the narratives of paths and feelings that Milton and his gang offer in *Clube da Esquina*, "Nada Será Como Antes" ("Nothing Will Be Like Before") summarizes the possible of "Alvoroço em meu Coração," echoes the news that friends give, offers the fragile, but stubborn "sun taste" in the seemingly eternal mouth of the night.

Many losses and struggles would still come, but the message of hope in "Nada Será Como Antes" ("Nothing Will Be Like Before" offers something that this entire generation had often thought impossible. It is a sunny, positive, joyful song, which guarantees the rhythm of the tides, of the trajectories of the stars. What was yesterday will one day give way to what is today, "Tomorrow or the day after tomorrow".

For 12 months, three years after the coup

Por 12 meses, três anos depois do golpe dentro do golpe, responsável por tortura, assassinatos, exílio, algumas coisas mágicas aconteceram. A revista *Rolling Stone* nasceu e sobreviveu por um ano. Paulinho da Viola lançou *A Dança da Solidão*, os Novos Baianos, *Acabou Chorare*, Gilberto Gil, *Expresso 2222*, Nelson Angelo e Joyce, o álbum com seu nome, Caetano, dois sinais marcando perda e ousadia, *Transa* e, com Gil, *Barra 69*.

O que é impossível sempre quer mostrar como se faz a magia. Há anos assim, que nascem em dor e povoam a história com marcos essenciais. Nada será como antes, quando tudo se consumar.

Milton ainda está olhando pela janela, falando com calma, parando às vezes. "Qual a saída? A saída é essa mesma, é eu continuar a fazer as coisas, a música, de dentro da gente, de dentro da vida e do momento da gente."

Era. É.

Ana Maria Bahiana é autora de oito livros sobre música (entre eles, *Nada Será Como Antes*), cinema e cultura, uma contribuinte em várias antologias, a mais recente, *Celluloid Ceiling* com vários capítulos sobre mulheres realizadoras. Colaborou e colabora com diversas publicações, incluindo *BBC Culture*, *The New York Time Syndicate* e *Escape*. Moradora de Los Angeles por mais três décadas,

within the coup, responsible for torture, murder, and exile, some magical things happened. *Rolling Stone* magazine was born and survived for a year. Paulinho da Viola released *A Dança da Solidão* (*The Dance of Loneliness*), the Novos Baianos, *Acabou Chorare*, Gilberto Gil, *Expresso 2222*, Nelson Angelo and Joyce, the album with his name, Caetano, two signs marking loss and daring, *Transa* and, with Gil, *Barra 69* .

The Impossible always wants to show how magic is done. There are years like that, which are born in pain and populate history with essential milestones. Nothing will be like before when everything is consummated.

Milton is still looking out the window, talking calmly, pausing at times. "What's the way out? The way out is the same, is for me to continue making things, music, from within ourselves, from within our lives and moments."

Was. Is.

Ana Maria Bahiana is the author of eight books on music (including *Nada Será Como Antes (Nothing Will Be Like Before)*), cinema and culture, a contributor to several anthologies, the most recent, *Celluloid Ceiling* with several chapters on women filmmakers. She has collaborated and collaborates with numerous publications including *BBC Culture*, *The New York Time Syndicate* and *Escape*. A resi-

ela foi West Coast Bureau Chief da publicação britânica *Screen International* durante cinco anos e, agora, é a editora do site Golden Globes.

21 - AO QUE VAI NASCER

Interpretação: Milton Nascimento
Composição: Milton Nascimento e Fernando Brant
Duração: 3:21

Por Luiz Felipe Carneiro

"No dia 22 de outubro de 1967 eu encontrei minha profissão", escreveu Fernando Brant em *Songbook Milton Nascimento*, organizado por Wilson Lopes. Explica-se: naquele dia, Milton defendeu uma composição escrita pelos dois no Festival Internacional da Canção. Ele mostrou uma música ao (futuro) parceiro e disse: "Eu queria que você fizesse letra para ela". Brant, então apenas um estudante de Direito que nunca havia pensado em compor, respondeu: "Mas eu não mexo com isso, não sei, nunca fiz". O amigo insistiu: "Eu acho que essa música não é nem pra mim, nem pro Márcio (Borges). Tem um jeito seu".

Quando da morte de Brant, o jornalista Luiz Fernando Vianna escreveu para a *Folha de S. Pau-*

dent of Los Angeles for another three decades, she was West Coast Bureau Chief of the British publication *Screen International* for five years and is now the editor of the Golden Globes website.

21 - AO QUE VAI NASCER (TO WHAT WILL BE BORN)

Vocals: Milton Nascimento
Composition: Milton Nascimento and Fernando Brant
Duration: 3:21

By Luiz Felipe Carneiro

"On October 22, 1967, I found my profession", wrote Fernando Brant in *Songbook Milton Nascimento*, edited by Wilson Lopes. It is explained: that day, Milton defended a composition written by the two at the International Song Festival. He showed his (future) partner a song and said, "I wanted you to write lyrics for it." Brant, then just a law student who had never thought about composing, replied: "But I don't mess with this kind of thing, I don't know, I never have." The friend insisted: "I think this song is neither for me, nor for Márcio (Borges).

O DISCO

lo: "É um tanto casual e muito misterioso que um artista iniciante (Milton) tenha intuído que certa melodia precisava de versos de alguém que jamais escrevera nenhum para ser cantado. E que o acerto tenha sido tamanho". Foi mesmo. "Travessia", a primeira parceria deles, ficou em segundo lugar no festival, e a tal profissão de Brant rendeu clássicos como "Canção da América", "Nos Bailes da Vida", "Ponta de Areia" e... "Ao Que Vai Nascer".

No livro *Coração Americano*, de Andrea Estanislau, Brant explicou que Milton o convidou "para colocar minhas pobres palavras naquele oceano musical". A tradicional toada mineira remodelada e modernizada ganhou então uma letra sobre o que os dois imaginavam o que diriam para os filhos caso os tivessem um dia. "Na época, não tínhamos filhos, mas agora que temos, percebemos que muita coisa da música se encaixa direitinho", explicou Fernando Brant, anos depois, em uma edição do *Jornal de Música*. No velório de Brant, Milton disse: "A gente não fazia as músicas só por fazer ou do nada. A gente estudava o que estava se passando nas nossas vidas, nos nossos corações". Em 1973, nasceu Pablo, "filho simbólico" de Milton, nas palavras de Cáritas, a mãe, em entrevista à *Folha de S. Paulo* 24 anos depois.

A letra passou por problemas com a censura. Nela existia um verso do tipo "o Brasil é o país do futuro". A gravadora aconselhou Brant a retirá-lo.

When Brant died, journalist Luiz Fernando Vianna wrote for *Folha de S. Paulo*: "It is somewhat casual and very mysterious that a beginning artist (Milton) had the intuition that a certain melody needed verses from someone who had never written. And that the hit was big." Really was. "Travessia" ("Crossing") their first partnership, came in second at the festival, and Brant's profession yielded classics such as "Canção da América" ("Song of America"), "Nos Bailes da Vida" ("In the Balls of Our Lives"), "Ponta de Areia" ("Sandy Point") and... "Ao Que Vai Nascer" ("To What Will Be Born").

In Andrea Estanislau's book *Coração Americano* (*American´s Heart*), Brant explained that Milton invited him "to put my poor words in that musical ocean." The traditional tune from Minas Gerais, remodeled and modernized, then gained a lyric about what the two imagined what they would say to their children if they had them one day. "At the time, we didn't have children, but now that we do, we realize that a lot of music fits right in", explained Fernando Brant, years later, in an edition of *Jornal de Música*. At Brant's wake, Milton said, "We didn't make the songs just for the hell of it. We studied what was going on in our lives, in our hearts." In 1973, Pablo was born, Milton's "symbolic son", in the words of Cáritas, his mother, in an interview with *Folha de S. Paulo* 24 years later.

The lyrics went through problems with censorship. In it there was a verse like "Brazil is the coun-

Mas a mensagem está toda lá envolta à cultura barroca e católica do interior de Minas Gerais, com direito até a um órgão de igreja executado por Wagner Tiso. Além dele, participam da faixa Milton (voz e violão), Luiz Alves e Beto Guedes (baixo), Rubinho Batera (bateria), Toninho Horta (guitarra) e Robertinho Silva (percussão). A harmonia complexa, acompanhada de uma letra quase recitada, de vocalises e de vozes dobradas (que Milton chama de "primos") é encerrada com uma espécie de fanfarra, em um *fade out* que parece sugerir que aquilo tudo não podia terminar ali. Se o primeiro verso diz "Memória de tanta espera", o último vaticina: "Corro a te encontrar..." Não apenas a síntese do álbum, mas a sinalização de que uma continuação teria que haver.

A resenha do álbum publicada pelo jornal *O Globo* destacou a "sutileza de como as faixas foram sabiamente colocadas em sequência, de maneira a não se tornar enfadonho o 'curtir' dos quatro lados ininterruptamente". Ou seja, "Ao Que Vai Nascer" não encerra um dos discos mais importantes de nossa música à toa. Em depoimento ao *Jornal do Brasil* um mês antes, Fernando Brant cravou: "*Clube da Esquina* tinha que ser este disco que aí está: imagem solidária de pessoas solidárias. Pois caminhamos juntos há muito tempo, desde antes da música, desde os primeiros fios de homem, talvez desde os ante-

try of the future". The record company advised Brant to drop it. But the message is all wrapped up in the baroque and Catholic culture of the interior of Minas Gerais, including a church organ performed by Wagner Tiso. In addition to him, Milton (vocals and guitar), Luiz Alves and Beto Guedes (bass), Rubinho Batera (drums), Toninho Horta (guitar), and Robertinho Silva (percussion) participate on the track. The complex harmony, accompanied by almost recited lyrics, vocalizations, and doubled voices (which Milton calls "cousins") ends with a kind of fanfare, in a fade out that seems to suggest that it all couldn't end there. The first verse says "Memory of so much waiting", the last one predicts: "I run to find you..." It is not just the synthesis of the album, but a signal that a sequel would have to be made.

The album review published by the newspaper *O Globo* highlighted the "subtlety of how the tracks were wisely placed in sequence, so as not to become boring to 'like' the four sides without interruption". In other words, "Ao Que Vai Nascer" ("To What Will Be Born") does not end one of the most important albums of our music for nothing. In a statement to *Jornal do Brasil* a month earlier, Fernando Brant stated: "*Clube da Esquina* had to be this record that is there: the solidary image of solidary people. For we have walked together for a long time, since before music, since the first strands of

passados. Porque estamos assim juntos como se fôssemos uma turma que se encontrasse diariamente numa esquina das tardes de Minas (para jogar bola ou beber cerveja ou contar casos), porque vivemos assim reunidos, porque sofremos assim em grupo — estas músicas são, certamente, o resultado de nossa alegria, de nossa tristeza, de nosso tempo."

Em outra oportunidade, o poeta disse: "A música de Milton Nascimento não se explica, ouve-se". Então ouçamos o *Clube da Esquina*. Pela primeira ou pela milésima vez. Tanto faz. Até mesmo porque, depois dele, nada foi como antes.

Luiz Felipe Carneiro é jornalista e pesquisador musical. Trabalhou na *Folha de S.Paulo*, *International Magazine*, *SRZD*, **além de ter colaborado para veículos como** *Jornal do Brasil* **e** *CartaCapital*. **Escreveu os livros** *Rock in Rio: A História* **(Globo Livros),** *Os 50 Maiores Shows da História da Música* **(Belas Letras) e** *Lado C: A Trajetória Musical de Caetano Veloso até a Reinvenção com a BandaCê* **(Máquina de Livros, escrito em parceria com Tito Guedes), e é o idealizador do canal** *Alta Fidelidade*, **no YouTube.**

man, perhaps since our ancestors. Because we are together like this, as if we were a group that met daily on a corner in the afternoons in Minas (to play ball or drink beer or tell stories), because we live together like this, because we suffer like this in a group – these songs are certainly the result of our joy, of our sadness, of our time."

On another occasion, the poet said: "Milton Nascimento's music cannot be explained, it is heard". So let's listen to *Clube da Esquina*. For the first or thousandth time. Whatever. Even because, after him, nothing was as before.

Luiz Felipe Carneiro is a journalist and music researcher. He worked at *Folha de S.Paulo, International Magazine, SRZD*, in addition to having collaborated for vehicles such as *Jornal do Brasil* and *CartaCapital*. He wrote the books *Rock in Rio: A História* (*Rock in Rio: The Story*) (Globo Livros), *Os 50 Maiores Shows da História da Música* (*The 50 Greatest Shows in the History of Music*) (Belas Letras) and *Lado C: A Trajetória Musical de Caetano Veloso até a Reinvenção com a Banda Cê* (*Side C: The Musical Trajectory of Caetano Veloso to Reinvention with Banda Cê*) (Máquina de Livros, written in partnership with Tito Guedes), and is the creator of the Alta Fidelidade (High Fidelity) channel on YouTube.

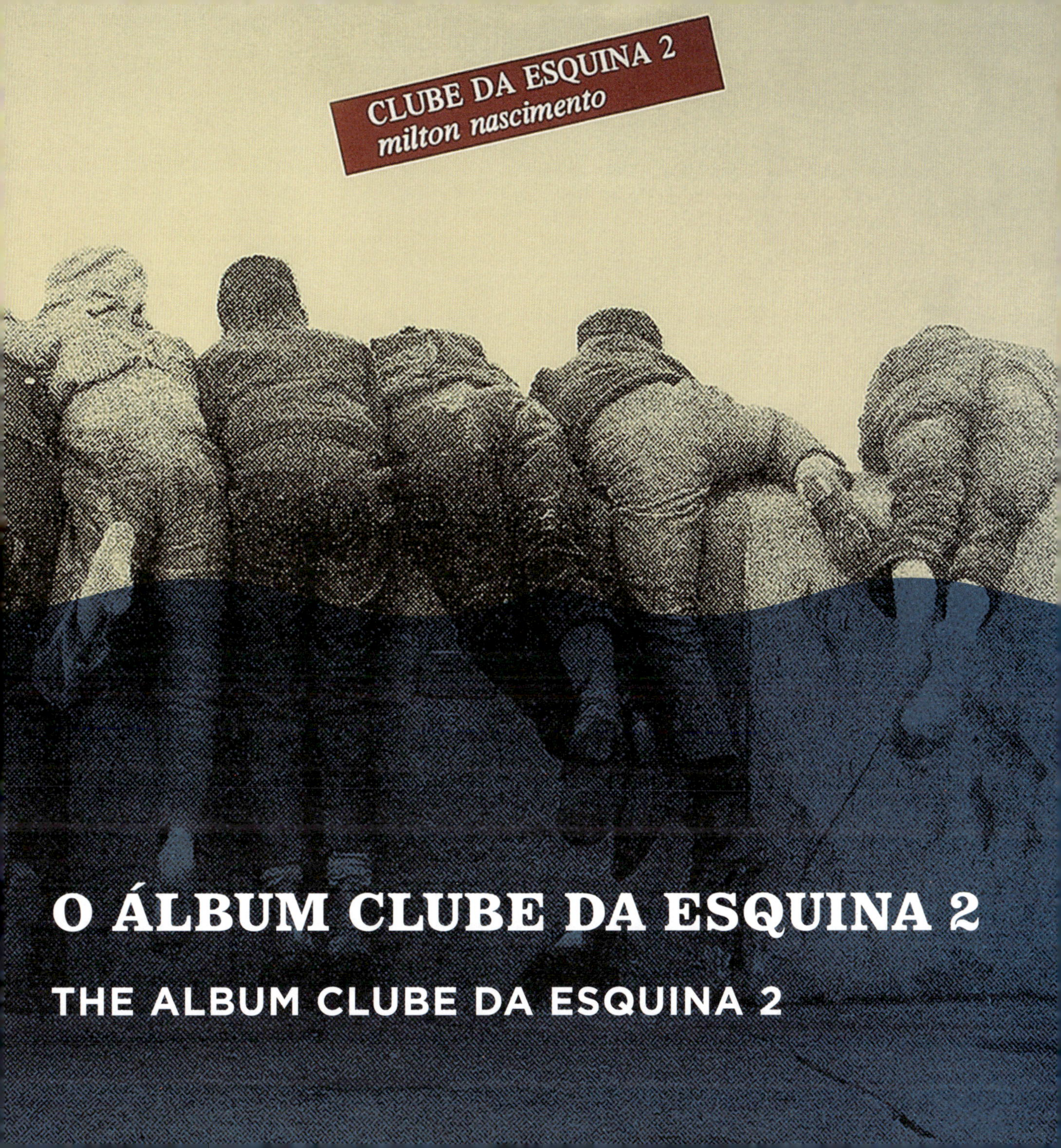

O ÁLBUM CLUBE DA ESQUINA 2

THE ALBUM CLUBE DA ESQUINA 2

Os seis irmãos Borges rodeiam Elis Regina, 1981
Acervo Pessoal

The six Borges brothers surround Elis Regina, 198
Personal Collection

FICHA TÉCNICA RESUMIDA

Mariozinho Rocha – direção de produção

Milton Nascimento, Novelli e Ronaldo Bastos – produção executiva

Marcia Monteiro e Toninho Vicente – assistentes

Roberto de Castro, Dacy Rodrigues e Toninho Silva – engenharia de gravação

Nivaldo Duarte – mixagem

Osmar Furtado – corte

Cafi, Loca e Ronaldo – fotografia e layout

Frank M. Stucliffe "Stem Reality" – foto da capa

Tadeu Valério e Peninha – colaboração na arte final

Chico Buarque e Elis Regina gentilmente cedidos pela Phonogram. **Francis Hime** gentilmente cedido pela Som Livre.

Todas as faixas foram interpretadas por Milton Nascimento, exceto "Nascente" (Milton e Flávio Venturini), "Ruas da Cidade" (Lô Borges), "O Que Foi Feito Deverá / de Vera" (Milton e Elis Regina), "Pão e Água" (Milton e Lô Borges), "Canção Amiga" (Milton e Kiko), "Canción por La Unidad Latinoamericana" (Milton e Chico Buarque).

O álbum traz ainda participações salpicadas pelas faixas de Beto Guedes, Wagner Tiso, Toninho Horta, Mauro Senise, César Camargo Mariano, Gonzaguinha, Francis Hime, João Donato, Jaques Morelenbaum, Danilo Caymmi,

SUMMARIZED CREDITS

Mariozinho Rocha – production director

Milton Nascimento, Novelli e Ronaldo Bastos – executive production

Marcia Monteiro e Toninho Vicente - assistants

Roberto de Castro, Dacy Rodrigues e Toninho Silva – recording engineering

Nivaldo Duarte – mixing

Osmar Furtado – cut

Cafi, Loca e Ronaldo – photography and layout

Frank M. Stucliffe "Stem Reality" – cover photo

Tadeu Valério e Peninha – collaboration on artwork

Chico Buarque and Elis Regina kindly provided by Phonogram. **Francis Hime** kindly provided by Som Livre.

All the tracks were performed by Milton Nascimento, except for "Nascente" ("Source") (Milton and Flávio Venturini), "Ruas da Cidade" ("City Streets") (Lô Borges), "O Que Foi Feito Deverá / O Que foi Feito de Vera" ("What Has Been Done / What Was Done with Vera") (Milton and Elis Regina), "Pão e Água" ("Bread and Water") (Milton and Lô Borges), "Canção Amiga" ("Friend Song") (Milton and Kiko), "Canción por La Unidad Latinoamericana" ("Song for Latin America Unity") (Milton and Chico Buarque).

The album also features guest appearances by Beto Guedes, Wagner Tiso, Toninho Horta, Mauro Senise, Cesar Camargo Mariano, Gonzaguinha,

Paulo Jobim, Joyce, Mauricio Maestro, Boca Livre, Tutti Moreno, Nenê, Mamão e Canarinhos de Petrópolis, entre muitos outros.

Francis Hime, João Donato, Jaques Morelenbaum, Danilo Caymmi, Paulo Jobim, Joyce, Mauricio Maestro, Boca Livre, Tutti Moreno, Nenê, Papaya and Canarinhos from Petrópolis, among others.

FAIXAS / TRACKS:

LADO A / A-SIDE

1. Credo | Creed (Milton Nascimento e/and Fernando Brant) – 3:05
2. Nascente | Source (Flávio Venturini e/and Murilo Antunes) – 3:21
3. Ruas da Cidade | City Streets (Lô Borges e/and Márcio Borges) – 3:00
4. Paixão e Fé | Passion and Faith (Tavinho Moura e/and Fernando Brant) – 3:42
5. Casamiento de Negros | Marriage of Blacks (Violeta Parra) – 3:52
6. Olho d'Água | Eye of Water (Paulo Jobim e/and Ronaldo Bastos) – 4:29

LADO B / B-SIDE

1. Canoa, Canoa | Canoe, Canoe (Nelson Angelo e/and Fernando Brant) – 3:35
2. O Que Foi Feito Deverá / O Que Foi Feito de Vera | What Has Been Done / What Was Done with Vera (Milton Nascimento, Fernando Brant e/and Márcio Borges) – 4:58
3. Mistérios | Mysteries (Joyce e/and M. Maestro) – 4:02
4. Pão e Água | Bread and Water (Roger, Lô Borges e/and Márcio Borges) – 2:36
5. E Daí? (A Queda) | So What? (The Fall) (Milton Nascimento e/and Ruy Guerra) – 5:15

LADO C / C-SIDE

1. Canção Amiga | Friend Song (Música de / Music by Milton Nascimento. Poema de / Poetry by Carlos Drummond de Andrade) – 2:31
2. Canción por la Unidad Latinoamericana | Song for Latin America Unity (Pablo Milanés, adapt. Chico Buarque) – 3:54
3. Tanto / So Much (Beto Guedes e/and Ronaldo Bastos) – 3:35
4. Dona Olímpia (Your Moon) | Mrs Olímpia (Your Moon) (Toninho Horta e/and Ronaldo

Clube da Esquina em/in Diamantina / Acervo Pessoal / Personal Collection

Bastos) – 2:40

5. Testamento | Testament (Nelson Angelo e/and Milton Nascimento) – 3:55
6. A Sede do Peixe (Para o Que Não Tem Solução) | The Thirst of the Fish (For What Has No Solution) – (Milton Nascimento e/and Márcio Borges) – 2:25

LADO D / D-SIDE

1. Léo (Chico Buarque e/and Milton Nascimento) – 4:05
2. Maria, Maria (Milton Nascimento e Fernando Brant) – 3:02
3. Meu Menino | My Boy (Ana Terra e/and Danilo Caymmi) – 2:37
4. Toshiro (Novelli) – 3:27
5. Reis e Rainhas do Maracatu (Tema dos Estudantes do Samba de Três Pontas) | Maracatu Kings and Queens (Theme of Três Pontas Samba Students) (Milton Nascimento, Novelli, Nelson Angelo e/and Fran) – 2:39
6. Que Bom, Amigo | That´s Good, Friend (Milton Nascimento) – 2:52

Flávio Venturini

Murilo Antunes

Telo Borges

Tavinho Moura

Em 1978, Milton reuniu um grupo de amigos e parceiros, organizou repertório e todo o lado musical e, com a produção de Ronaldo Bastos, deu de presente ao Brasil mais um disco histórico: o *Clube da Esquina 2*. Esse nasce para ser mais do que uma reflexão sobre o passar dos anos, mas também um tributo ao trabalho coletivo realizado no *Clube da Esquina*, de 1972. A referência óbvia desse novo disco, a partir do título, é aquele primeiro projeto revolucionário e alternativo, feito em parceria com o jovem Lô Borges e total liberdade criativa de músicos e letristas.

Mas, de forma diferente, o *Clube da Esquina 2* foi um álbum inteiramente idealizado, concebido e arregimentado por Milton. A EMI-Odeon apoiou e investiu, já que aprendera bem com a lição do primeiro *Clube*, projeto que a gravadora quase recusara. Desta vez, o resultado firmou de vez Milton e seus talentosos parceiros no primeiro time da música popular brasileira.

Neste disco duplo, belas e marcantes canções se sucedem, parcerias são reafirmadas, novos talentos e grandes nomes da MPB se unem em torno da criatividade visionária do Bituca.

"Nascente" torna-se uma das músicas mais tocadas do disco e firma a parceria de Flávio Venturini e Murilo Antunes.

"Paixão e Fê", de Tavinho Moura e Fernando

In 1978, Milton gathered a group of friends and partners, organized the repertoire and all the music, and, with the production of Ronaldo Bastos, gave Brazil another historic record: *Clube da Esquina 2*. This album is more than a reflection on the passing of the years, but also a tribute to the collective work carried out at *Clube da Esquina* in 1972. The obvious reference of this new record, from the title, is that first revolutionary and alternative project, made in partnership with the young Lô Borges and total creative freedom of musicians and lyricists.

However, in a different way, *Clube da Esquina 2* was an album entirely idealized, conceived and regimented by Milton. EMI-Odeon supported and invested in it, as it had learned well from the lesson of the first *Clube*, a project that the label had almost refused. This time, the result established Milton and his talented partners in the first team of Brazilian popular music.

In this double album, beautiful and remarkable songs follow one another, partnerships are reaffirmed, and new talents and great names in MPB unite around Bituca's visionary creativity.

"Nascente" ("Source") becomes one of the most played songs on the record and establishes a partnership between Flávio Venturini and Murilo Antunes.

"Paixão e Fê" ("Passion and Faith"), by Tavinho Moura and Fernando Brant, crystallizes one of the

Brant, cristaliza um dos momentos místicos mais intensos já produzidos na seara da música popular.

O jovem Telo Borges entra pela primeira vez num estúdio profissional para tocar, por exemplo, contrabaixo na faixa "Ruas da Cidade", dos irmãos Lô e Márcio, ao lado de Flávio Venturini, Toninho Horta, Maurício Einhorn e Vermelho.

Ainda mais diferentemente do que o primeiro *Clube*, realizado basicamente pelos nomes citados neste livro, esta nova visita ao tema engloba mais de uma centena de artistas, parentes e amigos, todos convocados por Milton.

Chico Buarque, Elis Regina, Gonzaguinha, Francis Hime e o Grupo Tacuabé assinam presença. Os coros são numerosíssimos: O Povo (30 e tantos componentes), Falta de Coro (quase 60 vozes) e ainda os Canarinhos de Petrópolis, Danilo Caymmi, Novelli, Zé Eduardo, Paulo Jobim, Joyce, Maurício Maestro, Lô Borges, Toninho Horta, Tavinho Moura, Nelson Angelo, Flávio Venturini, Maurício Einhorn, Frei José Luiz e muitos outros.

Daquele momento em diante, o Clube da Esquina torna-se numeroso demais para habitar espaços reais e passa a morar definitivamente na imaginação e no acervo afetivo dos brasileiros que apreciam música original e de alta qualidade.

most intense mystical moments ever produced in the field of popular music.

The young Telo Borges enters a professional studio for the first time, to play, for example, double bass on the track "Ruas da Cidade" ("City Streets"), by the brothers Lô and Márcio, alongside Flávio Venturini, Toninho Horta, Maurício Einhorn and Vermelho.

Even more different than the first *Clube*, basically carried out by the names mentioned in this book, this new visit to the theme encompasses more than a hundred artists, relatives and friends, all summoned by Milton.

Chico Buarque, Elis Regina, Gonzaguinha, Francis Hime, and the Tacuabé Group will be present. The choirs are numerous: O Povo (30 or so members), Lack of Choir (almost 60 voices), and also Canarinhos from Petrópolis, Danilo Caymmi, Novelli, Zé Eduardo, Paulo Jobim, Joyce, Maurício Maestro, Lô Borges, Toninho Horta, Tavinho Moura, Nelson Angelo, Flávio Venturini, Maurício Einhorn, Frei José Luiz, and many others.

From that moment on, Clube da Esquina became too numerous to inhabit real spaces and began to live forever in the imagination and affective memory of Brazilians who appreciate original and high-quality music.

FLÁVIO VENTURINI

Flávio Hugo Venturini nasceu em Belo Horizonte em 23 de julho de 1949. Filho de Hugo Venturini e Dalila Viera Venturini, cresceu ouvindo sua mãe cantar músicas populares e convivendo com os músicos que se hospedavam na pensão da família. Quando criança ganhou um rádio portátil que ouvia o tempo todo.

Sua primeira paixão musical foi os Beatles e seu sonho era ser jogador de futebol, mas, com o amigo Kimura, que tocava gaita, passou a tocar o piano da sua escola. Seu primeiro instrumento foi o acordeon, mas ao tocar o piano que ficava no restaurante de seu pai, Flávio decidiu que esse seria seu instrumento musical.

Estuda piano na Fundação de Educação Artística, onde conhece Toninho Horta e participa de festivais.

No Festival Estudantil da Canção de Belo Horizonte conhece Beto Guedes, Lô Borges, Toninho Horta e Sirlan.

Em 1974, Flávio grava com Beto Guedes o álbum A Página do Relâmpago Elétrico.

Em 1979, é lançado o álbum Clube da Esquina 2, *no qual grava com Milton Nascimento sua música "Nascente", que vira sucesso de público e crítica. Logo*

FLÁVIO VENTURINI

Flávio Hugo Venturini was born in Belo Horizonte on July 23, 1949. Son of Hugo Venturini and Dalila Viera Venturini, he grew up listening to his mother singing popular songs, and living with the musicians who stayed at the family's pension. As a child, he was given a portable radio that he listened to all the time.

His first musical passion was The Beatles and his dream was to be a football player, but at school, he began to play the piano with his friend Kimura, who played the harmonica. His first instrument was the accordion, but when he played the piano that was in his father's restaurant, Flávio decided that this would be his musical instrument.

He studied piano at the Fundação de Educação Artistica , where he met Toninho Horta and participated in festivals.

At the Belo Horizonte Student Song Festival, he met Beto Guedes, Lô Borges, Toninho Horta and Sirlan.

In 1974, Flávio recorded the album A Página do Relâmpago Elétrico (The Electric Lightning Page) *with Beto Guedes.*

In 1979, the album Clube da Esquina 2 *was released, in which he recorded with Milton Nascimen-*

depois, forma com Hely, Magrão, Vermelho e seu irmão Cláudio Venturini o grupo 14 Bis, gravando oito álbuns.

Em 1989, segue a carreira solo. Em 1994, ganha seu primeiro disco de ouro com o álbum Noites com Sol.

Por Flávio Venturini

Conheci o Milton quando eu saí d'O Terço e gravei *A Página do Relâmpago Elétrico*. Eu comecei a viajar com o Beto e fazia uma participação especial, cantando algumas músicas minhas, cantava "Nascente". O Beto foi o primeiro a gravar "Nascente", gravação que eu considero também maravilhosa, acho linda, com arranjo de Toninho Horta – o primeiro arranjo de orquestra do Toninho Horta.

Com a turnê do Beto, eu estreitei a minha relação com o Milton. Comecei a ficar muito próximo do Bituca. Aí, ele começou a preparar o *Clube da Esquina 2* e me convidou para participar. Gravou "Nascente" lindamente, com arranjos do Francis Hime. Eu lembro que o Milton me perguntou quem eu queria que fizesse o arranjo e eu falei: "Ah, eu quero o Francis". E o Milton satisfez as minhas vontades, chamou o Francis Hime, que fez um arranjo lindo, e a gente cantou junto. Eu me lembro que foi uma das músicas que tocaram muito do *Clube da Esquina 2*, foi meio que a música

to his song "Nascente" ("Source"), which became a public and critical success. Soon after, he formed the group 14 Bis with Hely, Magrão, Vermelho, and his brother Cláudio Venturini, recording eight albums.

In 1989, he went solo. In 1994, he won his first gold record with the album Noites com Sol (Sunny Nights).

By Flávio Venturini

I met Milton when I left O Terço and recorded *A Página do Relâmpago Elétrico* (*The Electric Lightning Page*). I started traveling with Beto and made special participations, like a cameo appearance, singing some of my songs, singing "Nascente" ("Source"). Beto was the first to record "Nascente" ("Source"), a recording that I also consider wonderful, I think it's beautiful, with an arrangement by Toninho Horta – Toninho Horta's first orchestral arrangement.

With Beto's tour, I strengthened my relationship with Milton. I started to get very close to Bituca. Then, he started to prepare Clube da Esquina 2 and invited me to participate. He recorded "Nascente" ("Source") beautifully, with arrangements by Francis Hime. I remember Milton asked me who I wanted to do the arrangement and I said: "Oh, I want Francis". And Milton satisfied my wishes, called Francis Hime, who made a beautiful arrangement, and we sang along. I remember that it was one of the songs from *Clube da*

de trabalho do lançamento do disco, "Nascente".

Eu acho que o Clube da Esquina misturou aquele caldeirão de coisas que estavam acontecendo no mundo nos anos 70 de uma maneira muito bonita e ao mesmo tempo muito mineira, todo mundo reconhece. As pessoas falam: "Mas a música de vocês é diferente". Tem uma coisa das montanhas mesmo, que corre por aqui. Eu vejo isso até hoje nos compositores novos que aparecem, em Minas sempre teve essa vertente forte de rock, muitas bandas de rock importantes, Skank, mesmo o Sepultura, que dentro do estilo deles conquistou o mundo, sempre houve muitas bandas de rock. Mesmo na época do Clube da Esquina, eu me lembro que tinha bandas de rock como Haystack Needle, tinha umas bandas de rock importantes, Tarkus, tinha essa vertente de rock pesado. Minas sempre teve isso também, mas eu acho muito mais importante essa coisa que o Clube da Esquina abriu – abriu as portas para o mundo.

MURILO ANTUNES

Murilo Antunes Fernandes de Oliveira nasceu em Pedra Azul, nordeste de Minas Gerais, no dia 25

Esquina 2 that played a lot, it was kind of the single from the album release, "Nascente" ("Source").

I think that *Clube da Esquina* mixed that melting pot of things that were happening in the world in the 70's in a very beautiful and at the same time very Minas Gerais way, everyone recognizes this. People say: "But your music is different". There's something about the mountains that run through here. I see it to this day in the new songwriters that appear, Minas always had this strong aspect of rock, many important rock bands, Skank, even Sepultura, which in their style conquered the world, there have always been many rock bands. Even at the time of Clube da Esquina, I remember there were rock bands like Haystack Needle, there were some important rock bands, Tarkus, there was this heavy rock aspect, Minas always had that too, but I think this thing that Clube da Esquina opened is much more important – it opened the doors to the world.

MURILO ANTUNES

Murilo Antunes Fernandes de Oliveira was born in Pedra Azul, northeast of Minas Gerais, on June 25, 1950. His father, Joel Fernandes de Oliveira, was a drover in his youth and later worked at Banco do

de junho de 1950. Seu pai, Joel Fernandes de Oliveira, foi tropeiro na juventude e depois trabalhou no Banco do Brasil. Sua mãe, Ester Heloisa Antunes de Oliveira, era dona de casa.

Após a infância entre Pedra Azul e Montes Claros, aos 15 anos, Murilo mudou-se com os pais e quatro irmãos para Belo Horizonte.

Quase foi jogador de futebol profissional, trabalhou na produção de cinema e foi bancário.

Em 1968, largou o banco para dedicar-se às letras e compôs sua primeira música, "Super Herói". Aproximou-se e passou a escrever letras para a turma do Clube da Esquina graças às reuniões na garagem de Flávio Venturini – o maior parceiro de Murilo.

Em 1972, presenciou a primeira audição do disco Clube da Esquina, *na casa dos Borges, em Santa Tereza.*

Em 1978, com sua composição "Nascente", Murilo marcou presença no disco Clube da Esquina 2.

Em 1979, lançou seu primeiro livro de poemas, O Gavião e a Serpente. *De 1982 a 1988, foi sócio de uma agência de propaganda onde fazia capas de discos, cartazes e promovia shows de diversos artistas. Na década de 90 lançou o livro* Musamúsica.

Nos dias atuais, Murilo Antunes continua ativo na cena cultural mineira, tendo construído uma obra poética sólida e generosa, através das parcerias que estabelece com dezenas de compositores da nova geração.

Brasil. His mother, Ester Heloisa Antunes de Oliveira, was a housewife. After his childhood living between Pedra Azul and Montes Claros, at the age of 15, Murilo moved with his parents and four brothers to Belo Horizonte.

He almost became a professional football player, worked in film production and was a banker.

In 1968, he left the bank to dedicate himself to lyrics and wrote his first song, "Super Herói" ("Super Hero"). He met Clube da Esquina and started writing lyrics for them thanks to meetings in the garage of Flávio Venturini – Murilo's biggest partner.

In 1972, he witnessed the first audition of the album Clube da Esquina, *at the Borges' house, in Santa Tereza.*

In 1978, with his song "Nascente" ("Source"), Murilo was present on the album Clube da Esquina 2.

In 1979, he released his first book of poems, O Gavião e a Serpente *(*The Hawk and the Serpent*). From 1982 to 1988, he was a partner in an advertising agency where he made album covers, posters and promoted concerts by various artists. In the 90's, he released the book* Musamúsica *(*Musemusic*).*

Nowadays, Murilo Antunes remains active in the Minas Gerais cultural scene, having built a solid and generous poetic work, through the partnerships he established with dozens of composers of the new generation.

Por Murilo Antunes

O *Clube 1* sai em 72. Eu estava junto com os meninos, com o Marcinho, e ele falou: "Nós vamos fazer uma audição do disco que o pessoal acabou de mixar. Vamos lá pra você ouvir". Cheguei lá e a gente escutou numa casinha de fundos da casa de seu Salomão e dona Maricota. Todo mundo sentado no chão. Estavam o Bituca e o Ronaldo Bastos. A gente fez essa audição e eu fiquei enlouquecido. Foi nessa hora que eu falei: "É essa a turma que eu quero". Eu sabia as músicas dos outros discos do Bituca de cor e a gente cantava. A audição foi inesquecível. Até hoje eu lembro da nossa emoção: "Volta. Vamos ouvir novamente". Acabava: "Volta, vamos ouvir de novo". Ninguém arredava pé. Isso uniu muito a gente, ficamos muito felizes, choramos juntos. O Fernando Brant estava também. O time completo.

O que causou esse tremor nem foi essa coisa de Minas, o sentido nacional, a revolução quc aquela música causava. *Clube da Esquina* era um passo adiante da música que estava se fazendo no Brasil. A bossa nova estava instalada. Toda essa coisa do samba-canção, dos boleros, de Ary Barroso, Noel Rosa, desaguava na bossa nova. Essa música que eu estava vendo ali extasiado era um passo adiante da música que estava sendo feita no Brasil. Já continha guitarras e os tempos das músicas eram muito perspicazes, diferentes. Você não tinha re-

By Murilo Antunes

Clube 1 came out in 1972. I was with the boys, with Marcinho, and he said: "We're going to listen to the record that the guys just mixed. Let's put it on for you to hear." I got there and we listened to it in a little house at the back of the house of Seu Salomão and Dona Maricota. Everyone was sitting on the floor. There were Bituca, Ronaldo Bastos. We had this audition and I went crazy. It was at that moment that I said: "This is the gang I want to join". I knew the songs from Bituca's other albums by heart and we sang them. It was unforgettable. To this day I remember our emotion: "Play it again. Let's hear it again." It would always end with: "Play it again, let's hear it again". Nobody backed off. This brought us together a lot, we were very happy, we cried together. Fernando Brant was there too. The whole team.

What caused this tremor was not even this Minas thing, in the national sense, the revolution that that music caused. *Clube da Esquina* was a step forward from the music that was being made in Brazil. Bossa Nova was already installed. This whole samba-canção thing, the boleros, Ary Barroso, Noel Rosa, flowed into Bossa Nova. This music that I was ecstatically watching was a step forward from the music that was being made in Brazil. It already contained guitars and the timing of the songs

ferencial anterior daquela poética, era água limpa.

A sensação que eu tenho é que a gente estava ouvindo pela primeira vez no mundo esse tipo de música. A revolução da MPB começou aí.

Se a gente pegar particularmente Minas Gerais, ela existe antes e depois do Clube da Esquina, o marco definidor é o Clube da Esquina. Antes você tinha pessoas que batalhavam muito na música, na música da noite, o Pacífico Mascarenhas, a pré-bossa nova, algumas expressões da música que é claro que existiam, marchas, sambas, o Gervásio Horta. Mas, a expressão principal da música de Minas é o Clube da Esquina, acho que ninguém tem dúvida sobre isso.

A gravação do *Clube da Esquina 2* foi assim: o Milton conheceu a música "Nascente" através do disco do Beto, *A Página do Relâmpago Elétrico*, e se apaixonou. Lembro que encontrei o Beto num botequim aqui em Belo Horizonte e ele me contou: "O Bituca está gravando lá, você está sabendo?" "Eu não, ué!" Não cheguei a ir à gravação, já vi pronto. Foi muito emocionante ouvir minha música gravada no disco. Já tinha sido, com a gravação do Beto. E teve uma curiosidade. Os papéis dos músicos estavam todos invertidos nessa gravação do Beto, ou seja: Novelli, que é um baixista, tocou piano, o Beto Guedes, que é basicamente guitarrista e baixista, tocou bateria, o Toninho Horta tocou contrabaixo.

O *Clube 2* foi essa ampliação de coisas, várias

was very insightful, different. You had no previous reference to that poetics, it was clean waters.

The feeling I have is that we were hearing this kind of music for the first time in the world. The MPB revolution began there.

If we take Minas Gerais in particular, it exists before and after Clube da Esquina, the defining landmark is Clube da Esquina. Before you had people who worked very hard in music, in the night club scene, the Pacífico Mascarenhas, a pre-Bossa Nova club, some expressions of the music that already existed, marches, sambas, Gervásio Horta. But the main expression of music from Minas is Clube da Esquina, I don't think anyone has any doubts about that.

The recording of *Clube da Esquina 2* went like this: Milton discovered the song "Nascente" ("Source") through Beto's album, *A Página do Relâmpago Eléctrica* (*The Electric Lightning Page*), and fell in love. I remember meeting Beto in a bar here in Belo Horizonte and he told me: "Bituca is recording there, don't you know?" "Not me, huh!" I didn't get to go to the recording, I already heard it finished. It was very exciting to hear my music recorded on the record. It had already been, with Beto's recording. And he was curious. The musicians' roles were all reversed on this recording of Beto's, that is: Novelli, who is a bass player, played the piano, Beto Guedes, who is basically a guitarist and

pessoas foram aumentando a lista dos associados desse clube. E a partir daí, também, a gente começou a compor muito mais junto. Os meus parceiros são daí, o Flávio Venturini, o Tavinho Moura, o Beto Guedes, o Lô Borges, o pessoal do 14 Bis, o Nivaldo Ornellas, com quem tenho algumas músicas interessantes e inéditas.

O Flávio Venturini é o cara com quem eu tenho mais músicas. Ele tem um lugar muito especial na minha vida. É uma pessoa que sempre confiou na minha poesia. Ele não questiona, é uma coisa incrível. Ele compõe aquelas coisas magníficas e o que eu fiz ele topou. Até hoje não teve uma música que ele não tivesse topado a letra. Ele faz uma música celestial, divina. É uma pessoa muita pura de intenções, muito livre de coisa ruim. Quando vou fazer uma letra para uma música que é tão doce, ele me faz entrar naquele barato, ele me ajuda a não ir para os territórios do mal.

TAVINHO MOURA

Otávio Augusto Pinto de Moura nasceu em Juiz de Fora, em 9 de agosto de 1947. Seu pai, João Valente Pinto de Moura, era formado em Direito, trabalha-

bass player, played drums, Toninho Horta played double bass.

Clube 2 was this expansion of things, several people were increasing the list of members of this club. And from there, too, we started to write a lot more together. My partners are from there, Flávio Venturini, Tavinho Moura, Beto Guedes, Lô Borges, the people from 14 Bis, Nivaldo Ornelas, with whom I have some interesting and unreleased songs.

Flávio Venturini is the guy I have the most songs with. He has a very special place in my life. He is a person who has always trusted my poetry. He doesn't question it, it's an incredible thing. He writes those magnificent things and he accepted what I did. To this day he hasn't had a song that he hasn't found the lyrics to. He makes heavenly, divine music. He is a very pure person of intentions, very free from bad things. When I'm going to write lyrics for a song that's so sweet, he makes me get into that high, he helps me not go to the evil territories.

TAVINHO MOURA

Otávio Augusto Pinto de Moura was born in Juiz de Fora, on August 9, 1947. His father, João Valente Pin-

va como professor em Juiz de Fora e morreu quando Tavinho ainda era criança. Isso fez sua mãe, Hebe Gonçalves Pinto de Moura, voltar com os seis filhos a Belo Horizonte, sua cidade de origem, onde se empregou como funcionária pública concursada.

Na capital mineira, Tavinho cresceu no bairro Floresta, onde morava sua avó materna. Ali conheceu o violão, que adotou como principal instrumento. Aos 14 anos trabalhou como desenhista técnico do Serviço de Engenharia de Trânsito.

Na mesma época, surgiu o primeiro trabalho profissional ligado à música: a trilha sonora do filme O Homem do Corpo Fechado, *de Schubert Magalhães. Desde então, fez diversas trilhas premiadas para cinema como* Cabaret Mineiro *e* Minas, Texas*".*

Desde a adolescência conhecia algumas pessoas que viriam a formar o Clube da Esquina, mas sua ligação com nomes como Lô Borges, Beto Guedes e Toninho Horta só se consolidou no Festival de Belo Horizonte de 1969, quando sua música "Como Vai Minha Aldeia" foi defendida por Marilton Borges e ganhou o segundo lugar.

Por Tavinho Moura

Comecei a tocar violão na casa da minha mãe. Não sei se a minha família me incentivava muito. Eu ficava horas com o violão na mão, isso eu sei. Ficava horas tentando tirar as músicas,

to de Moura, graduated in Law, worked as a professor in Juiz de Fora, and died when Tavinho was still a child.

This made his mother, Hebe Gonçalves Pinto de Moura, return with her six children to Belo Horizonte, her city of origin, where she took a job as a civil servant.

In the capital of Minas Gerais, Tavinho grew up in the Floresta neighborhood, where his maternal grandmother lived. There he learned to play the guitar, which he adopted as his main instrument. At age 14, he worked as a technical draftsman for the Traffic Engineering Service.

At the same time, his first job in the music industry appeared: the soundtrack of the film O Homem do Corpo Fechado *(*The Man with a Closed Body*), by Schubert Magalhães. Since then, he has made several award-winning film scores such as* Cabaret Mineiro *and* Minas, Texas.

He has known some people who would form Clube da Esquina, *but his connection with names such as Lô Borges, Beto Guedes, and Toninho Horta was only consolidated at the Belo Horizonte Festival in 1969, when his song "Como Vai Minha Aldeia" ("How Is My Village") was defended by Marilton Borges and won second place.*

By Tavinho Moura

I started playing the guitar at my mother's house. I don't know if my family encouraged me

ouvindo os discos. Mas a coisa começou a funcionar mesmo com uns vizinhos que já sabiam um pouco de música. Um vizinho meu tinha um professor, aí aprendia acordes um pouco diferentes, acordes do Garoto. Eu não tive muita relação com ele, mas aprendi algumas coisas. Depois eu conheci o Toninho, que morava mais ou menos perto de lá.

Conheci o Toninho Horta porque eu andava de bicicleta num lugar, no alto da Floresta, e o Toninho morava por ali. Ele ficava com um violão na esquina, tocando as músicas do João Gilberto. Então eu parava para ver ele tocar. Falava: "Ainda vou chegar lá". Depois, quando eu conheci mesmo o Toninho, ele me ensinou muita coisa, ensinou para nós todos. Depois, conheci o Nelsinho Angelo também, logo que o Bituca chegou do Rio com aquela vitória maravilhosa do "Travessia".

O Festival Estudantil da Canção foi em 69. Aí é que começa tudo, porque foi aí que eu fiquei amigo do Beto, do Lô, do Toninho. O Marcinho já estava. Com o Fernando a gente saía todos os dias, mas o Fernando era júri, eu não podia ficar andando com o júri. Eu conheci o Túlio Mourão nesse festival, o Sirlan. Foi ali que a turma começou a se reunir. O Marilton é que defendeu "Como Vai Minha Aldeia"; ganhou segundo lugar. Em primeiro lugar ficou uma música do Rio de Janeiro, "Águas Claras", defendida pelo Eduar-

a lot. I used to spend hours with the guitar in my hand, I know that. I spent hours trying to make out songs, listening to the records. But things started to work even with some neighbors who already knew a little about music. A neighbor of mine had a teacher, there he learned a few different chords, Garoto's chords. I didn't have much of a relationship with him, but I learned a few things. Then I met Toninho, who lived more or less close by.

I met Toninho Horta because I was riding a bicycle in a place, at the top of the Forest, and Toninho lived there. He would play his guitar sitting on the corner of two streets, playing João Gilberto's songs. So I stopped to watch him play. He said, "I'm still getting there." Then, when I really got to know Toninho, he taught me a lot, he taught us all. Then, I met Nelsinho Angelo too, as soon as Bituca arrived from Rio with that wonderful victory of "Travessia" ("Crossing").

The Student Song Festival took place in 1969. That's when it all starts, because that's when I became friends with Beto, Lô, Toninho. Marcinho was already there. With Fernando we went out every day, but Fernando was a jury, I couldn't hang around with the jury. I met Túlio Mourão at this festival, Sirlan. It was there that the gang began to gather. Marilton played "Como Vai Minha Aldeia" ("How Is My Village"), and won second place. In first place was a song from Rio de Janeiro, "Águas

do Conde. A música era do Eduardo Souto Neto, acho. Depois, atrás de mim veio o Toninho Horta com "Canto de Desalento".

O Toninho Horta teve duas premiações, acho que terceiro e quinto lugar. Tem um quarto lugar que eu não sei, depois o Túlio Mourão com "Refractus". Esse festival tinha "Equatorial" com Lô e Beto, tinha "Clube da Esquina", com arranjo do Nelsinho Angelo, quem cantou foi o Marilton. Tinha muita música boa. E o júri final também era bom, veio o Egberto Gismonti, Nelson Motta. Foi bacana, movimentou a cidade. A partir desse festival é que se consolida a nossa ligação, que fomos fazer mais músicas juntos.

Uma vez, nós saímos da cantina do Lucas, para uma varanda que tinha na casa do Fernando. Foi a primeira vez que eu mostrei uma música, que eu tinha feito em Barbacena, chamada "Vidros Coloridos". O Nelson Angelo gostou. O Bituca também, mas falou: "Você tem que melhorar uns acordes aí, depois vou te passar. Vai ficar joia esse negócio". Aí comecei a harmonizar, ver que podia preencher mais os espaços. Fui aprendendo assim, meio autodidata, na escola da vida.

Por causa do Schubert Magalhães, eu frequentava o cinema do CEC, aonde o Marcinho também ia. Nós viajávamos muito juntos, íamos muito para o Rio ver os filmes do Godard no Cine Payssandu. Era um grupo que a gente tinha: o Guará, o Carlão, a

Claras" ("Clear Waters"), by Eduardo Conde. The song was written by Eduardo Souto Neto, I think. Then, after me, Toninho Horta came with "Canto de Desalento" ("Song of Discouragement").

Toninho Horta had two awards, I think third and fifth place. There's a fourth place that I don't know, then Túlio Mourão with "Refractus". This festival had "Equatorial" with Lô and Beto, there was "Clube da Esquina", with arrangement by Nelsinho Angelo, with Marilton singing. There was a lot of good music. And the final jury was also good, they were Egberto Gismonti, Nelson Motta. It was cool, it shook the city. It was from this festival that our connection was consolidated, that we went to make more songs together.

Once, we left Lucas' canteen to a balcony that was in Fernando's house. It was the first time I showed a song, which I had written in Barbacena, called "Vidros Coloridos" ("Colored Glass"). Nelson Angelo liked it. Bituca too, but he said: "You have to improve some chords there, then I'll pass it to you. This thing is going to be awesome." Then I started harmonizing, seeing that I could fill in the spaces more. That's how I learned, kind of self-taught, in the school of life.

Because of Schubert Magalháes, I used to go to the CEC cinema, where Marcinho also went. We traveled a lot together, we went to Rio a lot to see Godard's films at Cine Payssandu. It was a group

Celiah. No Rio, a gente descolava uns apartamentos, era um negócio engraçado, ninguém sabia de quem era, mas a chave abria a porta.

A minha participação no álbum *Clube da Esquina 1* foi de bisbilhoteiro. Eles ficavam na casa do Marcinho até tarde tocando as músicas a ser gravadas, discutindo quem ia tocar, quem não ia e eu ficava ali.

Aí, eu comecei a ter uma aproximação com o Bituca. O Bituca é a pessoa mais original que eu conheci na minha vida. Fora o respeito que eu já tinha, porque quando ouvi as músicas dele já sabia que o negócio era sério demais, uma coisa diferente de tudo. O Bituca em si era uma pessoa muito original. Sujeito que falava tudo diferente, o jeito dele fazer humor era qualquer coisa. Eu pensava: "Sou uma insignificância pra chegar perto desse cara". Mas ele, muito gentil como sempre, um dia me fechou num quarto, pegou o violão, tocou uma música para mim maravilhosa.

Pediu para eu tocar uma música minha e do Marcinho. Fui desinibindo, mas ele é que fez tudo, porque eu era um verdadeiro jacu. Chegava perto dele, eu tremia igual uma vara. "Não tem nada disso não, o cara é gente fina." Então foi assim, depois nós ficamos muito amigos, fizemos música e filme juntos.

Começa a aparecer uma semente, porque a diversidade era muito grande, muitas ideias dife-

that we had: Guará, Carlão, Celiah. In Rio, we used to get some apartments, it was a funny thing, nobody knew whose it was, but the key opened the door.

My participation in the album *Clube da Esquina 1* was just as an observer. They stayed at Marcinho's house until late playing the songs to be recorded, discussing who was going to play, and who wasn't and I stayed there.

Then, I started to get closer to Bituca. Bituca is the most original person I've met in my life. Apart from the respect I already had, when I heard his songs I knew that things were serious, something different from everything else. Bituca himself was a very original person. A guy who said everything differently, his sense of humor was so random. I thought, "I'm nothing next to this guy." But he, very kind as ever, one day he shut me in a room, took the guitar, played a wonderful song for me.

He asked me to play a song by me and Marcinho. I was uninhibited, but he did everything because I was a real ***jacu*** ("shy" in his region's slang). I'd get close to him, I trembled like a stick. "No need for that, the guy is a nice person." So it was like that, after that we became really good friends, we made music and movies together.

A seed then begins to sprout, because the diversity was so great, with many different ideas. Lô with Beto is a one-way thing, I already arrived with something more "rural". Toninho Horta already had

rentes. O Lô com o Beto é uma coisa de um jeito, eu já cheguei com uma coisa mais "curraleira". O Toninho Horta já era aquela sofisticação. Essa coisa começou a germinar de uma maneira múltipla e me ajudou muito, porque fiz muita música que nunca mostrei para ninguém. Já mostrei ao Bituca. Era a cara das dele, e nunca vou aceitar fazer uma música com a cara dos outros.

Mas como experiência serve. Para você falar que a música é sua mesmo, ela tem que ser sua. Então isso me ajudou a ter o meu estilo. Procurei muito uma maneira de fazer música que fosse minha. E acho que isso ajudou muito, porque comecei a ver as coisas de perto, ver o que as pessoas faziam, como faziam – e faziam bem pra cacete! Hoje todo mundo acha que minha música é muito personificada. Deve ser graças a isso.

TELO BORGES

Marcelo Wilson Fragoso Borges, o Telo, nasceu em 22 de janeiro de 1958, na capital mineira, filho de Salomão Magalhães Borges, jornalista autodidata, e Maria Fragoso Borges, professora primária. Seu primeiro contato com a música aconteceu por meio dos seus irmãos, Marilton e Lô Borges, que já eram músicos profissionais.

that sophistication. This thing started to germinate in a multiple way and it helped me a lot, because I made a lot of music that I never showed anyone. I already showed it to Bituca. It was his kind of music, and I will never agree to make a song like the others.

But as an experience, it worked. For you to say that the music is yours, it has to be yours. So that helped me develop my style. I searched a lot for a way to make music that was mine. And I think that helped a lot because I started to see things up close, see what people did, how they did it – and they did it damn well! Today everyone thinks my music is very characteristic. It must be thanks to that.

TELO BORGES

Marcelo Wilson Fragoso Borges, known as Telo, was born on January 22, 1958, in the capital of Minas Gerais, the son of Salomão Magalhães Borges, a self-taught journalist, and Maria Fragoso Borges, a primary school teacher. His first contact with music happened through his brothers, Marilton and Lô Borges, who were already professional musicians.

At the age of 13, he began to study piano, but soon lost interest. At the age of 14, he wrote the song "Voa Bicho" ("Fly, Animal") in partnership with

Com 13 anos, começou a estudar piano, mas logo se desinteressou. Com 14 anos, compôs a música "Voa Bicho" em parceria com o irmão Márcio Borges. Na adolescência, passava férias na casa de Milton Nascimento no Rio de Janeiro, onde aconteceu sua primeira experiência em estúdio ao participar da gravação do disco Milagre dos Peixes.

Com 17 anos, compôs "Vento de Maio", que é gravada por Lô Borges e Elis Regina. Em seguida, saiu em turnê com o irmão Lô, participando do Projeto Pixinguinha. Participou da gravação do disco Os Borges. *A partir do álbum* Sol de Primavera, *passou a integrar a banda de Beto Guedes.*

Em 2003, recebeu o Grammy Awards pela música intitulada "Tristesse" em parceria com Milton Nascimento.

Por Telo Borges

Eu lembro do Bituca a primeira vez, nos primeiros momentos da minha memória, ainda lá no Centro, no edifício Levy. Eles tinham um conjunto com o Marilton e ficavam ensaiando lá. Numa determinada época, além de ensaiar, ele começou a dormir lá em casa também, começou a morar lá em casa. Aí, ele foi para São Paulo, foi para o Rio, mas sempre voltava. A gente se mudou para Santa Tereza e ele continuou.

Toda vez que ele vinha aqui para Belo Horizonte, ficava lá em Santa Tereza e virou tipo irmão mesmo. A minha mãe tinha a maior confiança,

his brother Márcio Borges. As a teenager, he spent vacations at Milton Nascimento's house in Rio de Janeiro, where his first studio experience took place when he participated in the recording of the album Milagre dos Peixes (Miracle of the Fish).

At the age of 17, he wrote "Vento de Maio" ("May Winds"), recorded by Lô Borges and Elis Regina. He then went on tour with his brother Lô, participating in the Pixinguinha Project. He took part in the recording of the album Os Borges. *From the album* Sol de Primavera (Spring Sun) *onwards, he joined Beto Guedes' band.*

In 2003, he received a Grammy Award for the song entitled "Tristesse" ("Sadness") in partnership with Milton Nascimento.

By Telo Borges

I remember Bituca the first time, in the first moments of my memory, still downtown, in the Levy building. They had a group with Marilton and they rehearsed there. At a certain time, in addition to rehearsing, he started sleeping there too, he started living there. Then he went to São Paulo, he went to Rio, but he always came back. We moved to Santa Tereza and he kept coming.

Every time he came here to Belo Horizonte, he stayed there in Santa Tereza and became like a brother. My mother trusted him, my father would

2ND VOLUME

meu pai deixava a gente, eu e o Nico, ir passar férias com o Bituca no Rio. O Bituca virou irmão mesmo, com a maior confiança. A gente ia, mamãe liberava, falava: "Vai, vai com o Bituca". Aí a gente ficava no Rio com ele, era superlegal.

A chegada do Milton com as músicas geniais dele começou a interferir diretamente dentro da nossa casa. O disco *Clube da Esquina*, para mim, representa a bíblia musical. É onde estão resumidos os ensinos básicos de uma música brasileira de qualidade. Eu considero uma coisa básica na minha formação. Foi ali, decorando aquelas músicas, aquele álbum de vinte e tantas músicas, aquelas vinte e tantas letras, estudando exaustivamente aquilo, que praticamente me formei musicalmente.

Acho que as músicas contidas naquele álbum duplo resumiam o que de melhor tinha na música mundial na época – tinha rock, jazz, Beatles, bossa nova. Todas as coisas de bom gosto da música estavam ali naquelas músicas. Então, acho que é por isso que pegou todo mundo pelo pé. Porque era uma coisa completa, era para quem gostava de poesia, de bossa nova, de rock, de música boa. Pegou muita gente pelo pé e pega até hoje.

Em 1998, gravei o meu primeiro CD, *Vento de Maio*. No coquetel do lançamento, todo mundo lá e o disco tocando. Foi quando o Beto Guedes chegou perto de mim e falou: "Ô, velho, essa música é bonita demais, sô". Era uma trilha instrumental – a últi-

let us, Nico and I, go on vacation with Bituca in Rio. Bituca became a brother, with the greatest confidence. We would go, Mom would let us know, say: "Go, go with Bituca". Then we would stay in Rio with him, it was super cool.

Milton's arrival with his genius songs started to interfere directly inside our household. The album *Clube da Esquina*, for me, represents the musical bible. This is where the basic teachings of quality Brazilian music are summarized. I consider it a basic thing in my training. It was there, memorizing those songs, that album of twenty-odd songs, those twenty-odd lyrics, exhaustively studying that, that I practically graduated musically.

I think the songs on that double album summed up what was the best of the music from the world at the time – there was rock, jazz, The Beatles, Bossa Nova. All the tasteful things in music were all there in those songs. So I think that's why it captivated everyone. Because it was a complete thing, it was for those who liked poetry, Bossa Nova, Rock, good music. It won many people over and still does today.

In 1998, I recorded my first CD, *Vento de Maio (May Winds)*. At the launch cocktail, everybody there and the record playing. That's when Beto Guedes came close to me and said: "Hey, man, this song is just so beautiful." It was an instrumental track – the last song on the CD. He said: "The

ma música do CD. Ele falou: "A música que eu mais gostei do seu disco é essa. Quero gravar isso, mas não tem letra. Se o Bituca fizer uma letra, eu gravo no meu próximo disco". Aí liguei para o Bituca, que já tinha o disco. Ele falou: "Claro, adoro essa música também". Então, fui para o Rio me encontrar com Bituca. Eu toquei, toquei, e ele: "Mais uma". Pegou o violão, fez a melodia e falou: "Agora deixa comigo que depois eu vou fazer a letra". Desse jeito nasceu "Tristesse". O Beto gravou essa música com a Paula Toller naquele disco dele, *Dias de Paz*. O Bituca adorou e disse: "Também vou gravar o 'Tristesse' e quero gravar o 'Voa Bicho' também". Ele gravou três músicas minhas no último CD dele, *Pietá*. E eu fiquei todo feliz de gravar com o Bituca.

"Tristesse", minha primeira parceria com o Milton, ganhou um Grammy Latino. Viajamos, fomos três vezes à Europa. Estivemos no Japão, estivemos na África. E em todos os lugares acontecia a mesma coisa: quando íamos tocar o "Tristesse", seja qual o país, o Milton falava da nossa parceria com o maior carinho e me apresentava em separado. Aí, a gente fazia o "Tristesse" e o pessoal amava. Era um momento de muita alegria mesmo. Porque o Bituca é uma referência musical muito forte, e a gente tem uma coisa, uma intimidade de família, de anos juntos. Então, eu estava em casa, adorava subir no palco com o Bituca. Era uma lição a cada show.

song I liked the most on your record is this one. I want to record this, but there's no lyrics. If Bituca writes a lyric, I'll record it on my next album". Then I called Bituca, who already had the record. He said: "Of course, I love this song too." So I went to Rio to meet Bituca". I played, played, and he said: "One more time." He picked up the guitar, wrote the melody and said: "Now leave it to me and I'll write the lyrics later." That's how "Tristesse" ("Sadness") was born. Beto recorded the song with Paula Toller on that album of his, *Dias de Paz (Days of Peace)*.

Bituca loved it and said: I'm also going to record 'Tristesse' and I want to record 'Voa Bicho' too." He recorded three of my songs on his latest CD, *Pietá*. And I was really happy to record with Bituca.

"Tristesse" ("Sadness"), my first collaboration with Milton, won a Latin Grammy. We traveled, we went to Europe three times. We've been to Japan, we've been to Africa. And everywhere the same thing happened: when we were going to play "Tristesse" ("Sadness"), whatever the country, Milton spoke of our partnership with the greatest affection and introduced me separately. Then, we did "Tristesse" ("Sadness") and people loved it. It was a very happy moment indeed. Because Bituca is a very strong musical reference, and we have one thing, a family intimacy, of years together. So, I felt at home, I loved going on stage with Bituca. Every show was a lesson.

Marazul em/in 2022 / Chris Fuscaldo

A CELEBRAÇÃO EM 2022

THE CELEBRATION IN 2022

Márcio Borges / Isabel Borges
POR / BY
MÁRCIO
BORGES

GENEALOGIA AFETIVA DE UM CERTO CLUBE

Banco de estação. Lugar de despedida e emoção. Foi a primeira coisa que Bituca gravou.

Barulho de Trem.

Ele, moleque de roupa nova, ouvindo o barulho do trem que não parava mais lá.

Inevitável, certa manhã pegou uma jardineira e rompeu estrada.

Se despediu dos cafezais sem fim e foi buscar outros horizontes.

Deixou na plataforma Zino, Lilia, Maria Amélia, Dida, Jaca, Marco Antônio, Regininha, Buchas e Boechats, Cabrais, Veigas, Silvas e Campos...

...os povos, as casas, as praças, os portões envidraçados dos clubes que lhe fechavam as portas.

Foi em busca de fazer seu outubro de homem. E, claro, levou a Música que sempre foi a senhora do seu destino.

Primeiro, fez-lhe descobrir que homens podiam cantar. Apresentou-lhe um rei. Ray Charles, cantando "Stella by Starlight", Estela sob a luz das estrelas.

Aquilo cativou o menino de Três Pontas para sempre. Dali em diante, Bituca não precisaria mais chorar por ter perdido seu tom de pas-

AFFECTIVE GENEALOGY OF A CERTAIN CLUB

Station bench. Place of goodbyes and emotions. It was the first thing Bituca recorded.

The sound of the train.

He, a kid in new clothes, listening to the sound of the train that didn't stop there anymore.

Inevitably, one morning he took a shovel and hit the road.

He said goodbye to the endless coffee plantations and went after other horizons.

On the platform, he left Zino, Lilia, Maria Amélia, Dida, Jaca, Marco Antônio, Regininha, Buchas and Boechats, Cabrais, Veigas, Silvas and Campos...

...the towns, the houses, the squares, the glazed gates of the clubs that closed their doors.

He went in search of making his October as a man. And of course, he took the Music that has always been the master of his fate.

First, it made him discover that men could sing. He was presented with a king. Ray Charles, singing Stella by Starlight.

That captivated the boy from Três Pontas forever. From then on, Bituca would no longer have to cry for having lost his birdlike tone, his childlike voice.

He found other voices throughout his life, other tones, and other gifts. Ray Charles had shown

sarinho, sua voz de criança.

Achou pela vida afora outras vozes, outros tons e outros dons. Ray Charles lhe mostrara que a voz do homem não subtraía a essência do menino.

Por causa do cantor americano, para sempre virou ele próprio o maior cantor que já ouvi. E tenho para mim que assim será, mesmo quando lhe faltar a voz. Mesmo quando lhe faltar o ar.

A alma do Bituca ainda vai dar um jeito de cantar. Seus agudos vão vencer o vazio e ainda vão soar. Porque a Música colocou nas costas daquele menino preto, adotado por amorosos pais brancos, uma longa e sinuosa estrada.

Nela Bituca vem andando e com certeza vai trilhá-la até o fim. Sempre carregando no ombro a trilha das suas origens.

Ainda mora dentro dele o menino que segurava a gaitinha entre os joelhos, pra tocar a sanfona com as mãos livres. O Wagner, amiguinho de infância, olhava aquilo e perguntava: "Como é que pode??".

Rapazinhos, vieram juntos pra Belo Horizonte, ele e Wagner. Ele sabia que o caminho seria de pedras, mas não iria sozinho.

Foi conhecendo músicos como Pacífico, Marilton, Hélvius, Pascoal, Nivaldo, Márcio José, Boscão, Figo Seco, Balona, uma turma de músicos maravilhosos, no saudoso Ponto dos Músicos.

O Wagner colocou-lhe um contrabaixo

him that a man's voice did not take away the essence of a boy.

Because of the American singer, he became the greatest singer I've ever heard before. And I believe that it will be so even when he loses his voice. Even when he runs out of air.

Bituca's soul will still find a way to sing. His high notes will overcome the void and will still resound. Because Music put on the back of that black boy, adopted by loving white parents, a long and winding road.

It is on this road that Bituca has been treading and will surely walk to the end. Always carrying the trail of his origins on his shoulder.

The boy who held the harmonica between his knees still lives inside him, to play the accordion with his free hands. Wagner, a childhood friend, looked at it and asked: "How can it be??".

They were boys when they came together to Belo Horizonte, he and Wagner. He knew the road would be rocky, but he wouldn't be alone.

He got to know musicians like Pacífico, Marilton, Hélvius, Pascoal, Nivaldo, Márcio José, Boscão, Figo Seco, Balona, a group of wonderful musicians, at the late Ponto dos Músicos.

Wagner put an acoustic bass in his hand and said: "If you want to work, you have to play this here". Because there were too many crooners in BH.

acústico na mão e disse: "Se quiser trabalhar, tem que tocar isso aqui". Porque havia crooner demais em BH.

Então, Bituca aprendeu a tocar contrabaixo até tirar sangue dos dedos, que ficavam em carne viva. Um contrabaixista genial, diga-se de passagem.

E daí saíam para os bailes da vida.

Por sorte ou destino, no meio do caminho Bituca me encontrou, um Borges e sua enorme família, Salim e Maricota, Lô, Yé, Telo e mais uns tantos.

Destino, ou sorte: a primeira vez que vi o Bituca foi quando eu, menino, cheguei da aula e ele estava deitado na minha cama. Era justamente o intervalo de ensaio do então (1964) recém-formado quarteto vocal Evolussamba, composto por meu irmão mais velho, Marilton, mais Wagner Tiso, Marcelo Ferrari e o Bituca.

Nessa época, Bituca ainda ganhou mais duas famílias pra lá de especiais, a do Fernando Brant e a do Ronaldo Bastos, seus eternos amigos e parceiros.

Mas a sorte, ou destino, do Bituca não iria parar aí. Numa festa em São Paulo, conheceu o Agostinho dos Santos e a Elis.

Ele e ela, sim, mudaram o rumo da carreira dele.

O Agostinho, mesmo contra a vontade do Bituca, inscreveu três músicas dele no Festival

So Bituca learned to play the double bass until he drew blood from his fingers, which would be raw. A brilliant bass player, by the way.

And then they went out to the dances of life.

By luck or fate, on the way, Bituca found me, a Borges and his huge family, Salim and Maricota, Lô, Yé, Telo and a few others.

Fate, or luck: the first time I saw Bituca was when I, as a boy, came home from class and he was lying on my bed. It was precisely the rehearsal break of the then (1964) newly formed vocal quartet Evolussamba, composed by my older brother, Marilton, plus Wagner Tiso, Marcelo Ferrari and Bituca.

At that time, Bituca also gained two more special families, Fernando Brant and Ronaldo Bastos, his eternal friends and partners.

But Bituca's luck, or destiny, would not stop there. At a party in São Paulo, he met Agostinho dos Santos and Elis.

He and she, yes, changed the course of his career.

Agostinho, even against Bituca's wishes, submitted three of his songs to the International Song Festival. In the same year, Elis recorded one of his songs for the first time, "Canção do Sal" ("Song of the Salt"). And the rest is history.

"Travessia" ("Crossing"), his first partnership with Fernando Brant, became a national anthem.

Life went on and Bituca was collecting

Internacional da Canção. No mesmo ano, a Elis gravou uma canção dele pela primeira vez, a "Canção do Sal". E o resto é história.

"Travessia", primeira parceria dele com o Fernando Brant, virou um hino nacional.

Vida foi seguindo e Bituca foi colecionando amigos e parceiros, um de cada espécie do que havia de melhor e mais raro.

Juntos, fomos escrevendo as páginas daquele livro bom da nossa linda juventude, com tinta feita de sons, palavras, versos, sonhos, sangue, suor, lágrimas, risadas, ensaios, garrafas derramadas, quilômetros e mais quilômetros de estradas, léguas devoradas na boleia do caminhão, lições decoradas e gravadas para sempre em nossos corações de estudantes.

Amizade foi a primeira palavra que escrevemos neste livro. A segunda, a terça, a quarta, a quinta dominante, tudo mais virou Música.

A paixão pelos filmes nos levou para muito além das telas de cinema.

Éramos todos Jules e Jim. Um bando à parte, como num filme de Godard.

Todos Vera Cruz e o Beco do Mota.

Éramos o milagre dos peixes, éramos o pão e a fome.

Momentos incríveis da memória, vejo meu irmão número seis, o menino Lô, bebendo com Bituca a primeira batida de limão da vida dele.

friends and partners, one of each species of the best and rarest.

Together, we were writing the pages of that good book of our beautiful youth, with ink made of sounds, words, verses, dreams, blood, sweat, tears, laughter, essays, spilled bottles, kilometers and kilometers of roads, leagues devoured on the back of trucks. Lessons memorized and forever engraved in our coração de estudante (students' hearts).

Friendship was the first word we wrote in this book. The second, third, fourth, dominant fifth, everything else became Music.

The passion for films took us far beyond the movie screens.

We were all Jules and Jim. A bunch apart, like in a Godard film.

All Vera Cruz and Beco do Mota.

We were the miracle of the fish, we were the bread and the hunger.

Incredible moments of memory, I see my brother number six, the boy Lô, drinking the first lemon drink of his life with Bituca.

I see the afternoons in Marazul and the night when we sang "Clube da Esquina" for the first time, by the candlelight, Dona Maricota, my late mother's candle, on the Borges' porch.

So it is.

In the midst of so much tear gas, we survived

Vejo as tardes de Marazul e a noite em que cantamos "Clube da Esquina" pela primeira vez, à luz da vela de dona Maricota, minha saudosa mãe, na varanda dos Borges.

Pois é.

Em meio a tantos gases lacrimogêneos, sobrevivemos e ficamos calmos, calmos, calmos.

Hoje, olhando o caminho percorrido nessa estrada, vejo que o rio de asfalto e gente entornou pelas ladeiras, escorreu pelas esquinas e inundou as redes sociais, as mentes e os corações do mundo inteiro.

Tocou e toca milhões de corações em todos os continentes.

O Clube da Esquina vai continuar jorrando amor e amizade até aonde chegarem nossa música e nossa voz.

Eu sei, porque venho lá do começo dessa utopia de meninos sonhadores.

Venho do cruzamento das ruas Paraisópolis com Divinópolis, local do encontro suburbano do paraíso com o divino, onde fincamos lá longe a nossa Sentinela. Nossa Cruzada. Nossa Canção do Novo Mundo. Nossa Travessia. Nosso Clube da Esquina.

E lá se vai mais um dia.

Visconde de Mauá, 03 de Agosto de 2022

and stayed calm, calm, calm.

Today, looking at the path taken on this road, I see that the river of asphalt and people spilled over the slopes, flowed through the corners and flooded the social networks, the minds and the hearts of the whole world.

It touched and stills touches millions of hearts on all continents.

Clube da Esquina will continue to pour out love and friendship as far as our music and our voices reach.

I know, because I come from the beginning of this utopia of dreaming boys.

I come from the intersection of Paraisópolis and Divinópolis streets, the place where paradise meets the divine in the suburbs, where we set up our Sentinel in the distance. Our Cruzada (Crusade). Our Canção do Novo Mundo (New World Song). Our Travessia (Crossing). Our Clube da Esquina (Corner Club).

And there goes another day.

Visconde de Mauá, August 3, 2022

Lô Borges / João Diniz

POR / BY

LÔ
BORGES

O CLUBE E O TEMPO

Estou muito feliz: mais uma década do *Clube da Esquina* e do "Disco do Tênis", coisas tão fundamentais na minha formação como compositor, como homem, como ser humano. E é incrível, porque parece que foi ontem e eu me reporto a uma coisa sábia que meu pai falava, o saudoso Salomão Magalhães Borges. Ele dizia que o tempo é uma abstração da mente. Para mim, uma década, cinco décadas, seis décadas, um minuto, dois minutos, cinco minutos, é tudo parecido, o tempo é uma abstração da mente.

O *Clube da Esquina* fez parte da minha formação como compositor, quando eu era muito jovem. Era um desafio, mas um desafio relaxado, sem estresse, supercriativo e gostoso, convivendo com o Bituca, com o Beto, com Marcinho, com Ronaldo, com Fernando Brant, Toninho Horta e tantos outros.

No *Clube da Esquina*, eu tive tempo para compor dessa forma mais relaxada. Fui morar numa praia paradisíaca, em Niterói, em Piratininga, no Marazul. E, ali, eu compus coisas que tive mais tempo para compor, o que foi diferente do "Disco do Tênis". Esse foi uma pilha.

O *Clube da Esquina* foi uma convivência linda, fazer aquele álbum. Era a primeira vez que eu entrava num estúdio e isso pra mim foi fun-

THE CLUB AND TIME

"I'm very happy: one more decade of *Clube da Esquina* and "Disco do Tênis" ("Tennis Record"), things so fundamental in my formation as a composer, as a man, as a human being. And it's incredible, because it seems like yesterday and I refer to something wise that my father used to say, the late Salomão Magalhães Borges. He said that time is an abstraction of the mind. For me, a decade, five decades, six decades, one minute, two minutes, five minutes, it's all the same, time is an abstraction of the mind.

Clube da Esquina was part of my training as a songwriter, when I was very young. It was a challenge, but a relaxed, stress-free, super-creative and enjoyable challenge with Bituca, Beto, Marcinho, Ronaldo, Fernando Brant, Toninho Horta and so many others.

With *Clube da Esquina*, I had time to write in a more relaxed way. I went to live on a paradise beach, in Niterói, in Piratininga, at Marazul. And, there, I wrote things that I had more time to write, which was different from "Disco do Tênis" ("Tennis Record"), which was kind of a gag.

Clube da Esquina was a beautiful experience, the making of that album. It was the first time I entered a studio and it was fundamental for me to structure myself as an artist, as a composer, as a performer.

damental para me estruturar como artista, como compositor, como intérprete.

Mas aí, quando surgiu o convite da gravadora para fazer um disco solo no mesmo ano do *Clube da Esquina*, eu já havia gasto toda minha munição como compositor. E eu era muito jovem, um iniciante. Então, para fazer o "Disco do Tênis", tive que arregaçar as mangas e fazer música de manhã, Marcinho e Ronaldo faziam a letra à tarde e de noite a gente ia para o estúdio gravar valendo para todo o sempre.

Então, o *Clube da Esquina* foi maravilhoso, mas o grande desafio para mim mesmo foi o "Disco do Tênis", porque ele me deu a agilidade que eu tenho até hoje como compositor. Estou com 70 anos e compondo como eu compunha naquela época, porque o "Disco do Tênis" me ensinou a compor com agilidade. O *Clube da Esquina* me ensinou a compor de uma forma mais relax. Hoje eu junto essas duas coisas para continuar compondo.

Esses foram dois discos fundamentais na minha formação como pessoa; eu era pouco mais do que um adolescente, com 19 anos, então, é uma coisa formadora da minha personalidade. Pude criar coisas que eu mesmo não sabia que era capaz de criar. Era a investigação do desconhecido, e essa coisa me fascina: você trabalhar com o que não existe ainda, passar a ser um cria-

But then, when the label invited me to make a solo album in the same year as *Clube da Esquina*, I had already used up all my ammunition as a composer. And I was very young, a beginner. So, to make "Disco do Tênis" ("Tennis Record"), I had to roll up my sleeves and make music in the morning, Marcinho and Ronaldo wrote the lyrics in the afternoon and at night we went to the studio to record the final cut.

So, *Clube da Esquina* was wonderful, but the biggest challenge for me was "Disco do Tênis" ("Tennis Record"), because it gave me the agility that I still have as a songwriter. I am 70 years old and still writing as I did at that time, because Disco de Tênis taught me how to compose more efficiently. *Clube da Esquina* taught me to compose in a more relaxed way. Today I combine these two things to continue writing.

These were two fundamental records in my formation as a person; I was little more than a teenager, 19 years old, so it was something that shaped my personality. I was able to create things that I didn't even know I was capable of creating. It was the investigation of the unknown, and this fascinates me: working with what doesn't exist yet, becoming a real creator, a creator of music, stories, lyrics with partners.

This is my genesis, my story, it's where I learned to do everything I've been doing until today,

dor mesmo, criador de músicas, de histórias, de letras com os parceiros.

Essa é a minha gênese, a minha história, é onde eu aprendi a fazer tudo o que venho fazendo até hoje, aquele caminho, ainda com muita garra, com muita vontade e muita inspiração. *Viva o Clube da Esquina*! Viva o "Disco do Tênis"!

Lô Borges, 05 de agosto de 2022

that path, still with a lot of determination, with a lot of will and a lot of inspiration. Long live the *Clube da Esquina*! Long live the "Disco do Tênis" ("Tennis Record")!

Lô Borges, August 5, 2022

POR / BY

MILTON NASCIMENTO

Milton Nascimento em/in 2022 / Marcos Hermes

CARTA A MÁRCIO BORGES

Marcinho, meu irmão,

Quando recebi seu convite para escrever sobre este novo projeto (mais um presente que o mundo acaba de ganhar), fiquei alguns dias pensando no que dizer depois de tantas e tão conhecidas histórias sobre a nossa amizade. Mas logo me veio um pensamento com a coisa mais óbvia disso tudo. De que duas das descobertas mais transformadoras que eu tive na vida e que envolveram exatamente minhas duas paixões artísticas, a música e o cinema, tiveram relação direta com a figura de Márcio Borges.

E as duas descobertas no mesmo dia.

O ano era 1964. A primeira delas (naquela já conhecida história) foi quando entramos no Cine Tupi, em BH, às duas da tarde para assistir *Jules et Jim*, do Truffaut e, de tão impactados, ficamos mais quatro sessões seguidas!

Na sequência, saímos do cinema e, nessa mesma noite, fizemos as três primeiras músicas de nossa parceira: "Novena (Paz do Amor Que Vem) ", "Crença" e "Gira Girou".

Por isso, minha relação com Marcinho é algo tão forte. Um cara que que viveu comigo não só essa experiência marcante em nossa juventude, mas que tem vivido muitas outras ao longo desses 60 anos de amizade.

LETTER TO MÁRCIO BORGES

Marcinho, my brother,

When I received your invitation to write about this new project (another gift that the world has just received), I spent a few days thinking about what to say after so many well-known stories about our friendship. But then a thought came to me with the most obvious thing of all. That two of the most transformative discoveries I've had in my life, that involved exactly my two artistic passions: music and cinema, were directly related to Márcio Borges.

And both discoveries on the same day.

The year was 1964. The first one (in that already well-known story) was when we entered Cine Tupi, in BH, at two in the afternoon to watch Jules et Jim, from Truffaut and, we were so impressed, we stayed for four more sessions in a row!

After that, we left the cinema and, that same night, we made the first three songs of our partnership: "Novena (Paz do Amor Que Vem)" ("Novena (The Peace of Love that Comes")). "Crença" ("Belief") and "Gira Girou" ("Turn, Turned").

That's why my relationship with Marcinho is so strong. A guy who not only lived through this remarkable experience with me in our youth, but who has lived through many others over these 60 years of friendship.

Cheguei em BH no ano de 1962. E fui morar no Edifício Levy, Pensão da dona Benvinda, que ficava no quarto andar desse prédio até hoje encravado bem no centro da cidade. Marilton Borges, pianista dos grandes, foi o primeiro Borges que eu conheci, e por causa dele conheci a família toda, entre eles Marcinho e Lô.

Os Borges moravam no quarto andar do Levy, me lembro a primeira vez em que vi o Marcinho foi num ensaio do Evolussamba, grupo que eu tinha junto com Marilton, Marcelo Ferrari e Wagner Tiso. A gente ensaiava na casa dos Borges, no famoso "Quarto dos Homens", lá eu conheci Márcio Borges.

Eu tinha vinte anos e ele dezessete. Me lembro que rapidamente já tinha botado um apelido nele, Das Baixínhans, que eu falava imitando um falso sotaque alemão, tipo assim: "You ser Das Baixínhans, e Das Baixínhans falarrr alemã". No começo ele ficou meio "cabreiro" (risos), mas logo depois ficamos grandes amigos e até "irmãos". Afinal, de tanto que eu ficava na casa dos Borges, fui chamado de décimo segundo filho pelos pais do Marcinho, os eternos Dona Maricota e Seu Salomão.

"Das Baixínhans" também foi uma das pessoas que me viu em ação em meu último emprego formal antes de seguir de vez a carreira de músico. Eu era escriturário no escritório das Centrais Elé-

I arrived in BH in 1962. And I went to live in Edifício Levy, at Dona Benvinda's Boardinghouse, on the fourth floor of this building, which is still located right in the center of the city. Marilton Borges, a great pianist, was the first Borges I met, and because of him, I met the whole family, including Marcinho and Lô.

The Borges lived on the fourth floor of Levy, I remember the first time I saw Marcinho. It was at a rehearsal by Evolussamba, a group I had with Marilton, Marcelo Ferrari and Wagner Tiso. We rehearsed at the Borges family's house, in the famous "Quarto dos Homens", the "Men's room". There I met Márcio Borges.

I was twenty and he was seventeen. I remember that I had quickly given him a nickname, Das Baixínhans, which I spoke with imitating a false accent. German, like: "You ist Das Baixínhans, and Das Baixínhans speak German". At first, he was a little angry (laughs), but soon after we became great friends and even "brothers". After all, since I stayed at the Borges' house for so long, I was called the twelfth child by Marcinho's parents, the eternal Dona Maricota and Seu Salomão.

"Das Baixínhans" was also one of the people who saw me in action in my last formal job before pursuing a career as a musician. I was clerk in the office of Centrais Elétricas Furnas, in the twenty-second floor of a commercial building in Praça

tricas Furnas, no vigésimo segundo andar de um prédio comercial na Praça Sete, também no centro de BH. Dali por diversas vezes saíamos para beber no Bigodoaldo's, e nisso nossa amizade cada vez mais forte. E a parceria musical aumentando. E mesmo com a minha mudança para o Rio de Janeiro, depois do Festival Internacional da Canção de 1967, a gente jamais deixou de se falar.

Eu poderia contar outras mil histórias (antigas e atuais), mas eu quis reforçar propositalmente essas lembranças do começo de nossa amizade em Belo Horizonte. Porque sem elas não teríamos a força que a nossa parceria tem nos dias de hoje.

Hoje, enquanto escrevo esse texto, num hotel em São Paulo (dois dias depois de ter feito mais um show da minha turnê de despedida *A Última Sessão de Música*), sinto uma felicidade imensa por vê-lo concluir outra nova empreitada. Ele, que tanto fez pela cultura de nosso país, com suas músicas, seus livros e seus inúmeros projetos. E, confesso, estou ainda mais feliz por ter o privilégio de contribuir com essas palavras para algo tão importante.

Tudo que tem o Marcinho envolvido eu quero estar por perto.

Pra mim é uma honra e, sobretudo, um privilégio, sempre.

Em toda minha carreira acho que dificilmente fiz alguma coisa sem a participação do Marci-

Sete, also in downtown BH. From there several times we went out to drink at Bigodoaldo's, and in that our friendship became stronger. And the musical partnership increasing. Really with my move to Rio de Janeiro, after the Festival Internacional da Canção of the 1967 , we never stopped talking.

I could tell a thousand other stories (old and new), but I purposely wanted to reinforce these memories of the beginning of our friendship in Belo Horizonte. Because without them we wouldn't have the strength that our partnership has nowadays.

Today, as I write this text, in a hotel in São Paulo (two days after having performed another show of my farewell tour *A Última Sessão de Música (The Last Music Session)*), I feel immense happiness to see him complete another new enterprise. He, who did so much for the culture of our country, with his music, his books, and his numerous projects. And, I confess, I'm even happier to have the privilege of contributing these words to something so important.

Everything that has Marcinho involved I want to be around.

For me it is an honor and, above all, a privilege, always.

In my entire career, I think I have hardly ever done anything without

Marcinho's participation. If you take all the records, shows, recordings, anyway, you can know

nho. Se pegar todos os discos, shows, gravações, enfim, pode saber que sempre vai ter alguma coisa do Marcinho ali envolvida. Seja como meu parceiro, seja como conselheiro, ou simplesmente, como meu amigo, meu irmão, Márcio Borges.

Obrigado por tudo!

Um beijão do décimo segundo Borges,

Ass. Vituperatus Maniculas Prospectus aka Ludwig von Betúcious, Ou, Bituca.

São Paulo, 29 de agosto de 2022

that there will always be something from Marcinho there involved. Whether as my songwriting partner, as a counselor, or simply, as my friend, my brother, Márcio Borges.

Thank you for everything!

A kiss from the twelfth Borges,

Signed Vituperatus Maniculars Prospectus aka Ludwig von Betúcious, Or, Bituca.

São Paulo, August 29, 2022

Equipe de Milton Nascimento depois de seu último show no Estádio do Mineirão / Marcos Hermes

Milton Nascimento' team after his last concert in Mineirão stadium / Marcos Hermes

POSFÁCIO

AFTERWORD

UM ANO PARA CELEBRAR

Por Chris Fuscaldo

Apesar de todos os planos e projetos, para o Clube da Esquina o ano começou mesmo em 09 de maio de 2022, quando a coluna de Lauro Jardim no jornal *O Globo* noticiou que o LP havia liderado o ranking dos 500 maiores álbuns da música brasileira: "A escolha foi feita por 162 especialistas de diferentes áreas ligadas à produção musical (jornalistas, youtubers, podcasters, músicos, produtores etc.) ouvidos pela equipe do podcast Discoteca Básica. Para se chegar ao resultado final, com 500 discos, os jurados fizeram sua lista pessoal dos 50 melhores álbuns. A tabulação completa será publicada no livro *Os 500 Maiores Álbuns Brasileiros de Todos os Tempos*, que está em campanha de financiamento coletivo no site Catarse".

A campanha disparou, alcançando a meta em 24 horas e fechando em 685% do valor pedido ao final – um feito para um livro musical –, a eleição repercutiu, a notícia se espalhou e o *Clube da Esquina* virou assunto em todas as rodas de conversa sobre música brasileira, potencializando ainda mais o desejo das pessoas de estarem nos eventos que estavam por vir. O tópico foi levantado pelo próprio Milton Nascimento

A YEAR TO CELEBRATE

By Chris Fuscaldo

Despite all the plans and projects, for Clube da Esquina the year really began on May 9, 2022, when Lauro Jardim's column in the newspaper *O Globo* reported that the LP had led the ranking of the 500 greatest albums in Brazilian music: "The choice was made by 162 specialists from different areas related to music production (journalists, youtubers, podcasters, musicians, producers, etc.) interviewed by the *Discoteca Básica* podcast team. To reach the final result, of 500 albums, the judges made their personal list of the 50 best albums. The complete rank will be published in the book *Os 500 Maiores Álbuns Brasileiros de Todos os Tempos* (*The 500 Greatest Brazilian Albums of All Time*), which is in a crowdfunding campaign on the Catarse website".

The campaign took off, reaching the goal in 24

nos shows de sua *A Última Sessão de Música*, na qual destrinchou grande parte do repertório do Clube, entremeando leituras de despedida entre as canções de sua carreira solo. A cada apresentação, em algum momento, ele citava a eleição no colorido palco de seus shows.

No último deles, realizado no Mineirão em 13 de novembro de 2022, Milton convidou ao palco seus parceiros de Clube da Esquina Lô Borges, Beto Guedes, Wagner Tiso e Toninho Horta para cantarem juntos "Para Lennon e McCartney" e "Um Girassol da Cor do Seu Cabelo". Causando comoção na plateia de mais de 60 mil pessoas que lotaram o estádio em Belo Horizonte, os quatro entraram enquanto Milton entoava "Que Bom, Amigo". "Bom, esse ano o *Clube da Esquina* foi considerado o melhor disco da música brasileira. E a gente não pode deixar de celebrar isso nesse show", disse Bituca antes de anunciá-los e dar o sinal para a banda tocar. No fim de tudo, Milton chamou a sua equipe ao palco, começando pelo filho Augusto Nascimento, seguindo com "meu grande amigo e irmão Márcio Borges" e outros.

A propósito, shows da turnê em Lisboa, Veneza, Londres, Los Angeles, Nova York e Belo Horizonte foram filmados para o documentário *Re:nascimento*. Com direção de Flavia Moraes, o filme previsto para 2023 traz depoimentos de Quincy Jones, Wayne Shorter, Herbie Hancock,

hours and closing at 685% of the initial price at the end – a feat for a musical book –, the voting had repercussions, the news spread, and *Clube da Esquina* became a topic in all conversation circles about Brazilian music, further enhancing people's desire to be at the events that were to come. The topic was raised by Milton Nascimento himself in the shows of his tour, *A Última Sessão de Música (The Last Music Session)*, in which he broke down a large part of the Clube's repertoire, interspersing farewell readings between the songs of his solo career. At each performance, at some point, he mentioned the rank on the colorful stage of his last shows.

At the last one, held at the Mineirão on November 13th, 2022, Milton invited his partners from Clube da Esquina Lô Borges, Beto Guedes, Wagner Tiso, and Toninho Horta to the stage to sing together "Para Lennon e McCartney" ("To Lennon and McCartney") and "Um Girassol da Cor do Seu Cabelo" ("A Sunflower the Color of your Hair"). Causing commotion in the audience of more than 60,000 people who filled the stadium in Belo Horizonte, the four entered while Milton was singing "Que bom, amigo" ("That's Good, Friend"). "Well, this year Clube da Esquina was considered the best album of Brazilian music. We can't help but celebrate that in this show", said Milton before announcing them and giving the signal for the band to play. At the end of it all, Milton called his team to the stage, starting with his son

Exposição Viagem de Ventania / Divulgação

Exhibition Viagem de Ventania / Publicity

Paul Simon, Esperanza Spalding, Pat Metheny, Krishna Das, Fito Paez, Sergio Mendes, Mario Caldato e Spike Lee.

Além de terminar o ano com uma apresentação ao lado da Orquestra Filarmônica de Minas Gerais e do grupo DoContra, com direção musical de Neto Bellotto e regência do maestro José Soares, Lô Borges também ganhou um filme. Previsto para 2023, *Lô Borges - Toda Essa Água* é um documentário sobre a vida e a obra de

Augusto Nascimento, followed by "my great friend and brother Márcio Borges" and others.

Moreover, concerts from the tour in Lisbon, Venice, London, Los Angeles, New York and Belo Horizonte were filmed for the documentary Re:nascimento (Rebirth). Directed by Flavia Moraes, the film, scheduled for 2023, features testimonials from Quincy Jones, Wayne Shorter, Herbie Hancock, Paul Simon, Esperanza Spalding, Pat Metheny, Krishna Das, Fito Paez, Sergio Mendes, Mario Caldato and Spike Lee.

Lô, dirigido por Rodrigo de Oliveira, cujo recorte vai do fim da turnê do "Disco do Tênis" à finalização de seu décimo segundo álbum de inéditas, *Rio da Lua* (2019).

Antes disso tudo acontecer, além da propaganda do Quinto Andar citada no prefácio deste livro, em fevereiro as celebrações ao Clube da Esquina foram abertas com a exposição multimídia *Viagem de Ventania*, na galeria do Minas Tênis Clube, em Belo Horizonte. Com a palavra, uma das produtoras, Cláudia Brandão, empresária e esposa de Márcio Borges:

"Neste ano de 2022, também comemoramos no Brasil 100 anos da Semana de Arte Moderna de 1922 e achamos oportuno desenvolver uma homenagem que englobasse outros campos das artes para dialogar com o universo das canções do Clube da Esquina. Esse trabalho foi produzido por mim, Cláudia Brandão, e por Danusa Carvalho e contou com a curadoria do Marcinho. A cenografia e expografia tiveram as assinaturas de Gustavo Penna e Gustavo Greco e suas respectivas equipes. O resultado foi surpreendente, batemos o recorde de público da galeria e este trabalho rendeu diversas matérias em jornais e TVs, com críticas muito elogiosas e positivas, além de diversas manifestações espontâneas bastante favoráveis dos visitantes. Que estes bons ventos possam nos levar ainda mais adiante!"

In addition to ending the year with a presentation with the Minas Gerais Philharmonic Orchestra and the DoContra group, with musical direction by Neto Bellotto and conductor José Soares, Lô Borges also had a film made about him. Scheduled for 2023, *Lô Borges - Toda Essa Água (All This Water)* is a documentary about the life and work of Lô, directed by Rodrigo de Oliveira, specifically from the end of the "Disco do Tênis" ("Tennis Record") tour to the completion of his unreleased twelfth album, *Rio da Lua (River of the Moon)* (2019).

Before all this happened, in addition to the Quinto Andar advertisement mentioned in the preface to this book, in February, the celebrations for *Clube da Esquina* were opened with the multimedia exhibition *Viagem de Ventania*, at the Minas Tênis Clube gallery, in Belo Horizonte. With the word, one of the producers, Cláudia Brandão, businesswoman and wife of Márcio Borges:

"This year 2022, we also celebrate 100 years of the Modern Art Week of 1922 in Brazil and we thought it would be nice to develop a tribute that encompassed other fields of the arts to dialogue with the universe of *Clube da Esquina* songs. This work was produced by me, Cláudia Brandão, and by Danusa Carvalho and was curated by Marcinho. The scenography and expography had the signatures of Gustavo Penna and Gustavo Greco and their respective teams. The result was surprising, we beat the

Em 21 de setembro, deu-se o início do festival Marazul – Niterói e o Clube da Esquina, que levaria Lô Borges, Beto Guedes, Toninho Horta e Wagner Tiso a fazerem shows em palcos da cidade, o Marazul, montado em Piratininga, e o do Theatro Municipal de Niterói. A abertura, no Municipal, teve um bate-papo mediado por mim, permeado por música, com Márcio e Telo Borges, Toninho, Wagner, o produtor musical niteroiense Mayrton Bahia e o idealizador do evento, o músico Marcos Sabino. Antes de se contar tanta história e se ouvir tanta música boa – Telo ao teclado e voz e com um bis inesperado de Tiso ao piano ("Coração de Estudante") – Marcos Sabino, então vereador, entregou ao trio que trabalhou no *Clube da Esquina* o título de Cidadão Niteroiense, que veio a dar nos dias seguintes também a Lô Borges e Beto Guedes. Disse ele:

"Eu estou vereador, mas minha natureza é a música, todos sabem disso. Eu tô há pouco tempo na Câmara e tenho muita honra em nome de nossa cidade, de nosso povo... E quero chamar o prefeito Axel Grael, que alimentou esse sonho quando eu conversei com ele, desde o início... A gente precisa homenagear o Clube da Esquina e a passagem dessa história tão bonita pela cidade. Precisamos fazer essa história emergir, porque ela ficou muito submersa. Então, eu tenho a honra de entregar meus primeiros títulos como

gallery's audience record and this work yielded several articles in newspapers and TV, with very positive and laudatory reviews, in addition to several very favorable spontaneous manifestations from visitors. May these good winds take us even further!"

On September 21, the Marazul festival began – Niterói and Clube da Esquina, which would take Lô Borges, Beto Guedes, Toninho Horta and Wagner Tiso to perform on stages in the city, at Marazul with a stage set up in Piratininga, and the Municipal Theater of Niterói. The opening, at the Municipal Theater, had a chat mediated by music researcher Chris Fuscaldo, permeated by music, with Márcio and Telo Borges, Toninho, Wagner, music producer Mayrton Bahia and the event's creator, musician Marcos Sabino. Before telling many stories and listening to so much good music – Telo on keyboards and voice and with an unexpected encore by Tiso on piano ("Coração de Estudante" ("Student's Heart")) – Marcos Sabino, then a city councilor, delivered to the trio that worked in *Clube da Esquina* the title of Citizen of Niterói, which in the following days was also given to Lô Borges and Beto Guedes. He said:

"I'm a city councilor at the moment, but my nature is music, everyone knows that. I have been in the City Hall for a short time and I have a lot of honor on behalf of our city, our people... And I want to call Mayor Axel Grael, who nurtured this dream when I talked to him, from the beginning... to honor

Festival Marazul no Theatro Municipal de Niterói / Divulgação

Marazul Festival at Theatro Municipal de Niterói / Publicity

vereador – e não podia ser diferente – para esses caras que eu amo, que são referência para minha música e para tantos músicos da cidade. Quero entregar a eles o título de cidadão niteroiense! E quero pedir ao Marcinho, idealizador do Clube da Esquina, para que Niterói seja a partir de hoje uma esquina desse clube."

Naquela noite de quarta-feira em um Theatro Municipal cheio, Márcio Borges lembrou que Niterói foi a única cidade do Brasil a preparar um evento especialmente em comemoração aos 50 anos do *Clube da Esquina*. Já era tempo... Os niteroienses nunca se conformaram de só saberem muitos anos depois, por causa da literatura que se criou sobre o disco e o movimento, que Milton, Lô e Beto moraram em Piratininga. Morador do bair-

the *Clube da Esquina* and the passage of this beautiful story through the city. We need to make this story emerge because it got too submerged. So, I have the honor to deliver my first titles as councilor – and it couldn't be different – to these guys I love, who are a reference for my music and for so many musicians in the city. I want to give them the title of Citizen of Niteroi! And I want to ask Marcinho, creator of *Clube da Esquina*, to make Niterói a corner of this club as of today."

That Wednesday night, in a crowded Municipal Theater, Márcio Borges recalled that Niterói was the only city in Brazil to prepare an event in celebration of the 50th anniversary of *Clube da Esquina*. It's about time... The people of Niteroi were never satisfied with only knowing many years later, because of

ro, Marcos Sabino localizou recentemente a casa com a ajuda de um vizinho. Em 1972, o coordenador do Projeto Marazul Escolinha de Futebol Jorge Eduardo Gomes de Araújo era filho dos caseiros e, com sete anos, brincava com os mineiros (conforme sua memória, mais com o Jacaré).

Hoje, mora lá o diretor aposentado Miguel Morgade Salgueiro, filho de um espanhol que, antes de Milton e Lô passarem por Niterói, queria comprar a casa, que era dividida em duas: uma comum e uma outra toda dividida em quitinetes. Sua ideia era morar na casa conjugada e transformar a outra em um motel. Miguel o impediu – não queria a mãe morando ali – e acabou comprando o imóvel em 1983. O empresário lembra de, naquele início dos anos 1970, ver mais de uma vez Milton lanchando na Leiteria Brasil, no centro de Niterói (a casa abria para o café da manhã e fechava às 2h da madrugada). Sabino lembra de quando, com 13 anos, encontrou Bituca comprando um bilhete das Barcas Rio-Niterói. Chegou perto, ganhou um carinho na cabeça, mas, tímido, não falou nada.

Um dos maiores responsáveis pela divulgação da história da casa foi o próprio Márcio, ao publicar em 1996 *Os Sonhos Não Envelhecem – Histórias do Clube da Esquina*. Foi uma das primeiras vezes que Marazul apareceu em livro.

Escrito em primeira pessoa, o livro se tornou uma referência tão importante que virou peça. O

the literature that was created about the record and the movement, that Milton, Lô, and Beto had lived in Piratininga. A resident of the neighborhood, Marcos Sabino recently located the house with the help of a neighbor. In 1972, the coordinator of the Marazul Escolinha de Futebol Project Jorge Eduardo Gomes de Araújo was the son of the caretakers and, at the age of seven, he played with the *mineiros* (according to his memory, more with Jacaré).

Today, retired director Miguel Morgade Salgueiro, son of a Spaniard who, before Milton and Lô passed through Niterói, wanted to buy the house, which was split into two: one normal house and the other all divided into studios. His idea was to live in the adjoining house and turn the other into a motel. Miguel stopped him – he didn't want his mother living there – and ended up buying the property in 1983. The businessman remembers, in the early 1970s, seeing Milton having lunch at Leiteria Brasil, in downtown Niterói, more than once (it used to open for breakfast and closed at 2 am). Sabino remembers when, at the age of 13, he found Bituca buying a ticket for the Barcas Rio-Niterói. He came close, got a pat on the head, but, being shy, didn't say anything.

One of the people most responsible for publicizing the history of the house was Márcio himself when he published *Os Sonhos Não Envelhecem – Histórias do Clube da Esquina (Dreams Don't Get Old*

musical *Os Sonhos Não Envelhecem* estreou em 19 de agosto, no Sesc Palladium, em Belo Horizonte. No palco, jovens atores reviveram as histórias que o irmão de Lô contou e que resgataram memórias que provavelmente se perderiam para sempre se não fossem registros como esses. No quesito manutenção da memória, o diretor Dennis Carvalho fez a sua parte. E o elenco não deixou por menos. Ficam para a eternidade as suas impressões sobre o trabalho que realizaram:

Dennis Carvalho, diretor:

"Sou amigo do Milton Nascimento há mais de 40 anos, então, me emociono, me afeta muito realizar esse trabalho. O musical tem início retratando a ditadura, período que atravessei também, vendo amigos sendo presos e torturados. Teve um momento na estreia, em Belo Horizonte, berço do grupo, em que o público ficou muito envolvido, chegou até a gritar 'Fora, Bolsonaro'. Foi um grupo que sonhou mudar o mundo com suas músicas. O Clube da Esquina foi um marco importante em todos os sentidos, na época em que ele surgiu. Primeiro, em termos de música: era um som completamente diferente. Um som mineiro misturado com Beatles, uma melodia que fez as pessoas ficarem muito curiosas para saber quem era... E eram muito talentosos! Todos garotos muito talentosos e que fizeram sucesso e que estão aí até hoje, inclusive ganhando no

– Stories from Clube da Esquina), in 1996. It was one of the first times that Marazul appeared in a book.

Written in the first person, the book became such an important reference that it became a play. The musical *Os Sonhos Não Envelhecem (Dreams Don´t Get Old)* premiered on August 19, at Sesc Palladium, in Belo Horizonte. On stage, young actors relived the stories that Lô's brother told and that rescued memories that would probably be lost forever if it weren't for records like these. In terms of memory maintenance, director Dennis Carvalho did his part. And the cast didn't disappoint. Their impressions of the work they have carried out will remain for eternity:

Dennis Carvalho, the director:

"I have been a friend of Milton Nascimento for over 40 years, so I get emotional, it affects me a lot to do this work. The musical begins by portraying the dictatorship, a period I also went through, seeing friends being arrested and tortured. There was a moment at the premiere, in Belo Horizonte, the birthplace of the group, in which the audience was very involved, they even shouted 'Out, Bolsonaro'. It was a group that dreamed of changing the world with its music. Clube da Esquina was an important milestone in every way at the time when it emerged. First, in terms of music: it was a completely different sound. A Minas Gerais sound mixed with Beatles, a melody that made people very curious to

A casa de Marazul em 2022 / Chris Fuscaldo
The House of Marazul in 2022 / Chris Fuscaldo

ranking de melhor álbum da música brasileira. Portanto, o *Clube da Esquina* é um barato."

Tiago Barbosa, o Milton Nascimento:

"Interpretar Milton Nascimento no teatro é um grande privilégio. Ele foi um grande mentor, um visionário. Incrível saber que meninos tão jovens e de forma desproporcional marcaram a história da música popular brasileira."

Romulo Weber, o Márcio Borges:

"O Marcinho é um cara fundamental no movimento que culminou na formação do Clube. O Clube da Esquina surge num contexto político absolutamente desfavorável à arte e, por que não dizer, à vida. Ainda sob as mãos de ferro de

know who it was... And they were very talented! All very talented boys, who were successful and who are still there today, including winning in the ranking of best Brazilian music album. Therefore, *Clube da Esquina* is a trip."

Tiago Barbosa, aka Milton Nascimento:

"Playing Milton Nascimento in the theater is a great privilege. He is a great mentor, a visionary. It is incredible to know those boys were so young and in such a disproportionate way marked the history of Brazilian popular music."

Romulo Weber, aka Márcio Borges:

"Marcinho is a fundamental person in the movement that culminated in the formation of the

um período ditatorial, é possível observar como a obra do Clube sempre esteve atenta ao seu entorno como vemos em composições como 'Para Lennon e McCartney', do próprio Márcio, que era, aliás, um ativista pró-democracia. Além de ser o principal parceiro de seu irmão, Lô Borges, foi o primeiro parceiro musical de Bituca, parceria, essa, que surgiu com a amizade como raiz fundamental. A noite em que eles saem do cinema, após assistirem *Jules & Jim* e compõem, juntos, suas três primeiras 'filhas' – 'Novena', 'Crença' e 'Gira, Girou' – é, pode-se dizer, um divisor de águas na música brasileira. Márcio é fogo, fagulha. A fagulha que incendiou o gigante Bituca e fez com que ele se enxergasse como quem vemos hoje: Milton Nascimento."

Cadu Libonatti, o Lô Borges:

"A importância do Lô Borges para o Clube da Esquina, acho que a palavra é 'crucial', porque o Lô assina o álbum com Milton Nascimento. Milton revive Beagá quando volta dos Estados Unidos. Ele encontra com Lô Borges, ele grava músicas do Lô Borges, e, de repente, ele convida o Lô para assinar o álbum *Clube da Esquina*. Dentro da cultura, é pelo simples fato de eles terem feito o que fizeram. Eles simplesmente se reuniram para falar sobre música e para falar sobre o Brasil e sobre a diferença que o Brasil tem na sonoridade. Não à toa foi eleito um dos álbuns mais importantes da

Club. *Clube da Esquina* appears in a political context that is absolutely unfavorable to art and, why not say, to life. Still under the iron grip of a dictatorial period, it is possible to observe how the work of the Club was always attentive to its surroundings, as we can see in compositions such as 'Para Lennon e McCartney' ('To Lennon and McCartney'), by Márcio himself, who was, by the way, a pro-democracy activist. In addition to being the main partner of his brother, Lô Borges, he was Bituca's first musical partner, a partnership that emerged with friendship as its fundamental root. The night they leave the cinema, after watching Jules & Jim and composing, together, their first three 'daughters' – 'Novena', 'Crença' ('Belief') and 'Gira, Girou' ('Turn, Turned'). – is, one could say, a game-changer. waters in Brazilian music. Márcio is fire, a spark. The spark that ignited the giant Bituca and made him see himself as the person we see today: Milton Nascimento."

Cadu Libonatti, aka Lô Borges:

"The importance of Lô Borges for *Clube da Esquina*, I think the word is 'crucial', because Lô signs the album with Milton Nascimento. Milton revives Beagá when he returns from the United States. He meets Lô Borges, he records songs by Lô Borges, and suddenly he invites Lô to sign the album *Clube da Esquina*. Within the culture, it is for the simple fact that they did what they did. They just got togeth-

história do Brasil, porque ele é muito rico de tudo o que a gente pode precisar de cultura, de amizade, de fraternidade, de respeito... É um álbum que respeita muito a música brasileira."

Tom Karabachian, o Beto Guedes:

"Beto Guedes é um multitalento, tem a música enraizada no sangue. Cresceu ouvindo seu pai tocando numa roda de choro e, com 14 anos, já tocava em festivais de música. Coincidentemente, eu também. Um dos mais jovens integrantes do Clube da Esquina, assumiu a responsabilidade desde cedo e gravou diversos instrumentos na maioria das faixas do *Clube*. Ídolo de algumas gerações com letras e melodias emblemáticas nas suas canções, Beto te coloca para viajar junto com ele, fruto do rock dos anos 60 com o frescor mineiro de uma música popular da época. Viver Beto Guedes no musical *Os Sonhos Não Envelhecem* é uma oportunidade não só de embarcar na vida de um ídolo como também de me aprofundar em toda a musicalidade mineira dos anos 70, tão bem reconhecida pelos brasileiros. Beto, hoje, com mais de 50 anos de carreira solo, continua esquentando nossos corações com sua obra atemporal e estampando o melhor sorriso dos brasileiros."

Assim como os sonhos não envelhecem, o álbum *Clube da Esquina* também não. Ao contrário, ele foi se tornando um clássico aos poucos e, no seu tempo, escalou os rankings brasilei-

er to talk about music and to talk about Brazil and the difference Brazil has in sound. No wonder it was elected one of the most important albums in the history of Brazil, because it is very rich in everything we might need in terms of culture, friendship, fraternity, respect... It's an album that respects music a lot. Brazilian music."

Tom Karabachian, aka Beto Guedes:

"Beto Guedes is a multi-talented man, his music is rooted in his blood. He grew up listening to his father playing in a choro circle and, at the age of 14, he was already playing at music festivals. Coincidentally, so am I. One of the youngest members of Clube da Esquina, he took responsibility from an early age and recorded several instruments on most of the tracks on *Clube*. An idol of some generations with emblematic lyrics and melodies in his songs, Beto puts you on a journey with him, the fruit of the rock of the 60s with the Minas freshness of popular music of the time. Playing Beto Guedes in the musical *Os Sonhos Não Envelhecem (Dreams Don't Get Old)* is an opportunity not only to embark on the life of an idol but also to delve into all the Minas Gerais musicality of the 70s, so well recognized by Brazilians. Beto, today, with an over 50-year solo career, continues to warm our hearts with his timeless work and put the best smiles on Brazilians."

Just as dreams don't age, the *Clube da Esquina* album doesn't either. On the contrary, it grad-

Musical Os Sonhos Não Envelhecem / Divulgação/Publicity

ros, chegando, em 2022, ao topo. Idealizador do podcast Discoteca Básica e do livro *Os 500 Maiores Álbuns Brasileiros de Todos os Tempos*, previsto para ser lançado na mesma época em que este aqui, o jornalista Ricardo Alexandre faz uma análise como crítico de música e como ouvinte:

"A escolha do *Clube da Esquina* como maior álbum brasileiro de todos os tempos me deixou duplamente feliz e intrigado por dois motivos. O primeiro é porque isso mostra como a arte é viva, como a música é viva e dialoga com o tempo dela, e dialoga, de outras maneiras, com outros períodos históricos. É interessante ver como o *Clube da Esquina* nunca havia entrado no TOP 3 das grandes votações. E, cinquenta anos depois de lançado, é escolhido como o mais obrigatório dos discos da música pop brasileira. É muito interessante ver como os contextos históricos permitem leituras diferentes sobre a música, sobre os discos, sobre os artistas. Isso é algo fundamental para o projeto. E mostra como o nosso ofício (de crítico musical)

ually became a classic and, in its time, climbed the Brazilian rankings, reaching the top in 2022. Creator of the Discoteca Básica podcast and the book *Os 500 Maiores Álbuns Brasileiros de Todos os Tempos (The 500 Greatest Brazilian Albums of All Time)*, released at the same time as this one, journalist Ricardo Alexandre analyzes it as a music critic and as a listener:

"The choice of *Clube da Esquina* as the greatest Brazilian album of all time made me doubly happy and intrigued for two reasons. The first is because it shows how art is alive, how music is alive and dialogues with its time, and dialogues, in other ways, with other historical periods. It is interesting to see how *Clube da Esquina* had never entered the TOP 3 of the big votes. And, fifty years after its release, it is chosen as the most obligatory album of Brazilian pop music. It is very interesting to see how the historical contexts allow different readings about music, about records, about artists. This is fundamental to the project. And it shows how our craft (as music

continua fazendo sentido, independentemente de qualquer contingência de mercado. O segundo motivo é porque, para minha geração, que era adolescente na década de 80, o *Clube da Esquina* foi muito mal compreendido. Talvez por causa do *Clube da Esquina 2*, que era um disco mais recente e muito mais rural. O *Clube da Esquina* era tudo o que a gente queria evitar, para quem cresceu com o rock brasileiro dos anos 80. E é muito interessante ver esse processo de ressignificação e reavaliação de um disco tão importante. A verdade é que o *Clube da Esquina* manipula informações de tudo aquilo que a gente ama na música pop do Brasil: seja o Tropicalismo, seja o Manguebeat e a geração da década de 1990, os que juntaram ingredientes na mesma panela. A relação com o som internacional, a necessidade de ser contemporâneo, o eterno dilema urbano e rural do Brasil... Tudo isso é muito interessante e presente no *Clube da Esquina*. Então, é uma satisfação ver que, finalmente, ele tem tido esse reconhecimento como um dos vórtices da história da música brasileira, possivelmente um dos principais."

Sem mais, agradecemos a todos os envolvidos nessas comemorações e esperamos que o Clube da Esquina siga sendo celebrado por mais dez, vinte, trinta, quantos anos puder. Ou, como diz Claudinha, grande incentivadora deste livro, "que estes bons ventos possam nos levar ainda mais adiante!"

critics) continues to make sense, regardless of any market contingency. The second reason is that, for my generation, who was a teenager in the 80's, *Clube da Esquina* was very poorly understood. Maybe because of *Clube da Esquina 2*, which was a more recent record and much more rural. *Clube da Esquina* was everything we wanted to avoid, for those who grew up with Brazilian rock in the 80's. And it's very interesting to see this process of resignification and reevaluation of such an important record. The truth is that *Clube da Esquina* manipulates information about everything we love about Brazilian pop music: whether it's Tropicalismo, Manguebeat, and the 1990's generation, those who put ingredients together in the same pot. The relationship with the international sound, the need to be contemporary, the eternal urban and rural dilemma of Brazil... All this is very interesting and present in *Clube da Esquina*. So, it is a pleasure to see that, finally, he has had this recognition as one of the vortices in the history of Brazilian music, possibly one of the main ones."

Without further ado, we thank everyone involved in these celebrations and we hope that *Clube da Esquina* will continue to be celebrated for another ten, twenty, thirty, as many years as possible. Or, as Claudinha, a great supporter of this book, says, "may these good winds take us even further!"